序章

一　本書の課題

本書の課題は、日本の議会勢力や内務官僚が昭和戦時下（日中戦争～太平洋戦争期）にいかなる役割を果たしていたかを探ることである。

そうした課題設定は、一九九二年（平成二）、私が最初の著書『昭和戦中期の総合国策機関』の結論部分で次のように今後の課題を述べたこと[1]に由来する。

ただし、本書は、軍人、官僚の「革新」派の政治構想の限界や、彼らが現実の政治に与えた影響を考察する上で重要な一面である、当該期の地方と中央の関係や、地方政治の実態、具体的には議会勢力や内務省、内務官僚について、具体的な考察をすることがほとんどできなかった。その理由は、これらの課題の具体的検討は、当該期の個別的実証研究の少なさに鑑みて、別に一書を要するからであり、筆者の今後の課題としたい。

本書は、この宣言を実行すべく私が試みてきた一連の研究をまとめたものである。私は、議会勢力についてはすでに『戦時議会』と『政治家の生き方』という二冊にまとめており[2]、内務官僚についてもこれらの著書や他の著書でふれてきた[3]。ただし、それらは規格としては一般向けであり、本書に収録した諸論文が基礎となっている。本来ならば本書を刊行した上でそれらにとりかかるべきであったけれども、厳しい出版事情の中では、それらより後になったとはいえ、こうして学術論文を一書にまとめえただけでも幸いとしなければなるまい。

そうした事情から、本書では、書下ろしのものを除き、次に述べるように見解が変わっている部分もあるが、各章はできるだけ初出時のままとすることにした。(4)

二　本書の構成と内容

本書の構成は、収録論文をおおむね執筆順に並べる形をとった。当然のことながら、各論文は前の論文を何らかの形でふまえて書かれており、その順番で並べることにより、私の思考の過程も明らかになるからである。そうすると、自然に前半が議会関係、後半が内務官僚関係にまとまったので、前半を第一部「戦時下の議会勢力」、後半を第二部「昭和期の内務官僚」とした。以下、各章について簡単な解説を記すことで、本書がなぜ右のような課題のもとに以下のような構成と内容をとるに至ったかの説明に代える。

まず第一部から。第一章「国家総動員法をめぐる政治過程」は、一九三八年（昭和一三）の第七三議会における衆議院での国家総動員法案の審議過程を検討している。私の卒業論文指導教官であった伊藤隆教授の薦めにより掲載誌の規定枚数にまとめて『日本歴史』に投稿したもので、文字通りの処女作である。

いくつかの事実の確定や先行研究の事実関係の誤りを訂正することはできたが、前後の事情についての考察が浅すぎて、戦時議会の意義については先行研究を踏襲するにとどまっており、さっそく次の論文（第二章）で結論部分の見解を訂正することになった。(5)そういう意味では習作に過ぎないけれども、私の研究の出発点であり、結論以外は

『戦時議会』でも利用したので、ここにほぼ原型を収めることにした。(6)

第二章「国家総動員審議会をめぐって」は第一章で課題としたことを検討している。大学院での最初の口頭報告を論文にして『日本歴史』に投稿したもの。後から考えればこの論文によって私の戦時議会研究の視点が定まってきたという意義がある。実際、修士論文は戦時議会を主題にしようと考えていたほどである。しかし、伊藤教授に戦時議会では研究の発展性に疑問があると指摘され、修士論文と博士論文はこの論文のもう一方の主役である企画院や革新官僚、企画院を含む総合国策機関を題材とすることになる。後から考えればこれは正解で、戦時議会とはなかなか扱いにくい題材であったことは確かであった。

第三章「戦時議会の再検討」は、第二章の初出時に考えたことを発展させた総論的、問題提起的な内容で、一九八九年(平成元)、初めての学会発表として史学会で報告した原稿を今回初めて活字化したもの。当時の私は官庁、官僚を主な研究対象としていたのにも拘わらず、初めての学会発表で戦時議会をとりあげたのだから、私の議会史研究への執着ぶりがわかる。ここで述べたことはほぼそのままその後の私の議会史研究の基調となっており、第一部の課題と結論はほぼここに集約されている。(7)

第四章「日中戦争期の議会勢力と政策過程」、第五章「太平洋戦争期の議会勢力と政策過程」、第六章「大日本政治会と戦前戦後の政治状況」の三つの章は、博士論文が一段落ついたところで次の研究テーマの一つとしてあらためて戦時議会に取り組んだ時期(日本学術振興会特別研究員時代)の論文である。第四章の初出時には先行研究の検討が十分ではなく、読んでくださった方から厳しい指摘を受け、第五章の刊行時にその旨追記の上、初校時に修正した(今回その追記は省略)。論旨を変えるほどの影響はなかったが、恥ずかしい思い出ではある。

第五章と第六章は改定補足の上、『戦時議会』に大幅に生かされている。第五章での翼賛政治会の意義づけについては、初出時は「強制された包括与党」としていたが、『戦時議会』執筆の際、矢野信幸氏の研究から、翼賛政治会が政府の一方的な強制ではなく、政府と議会主流の協調によってできたことに気づいた。そこで、同書一八八頁で翼賛政治会の意義づけを「戦時体制の一環としての包括的な与党」と修正したのである。そこで今回もこれに従って第五章の本文を修正し、原型は注に示した。また、『戦時議会』では翼賛政治会を「戦時新党」、大日本政治会を「終戦新党」とも定義しているが、これは、第六章初出時の伊藤之雄氏の批判をふまえて考察を深めた結果である。(8)

なお、第三章で言及した問題のうち、議会勢力の政治基盤、中でも有権者と議員の関係については、第四章から第六章に当たる諸論文を書いている時期には扱い方がよくわからず、紀元二千六百年祝典問題をまとめる中でようやく自分なりの視点を見つけ、『戦時議会』と『政治家の生き方』で検討することができた。(9)

第七章「戦時下の請願」は、議会勢力の政治基盤を考える題材として気になっていて、材料はオーバードクター（日本学術振興会特別研究員）時代に若干集めてはいたのだが、右に述べたようにようやく自分なりの視点を得たので、今回材料を補充してまとめることができたものである。

第二部は、第五章で改めてその重要性を認識したことから手を染めた一連の内務官僚研究である。第一章「内務官僚研究の視角」は問題意識と考察の枠組みを提示したもの。以下、第二章「政党内閣期の内務官僚」、第三章「斎藤内閣期の内務官僚」、第四章「二・二六事件前後の内務官僚」、第五章「昭和戦時下の内務官僚」は、この枠組みを修正しつつ時代順に内務官僚の政治史的意義を検討したものである。主な関心は戦時期にあったが、議会研究の難航に鑑みて、戦時下の内務官僚の動向の意義づけに説得力を持たせるため、それ以前の動向も自分なりにつかんでおこうと、政党内閣期から研究を始めたのである。(10)

ちょうど私がこの研究に手を染めたころから政党内閣中断後から戦時期にかけての内務官僚を扱った研究が多くな

り始めたが、その中で私の内務官僚研究は、革新官僚や議会勢力の研究から生まれたことから、他の政治勢力、中でも議会勢力との関係を中心に考察している点で独自の意義があると思われる[11]。

なお、第二章の注や第三章の結論部分で、昭和戦時期の日本の政治体制について権威主義体制と考えるべきであるという見解を取っている。現在の私は政治体制の規定にはあまり関心がないが、比較政治的史視点から「当時の日本の政治体制は何か」と聞かれれば「権威主義体制」と答えるべきだとは今でも考えている。

肝心の戦時期を扱う論文（第五章）の材料は第三章や第四章の執筆時に同時に集めてあったが、いろいろな事情で他の研究を先に公表する機会に恵まれたため、論文にするのは今回が初めてである。執筆にあたってそれ以後に集めた史料や、それ以後に出た研究も利用した。そして、この章の結論は本書の結論ともなっている。

注

（1）吉川弘文館刊。同書は私の博士論文を縮小、補足して公刊したものである。

（2）前者は、吉川弘文館、二〇〇一年刊。後者は、文春新書、二〇〇四年刊。

（3）拙著『皇紀・万博・オリンピック』（中公新書、一九九八年）。

なお、『戦時議会』一三四頁の太平洋戦争での代議士の犠牲者についての叙述の誤りの指摘を受けている（『選挙研究』一二、楠精一郎氏の書評）ので謹んで訂正する。そこでふれた加藤鯛一、助川啓四郎、小川郷太郎のほか、一九四五年三月一〇日の東京大空襲で古屋慶隆が（大木操『大木日記』朝日新聞社、一九六九年、二四四頁）、広島の原爆で同県選出の森田福市、古田喜三太と召集中の田中勝之が、卯尾田毅太郎、古河和一郎、蔵原敏捷は六月から八月にかけての地元の空襲で死亡した（一九四五年九月四日、第八八議会衆議院本会議における島田俊雄議長の発言）。その他、出征して戦死した者二名（小野祐之、松岡秀夫）、出征し、帰還が二一年の総選挙に間に合わなかったため失職した者が一名（間宮成吉）いた（衆議院・参議院編『議会制度百年史』院内会派編衆議院の部、大蔵省印刷局、一九九一年）。代議士の戦争による死亡率は三パーセント弱となるから、一般の空襲や戦死の死亡率（たとえば歴史学研究会編『日本史史料』五、岩波書店、一九九七年、一三七〜一三八頁）の合計とほぼ同じとなる。

（4）ただし、用語や注の書式は統一したほか、誤記誤植は訂正し、各章の表題も若干す変え前後のつながりをつけるために加除した部分がある。年代表記は西暦中心に統一した。また、特に文章の稚拙さが目立つ第一章、第二章は文章にも若干手を入れた。第三章は口頭発表の原稿のため「です、ます」調で書かれているが、本書収録にあたっては「である」調に書き換えた。初出時以後の研究動向や、初出後に読者から指摘されたり自分で気づいた誤りや補足すべき点については、加筆、または注を増設して追記した。さらに、巻末に初出の媒体名や刊行年、原題の一覧を掲げた。

（5）そのため今回は該当部分（「おわりに」）は本文から削除し要旨を注に掲げた。

（6）なお、『戦時議会』では、卒論では書いたが『日本歴史』掲載時に紙数の関係で削った部分も若干復活させている（同書四七、四九頁）。

（7）なお、第三章でふれていない先行研究や、第三章の口頭報告以後の研究については、『戦時議会』の「はじめに」、拙稿「昭和戦時期研究から日本近現代史を見直す」（『ヒストリア』一八八、二〇〇四年）を参照。

（8）「当時の政策・体制を変革する可能性や戦後への意義を明確に示す必要があろう」（『史学雑誌』一〇三―五〔一九九三年の歴史学界〕、一九九四年、一五八頁）。

（9）注（3）の拙著。

（10）この論文は、初出時は掲載誌の枚数制限のため注の数をかなり減らしたが、今回収録にあたって原典照合がしやすいように通常の論文と同じ程度に増設した。

（11）ただし、大西比呂志『横浜市政史の研究』（有隣堂、二〇〇四年）の第三部（初出は横浜市政史研究会・横浜開港資料館編『横浜の近代』〈日本経済評論社、一九九七年〉）は横浜を題材に政党と内務官僚の関係を具体的に検討している。

第一部　戦時下の議会勢力

第一章　国家総動員法をめぐる政治過程

はじめに

一九三八年（昭和一三）四月一日に公布された国家総動員法（以下、総動員法、本案などと略称）は、政府に対し議会の承認なしに国民生活全般にわたって統制する権限を与えるものであった。すなわち本法は、議会側からみれば、大日本帝国憲法に定められた議会の協賛権を事実上否定または縮小するという、いわば反議会主義的な内容を持つものであった。しかし、第七三帝国議会において政府原案が通過し、公布に至ったのである。

前年七月に勃発した日中戦争が拡大の様相を見せはじめていたとはいえ、いまだいわゆる現状維持派（衆議院でいえば、政友会、民政党の主流）が多数を占めていた議会において、なぜ自らの首をしめるような法案が原案のまま通過したのであろうか。本章は、この点を検討し、総動員法の成立という事件を政治史的な面から再評価することを目的とする。(1)

なお、本章で使用する衆院各派、引用史料の略称、第七三議会における衆院の勢力分野を注(2)に示す。

一　衆議院上程まで

国家総動員法制の研究は、第一次大戦後の日本でも陸軍を中心に行なわれたが、いわゆる「革新」派色の強い第一次近衛文麿内閣の下、日中戦争の勃発を契機に立法への動きが強まり、第七三議会への提出を目指して企画院において立案が進み、(3) これが一九三八年一月下旬に「国会総動員法案要綱」として公表された。

その特色の第一は統制範囲の広さで、物資、人員の動員のみならず、国民生活のほぼすべてがその対象となっていたのである。特色の第二は、実施の細目はすべて勅令に委任するという点である。すなわち、本案は国民生活のほぼ全般にわたっての立法協賛権を立法府から行政府に委任するという全権委任法的性格を持つものであり、その意味で反議会主義的性格のものといえるものであった。このようなラディカルな性格の案は前例を見ないものであり、当時においても電力国管四法案とともに第七三議会の最重要法案とみられていた。(4) そして政治的にみれば、本案の方が、議会の実質的な権限が問題となるという点ではるかに重要な法案であった。

なお、要綱の公表と並行して一月中旬から二月中旬にかけて、議会各派への本案の説明が企画院の幹部によって行なわれ、本案の提案理由も示された。それは、現行法の体制（軍需工業動員法など）では国家総動員には不十分であり、国家総動員体制について予め国民に知らせ、戦時の緊急の必要に対処できるためには本案のような「総合的単一法」を制定しておくべきであるとするものであった。(5) これは前年一一月に閣議で本案の立案が正式決定された際の「制定の理由」(6) と同一の内容であり、これが本案制定理由の公式見解であったと思われる。

さて、本案に対する議会側の反応であるが、小会派（いずれも「革新」派色が強い）は賛成であったが、政民両党では勅令委任範囲が広すぎ、違憲の疑いがあるとして反対論が中心となった。それは議会振粛委員会（衆院各派の申し合わせ機関）や両党の代議士会、政務調査会などで二月初めからとりあげられ、提出見合わせ論や修正論が出された。[7]修正論は、「事変」への不適用、勅令委任範囲の縮小、本法運用のための民間人を含む委員会の設置など、本法の骨抜きや、本案に対する議会の発言権の強化をねらったものであった。

その一方で、本案への賛否にからんだ政界再編成の動きがみられはじめた。五・一五事件以来、既成政党勢力の政権復活をめざして政民大合同をもくろむ、「現状維持」派議員を中心とする動き（このころは民政党の俵孫一、小泉又次郎、小山谷蔵、斎藤隆夫、政友会の浜田国松、東武、牧野良三など、宇垣系、鳩山系と目される人々を中心とした常盤会）[8]と、既成政党打破、革新的新党をめざす動き（政友会久原派、近衛新党をめざす、有馬頼寧、永井柳太郎、中島知久平、前田米蔵、山崎達之輔らのいわゆる有馬邸派、山崎達之輔、秋田清らを含む秋山定輔の一派など）[9]が存在したが、近衛内閣になってからは日中戦争対処のため挙国一致ということから鎮静化していたのが再燃したのである。

「革新」派では政友会久原派を中心とした「大日本運動」や政友会解党運動が二月上～中旬にみられた。これは本案に賛成の立場から議会内外の革新派の結集をめざしたものであったが、常盤会系議員の参加によって骨抜きとなり、[10]さらに二月一七日の政党本部推参事件に、久原派で両運動に参加していた津雲国利、西方利馬が関係していたとして政友会を除名される事件もあり、以後鎮静化した。その一方、政民両党の「現状維持」派議員を中心とする常盤会は本案への反対を表明するが、詳細は次節に譲る。なお、両党の党レベルでは前述のように反対論が中心であり、二月八日には本案等について連携して対処することを申し合わせている。[11]

一方、政府・軍部では、両党出身閣僚（政友会代行委員の中島鉄相、民政党の永井逓相）や内閣参議（政友会の前田米蔵代行委員、民政党の町田忠治総裁）、政務官を通じての工作が行なわれたが、これはかえって党側からの提出見合せ、修正働きかけのルートとなり[12]、末次信正内相や風見章内閣書記官長らによる解散説（その内容は、解散と同時に選挙法を改正して既成政党破壊をねらうというラディカルなもの）も出た[13]が、近衛自身の決断で議会提出を延期して本案の修正にのり出し、言論、出版に関する条項の一部修正、削除、貴衆両院議員を含む国家総動員審議会の設置がはかられた[14]。この近衛の決断は、日中戦争早期収拾の見込がつかないという政治情勢下で大きな政治的変動がおきることは国内的にも対外的にも好ましくなく、多少の譲歩はやむを得ないという判断にもとづくものと思われる。こうして、罰則等も含んだ全五〇ヵ条の政府原案は二月一八日閣議決定、一九日衆院提出となったが、勅令委任の範囲など本案に関する根本的な問題点は修正されず、政民両党側の不満が残り[15]、一方政府・軍部側は、議会提出後の修正には応じずとの態度であり[16]、火種は残る形となった。

二　衆議院における審議

こうして、本案は二月二四日に衆議院本会議に上程の運びとなった。提案理由の説明には近衛首相自らがあたる予定で、議会各派も有力議員を質問に立てることとしており[17]、本案の重要性が裏づけられる形となった。質問予定者は質問予定順に、斎藤隆夫（民）、牧野良三（政）、池田秀雄（民）、深沢豊太郎（政）、豊田豊吉（民）、羽田武嗣郎（政）、真鍋儀十（民）、小高長三郎（政）、小山谷蔵（民）、浅沼稲次郎（社）、赤松克麿（第一）、今井新造（第二）、馬場元治（東）の計一三名で、二一〜三日かけて質疑が行なわれる予定であった[18]。このうち、斎藤、牧野、小山らは常盤会系、池田は宇垣系で強硬な「現状維持」派の人々であり、政民両党の党レベルでの本案への意向を暗示している。

ところが当日になって近衛首相は病気を理由に欠席し、筆頭閣僚の広田弘毅外相が趣旨説明を行なう事態となった。

これは単に病気というだけでなく、政治的な動きがからんでいた。野村重太郎によれば、上程前日になって前田米蔵が、近衛自身が説明にあたった上で政党側が反対論をぶつことになると政府政党間の対立が深刻化するという観点から、近衛に欠席を進言したという。[19]

さて、二四日はまず広田が非常に簡単な提案理由の説明をしたあと[20]（以下、議論の内容は後でまとめて記す）、斎藤が違憲論を中心とする反対論を内容とする質問演説を行ない、本案の内容を「ファッショ的」とし、広範な勅令委任は議会へ「白紙委任状」をつきつけるようなものだと痛論したが、これに対し、大臣ではなく滝正雄企画院総裁が答弁に立とうとしたことから議場は「大臣を出せ」などの怒号がとんで混乱し、一旦休憩となった。休憩中に町田忠治を加えた関係閣僚が対策を協議し、塩野季彦法相が答弁に立つことになったが、斎藤に対してはもとより、本案の撤回を激しく迫る牧野に対する塩野の不十分な答弁ぶりが議場の批難の的となり、混乱のうちにこの日は散会となった。[21]

この事態は大きく報道され、政府、議会各派とも対策を協議することとなった。政府関係では特に陸軍側が政府に対し「率直な熱意をもつて」審議にあたるよう、近衛首相もなるべく登院するよう「督励」したのが注目される。[22]議会側では政民両党の幹部が協議した結果、予定を変更して、このあと民、政、社各一名で本会議の質疑を打ち切ることに決定した。その理由は、表向きはこれ以上の混乱を避けるためとされたが、政府、軍部の本案に関する強硬な態度が政民両党側に反映したものという観測もなされた。[23]翌二五日には政民両党の協議通り、池田、深沢、浅沼の三人の質疑終了後に質疑終結動議が可決されて委員会付託となったが、小会派の議員は動議に反対している。

次の質疑の内容であるが、まず政府側の説明は前出の「制定の理由」の要点といえる内容であった。これに対して政民両党側は、日中戦争下の情勢に鑑みて国家総動員の必要性は認めながらも、本案が広範な勅令委任を規定していることをとらえ、法律論の立場から、（ア）天皇大権（憲法三一条）[24]を侵すのではないか、（イ）臣民の自由、権利、義務（憲法第二章）を勅令委任の形で制限するのは違憲ではないか、とする違憲論と、議会主義の立場から、（ウ）広範な勅令委任によって議会の審議権が制限されるのではないか、（エ）戦時においても議会（臨時議会召集）や憲法第八条の緊急勅令（枢密院の諮詢が必要）で十分対応できるとし、さらに立法精神の面から、（オ）このような拘束的法律では国民の自発的協力（「精神総動員」）はできないのではないか、（カ）日本独自の天皇制を無視し、欧州諸国の総動員法制やナチスの授権法を鵜呑みにして本案をつくったのではないか、（キ）本案提出の裏には「ファッショ」の動き（おそらく「革新」派をさす）があるのではないか、などと批判して本案への反対を明らかにし、撤回や大修正を迫った。

これに対し政府側は、（ア）～（エ）については、総動員体制の概要を予め国民に知らせたり、戦時の千変万化の情勢に対応したりするためには本案の形がのぞましく、予めこのように議会で協賛を求めているので、天皇大権を侵すこともなく合憲であるとし、（オ）については、国民の精神を能率よく発揮させるためにはこの形の法律が必要であるとし、（カ）や（キ）については否定した。なお、社大党は本案の趣旨、内容について賛成の意向を示した。

これら本会議の状況をまとめると、社大党は本案に賛成であるが、政民両党は国家総動員の必要性は認めながらも、本案の具体的内容については違憲の疑いを指摘し、総動員の名の下に国民の権利、自由や議会の審議権等すべてを行政府の下にゆだねることに反対した。つまり、自由主義、議会主義というイデオロギー的立場から反対したのである。これに対して政府側は前出の「制定の理由」の枠を守り、国家総動員の効率的実行のためには政府に広大な裁量権を認めてもらわなければならないという態度をとった。ここに政府と政民両党双方の主張の対立が改めて明確化されたが、近衛の本会議欠席や質疑打ち切りの事情などには、政府との（特に近衛との）決定的な対立を避けようとする政民両党幹部の意向がうかがえる。

委員会での実質審議は二月二九日の第三回委員会からはじまったが、これを前に各新聞では本案審議の難航を予想している。すなわち、政民両党の主流は撤回論であるのに対して両党首脳部は本案否決時の政局変動をおそれて修正可決を考えているが、そのとりまとめは難航し、衆議院通過は三月二〇日頃となり、貴族院通過までには会期延長も十分ありうるとみられていた。

委員会の構成は、(民)一八、(政)一七、(第一)五、(社)三、(第二)一、(東)一の計四五で(電力案の場合三六)、各派の有力議員が多く、政民両党分では、少なくとも約三分の一は常盤会、宇垣、鳩山系で占められており、本案の重要度と政民両党の本案への意向を示している(委員長は民政党の小川郷太郎)。

第五回委員会(三月三日)までは主に政民両党委員が質問に立ったが、政府側との議論は依然平行線をたどり、政府側が意図的に論点をずらした答弁を行なう場合もしばしばであった。なお、近衛(三月一日の第四回委員会から出席)や杉山元陸相答弁の際には、他の大臣や政府委員の答弁の際より議員の受けがよいことなどは注目すべきであろう。

さて、こうした政府対政民両党の対立の中で、第五回委員会(近衛は欠席)において佐藤賢了陸軍中佐(陸軍省軍務局内政班長)による有名な「黙れ」事件が発生した。政民両党委員は態度を硬化させ、委員会としても陸軍側に善処を求めたが、陸軍側は翌四日の第六回委員会で杉山陸相が陳謝するというすばやい対応をみせた。この事件は一般に軍の横暴の代表例の一つとされるが、この経過をみると、偶発的要素の強い事件であり、陸軍のこの処置について、審議促進の立場から無用の摩擦を避けようとしたためだとする当時の観測[25]は、当を得たものといえる。

電力案の審議難航につづき、総動員法案の審議も以上のように波乱含みで以後も予断を許さない情勢となった。これに対し政府側は三月三日、政務官、事務次官連合会議を開いて重要法案審議促進について協議した[26]が、翌四日には近衛が、末次、風見らとこの問題について協議した。この席で末次は「議会の諸議案審議遅延の事実と、これを利用し内閣倒壊を図らんとする一部の策動」に対して政府は「充分なる決心」をもって対処すべきである旨を「力説」した。「一部の策動」とは後述の常盤会の動きを、「充分なる決心」とは議会解散をさしていると思われる。これに対して近衛は、議会解散は「国内摩擦相克を激化」させるとして拒否し、内閣総辞職も不可として議会と協力して乗り切る以外にないと主張した。[27]この問題は、重要法案促進協議のため翌五日に開かれた臨時閣議で再びとりあげられたが、当面は政党出身閣僚や政務官を通じての説得につとめ、各委員会にも議事促進をはたらきかけることとなり、[28]さらに「最近頓に院内外に流布された政変説」[29]（おそらく常盤会系の動きをさす）を遺憾とし、「議会勢力との対立摩擦の緩和に努める」が、最悪の場合には改めて「重大なる手段」[30]を協議することとなった。末次らの議論は前出の解散説の再燃であり、これに対して近衛は依然政変よりも議会との協調の中で本案通過をめざす態度をとっていたのである。

一方、議会側の動きであるが、まず常盤会系の動きについて。彼らは、今議会の最重要法案たる本案への反対によって政府を窮地に追い込んで倒閣、議会解散にもちこみ、宇垣一成党首での政民合同による大政党をつくって政党内閣復活をめざすという筋書きで動いているとされ、この動きには常盤会系の他、政友会の鳩山派、砂田重政派や、三土忠造系が加わっていたが、[31]民政党の町田総裁からは、宇垣党首という点で反感を買っているとされた[32]（町田は近衛か自分自身を考えていたと思われる）。ただし、いうまでもなくこのグループは「現状維持」派として本案の内容自体にも自由主義、議会主義の立場から反対していたのである。

一方、擁立される側の宇垣は経歴的に既成政党に近く、[33]これらを基盤とした政権構想をもち、外交や対中問題についても現実的な政治（親英米、蔣政権との日中和平など）を行ないうる数少ない有力な人物として、陸軍の反対による組閣失敗以後も政財界に支持者が多かったが（元老・重臣グループ、政友会の主流、池田、小山をはじめとする民政党の一部、関西系財界など）、[34]宇垣もこのころ常盤会系の動きに呼応して、「政変」を予期した動きを示している。すなわち、内務官僚出身で広田内閣の法制局長官を務めた貴族院議員の次田大三郎と、鉄道官僚出身で同じく貴族院議員の大蔵公望が、宇垣の側近として宇垣と相談の上二月初めから組閣の準備をはじめている他、(35)宇垣自身「近く政変あらん」と発言もしており、(36)衆議院本会議が本案をめぐって紛糾していた二月二五日には、「政変近しと思ふ」として次田によって次のような組閣名簿まで作成されていたのである（引用文中の「余」は大蔵のこと）。

蔵相　池田成彬　法相　松本烝治　文相　三土忠造　商相　町田忠治　書記官長　砂田重政　企画院ソー裁　池田宏　尚富田幸次郎入閣せば政友よりも一人（多分前田米蔵）入れる筈、外相は全く未定（余は松岡を推薦し度しと思ふ）　農相　石黒忠篤　内相　堀切善次郎(37)

これらの動きは日程的にみて常盤会の倒閣の動きに呼応したものであることは明らかであるが、常盤会系と宇垣側近または宇垣本人との間に密接な連絡があったかどうかは疑わしい。すなわち、組閣の顔ぶれを見ると、三土、砂田、富田（ただし富田はこのころ病気中でまもなく死去）など常盤会系統の名もあるが、町田、前田など常盤会に反感をもつ人々の名もあり、石黒のような新官僚系や松本のような貴族院議員も含まれている。その上、宇垣側近の次田や大蔵も新官僚系の貴族院議員であり、既成政党べったりではなく、常盤会系とは一線を画すところがあったと思われる。しかも、宇垣は内閣参議として、大蔵は国策研究会や昭和研究会のメンバーとして近衛に協力する立場にもあり、宇垣本人および側近の一連の動きは「倒閣」のためというより「政変」の場合への準備という面が大きいと考えられる。

しかし、常盤会系の動きには同じ「現状維持」派の町田派さえもともと反感をもっており、(38)三月に入って宇垣に対しても陸軍側に依然強い反感があることが明らかとなり、(39)三月五日の閣議で「政変説」が「遺憾」とされ、原田熊雄や大蔵の進言もあり、(40)結局この時は宇垣も断念し、(41)以後宇垣擁立に関する目立った動きはなく、常盤会ものちに衰退してしまう。(42)

もう一つは、政友会中島派の有力者で有馬邸派のメンバーでもある前田米蔵を中心とした近衛新党結成をめざす動きである。この動きが公になったのは『読売新聞』三月七日付朝刊であり、八日、九日と各紙に大きく報道された。前田は、近衛が党首を引き受けるならば、政民両党および小会派の一部で革新的な新党結成をめざし、政民両党を本案賛成の方向にとりまとめると近衛にもちかけたのである。これは中島派と鳩山派の反目（特に、鳩山派による鳩山一郎の総裁かつぎ出しの動きへの反感）という政友会内の事情もからんでいると見られるが、旧昭和会系の山崎達之輔（彼も有馬邸派である）も協力し[43]、前節でふれた秋山定輔もからんでおり[44]、近衛出馬を条件に政友会側は新党乗り出しに一致し、閣僚も積極的で、実現の鍵は近衛の意向次第と伝えられた[45]。

しかし、近衛は既成政党（政民両党など）を基盤とする新党には消極的であった[46]。したがって彼は本気でこの計画に乗るつもりはなかったが、本案とりまとめのため拒絶はせずに曖昧な態度をとっており[47]、木戸幸一文相兼厚相、有馬頼寧農相など有馬邸派系の側近たちも恐らく近衛と同じ理由から近衛出馬に反対していた[48]。また民政党は、町田総裁は近衛出馬ならば参加の意向だったが[49]全体的には消極的で[50]、政友会においても、この時期何度か近衛と会見した鳩山などは近衛の出馬はないと判断した上でこの動きに対応していた[51]。したがって、山崎・秋山のように、近衛が見込み薄であることを見越して、そのかわりに末次擁立さえ考えていた人々もいたが[52]、近衛の動向が障害となって結局この動きも常盤会と同様進展はなく、以後も目立った動きはない。なお、この時期には、「有馬邸派」としてのまとまった動きがみられないことは留意すべきである[53]。

最後に、これら本案の賛否をめぐる政界再編成の動きに対応する動きとして、政友会による近衛内閣支持、政民協力の表明をあげる。これは三月六日の代議士会で松野鶴平幹事長、島田俊雄代行委員らが表明したものであり、以前作成されていたものの発表が遅くなっただけであると説明されたが、重要法案難航の最中だけに、一般には、新党運動の抑制と、政府の議会解散への予防線を張ったものと受けとられた[54]。この前日に松野が原田熊雄に対して、「歴史のある政友会なり民政党なりがさうやたらに容易く解党なんかできるものではない。〔中略〕実は自分達は民政党の連中とも『連携はしても合同はすまい。……』といふ約束を裏でしてゐる」と語っているのはこれを裏づける。[55]

これら議会側の動きをまとめると、政民両党を中心に、本案への賛否論双方に関わる政界再編成の動きが再び活発化したが、結局双方とも、議会勢力内の対立や、政府・軍部の圧力によって行きづまりつつあり、そしてその一方で、政府との決定的対立を避けようとする動きも依然みられたといえる。

さて、その後の委員会の状況であるが、三月四日の第六回委員会以後、六日を除く連日審議が行なわれたが、おそらく政府の審議促進の要請に基づいて、九日の第一〇回委員会からは一回あたりの審議時間が約四時間から八時間に倍増され、第一一回委員会は約五時間半にわたって秘密会となり、それ以後は、一三〜一四日頃までに実質審議を終えたいという委員会理事会の方針から、[56]質問時間が一人一時間に制限された。ちなみに、第一〇回までの質問者は八名、関連質問者を含めても二〇名弱であるが、第一〇回終了時点での質問時点での質問予定者は二三名となっていた。

次に議論の内容であるが、第六回以後に初めて小会派の委員が質問に立ち、本案に賛成の立場を明らかにしたが、政民両党委員は依然本案に疑問、反対の立場を表明しており、三月八日に行なわれた政友会側の委員の会合でも否決論と修正可決論が対立する状況で、[57]原案可決論はみられなかった。さらに『報知』三月九日付朝刊で政府、軍部の強硬決意（議会解散論台頭）が伝えられたにもかかわらず依然大勢は反対論で、国家総動員審議会の議決機関化（政府案では諮問機関）、勅令委任事項の法文化など議会主義的観点からの修正論が多かったのである。[58]

また、第一一回委員会において行なわれた秘密会では、政府側から本案に関するかなり突っ込んだ説明があったと思われるが、[59]政民両党委員はその説明にかなり失望しており、委員以外は傍聴禁止であったことから、委員以外の両党議員からは、理由不明のまま本案への賛否を求められることになるとして反発の動きもあり、[60]秘密会は議会側の本案に対する態度を好転させるに至らなかったと考えられる。

なお、その他委員会での議論は多岐にわたり、本案による言論統制強化への危惧の声、本案の種々の規定と私的所有権の関係、本案が成立した場合日中戦争に適用するか否かについての議論があったが、政府側はいずれについても曖昧な答弁に終始し、本案の運用に関するフリーハンドを保持しようとする姿勢がみられた。また、前出の前田らによる近衛新党問題について、三月七日の第八回委員会で藤本捨助（第一）、九日の第一〇回で羽田武嗣郎（政）、一一日の第一二回で真鍋勝（民）が各々近衛自身のこの動きに対する意向をただしたが、前の二人が近衛出馬を希望する観点から質問したのに対し、常盤会のメンバーでもある真鍋は、出馬反対の立場から質問しており、注目される。ただし近衛自身はおそらく前述の事情からいずれの質問に対しても曖昧な答弁にとどまっている。

このように本案に関して、二党合わせて衆院の多数勢力である政民両党は、審議促進に応じるなど政府へ妥協の姿勢もみせているものの、本案の原案可決には依然反対の立場をとりつづけている中で、三月一一日午後には院内で関係閣僚の会合が開かれ、本案に関して、「飽くまで原案の通過に努力」し、「本案が重大なる危機に陥る場合の方策についても意見を交換し、閣内結束して法案成立に強固なる決意を持って邁進すること」(61)となった。

一方、委員会の方は、これに呼応するかのように、まだ八名の質問予定者を残したまま（彼らは辞退した）、一二日の第一三回委員会をもって実質審議を終了し、各派の態度決定のため一六日まで休会となった。

そしていよいよ各派の態度決定となるのであるが、小会派はすでに本案への賛成を決めていたものの、政民両党側は第一三回委員会においても本案へ反対の意向を示していたのにもかかわらず、大勢は一転して原案可決に傾いていくのである。両党とも一三日から一四日にかけて委員会委員、党幹部のレベルで協議され、特に民政党では秘密代議士会まで開かれるなどギリギリまでもめたが、結局幹部一任となり、一五日に両党で協議の結果、付帯決議付きながら本案の無修正承認の方針を決定し、一六日の代議士会で正式決定された(62)。つまり、政民両党の本案への意向は委員会の実質審議終了と共に一転して原案可決となり、一六日の第一四回委員会をむかえた。

委員会ではまず政民両党委員によって補充質問が行なわれ、その中で本案の施行時期についてはついに明確にされなかったが（貴族院でも同様(63)）、総動員審議会については、貴衆両院議員が委員の過半数となることが近衛から言明され、ついで討論に入った。

まず、豊田豊吉（民）の賛成討論の後、西岡竹次郎（政）が政民両党の賛成理由を述べたが、これは政府側の見解（「制定の理由」など）と全く同一のものであり、これまでの議論の流れからみると驚くに足るものであった。ついで小会派の賛成討論の後、本案および政民両党提案の付帯決議が全会一致で可決され、委員会は終了した。付帯決議は、

一、本法ノ如キ広汎ナル委任立法ハ全ク異例ニ属ス政府ハ将来努メテ其ノ立法化ヲ図ルト共ニ官吏制度ノ改革ヲ断行シ又之ガ運用ニ当リテハ憲法ノ精神ニ悖ラザルベキハ勿論国民愛国心ノ自主的発露ヲ基調トシ苟モ本法ヲ濫用シテ人心ノ安定ヲ脅威シ産業ノ発達ヲ阻止セザル様厳ニ戒心スベシ

一、本法ノ制定ト共ニ政府ハ進ンデ世界ノ平和ヲ実現シ文運ノ進歩ニ貢献スル為速ニ外交機能ヲ刷新シ新ニ対外国策ヲ確立スベシ

というものであるが、これは政民両党議員の反対論をくみとったものといえ、両党内の反対論と政府の強硬論の板ばさみとなった両党幹部の苦悩の産物ともいえる。また、小会派も討論時に本案への希望条項を示したが、いずれも官吏制度改革の希望が目立つ。

こうして本案は同日本会議にもどされ、小川特別委委員長の経過報告のあと再び各派の賛成討論が行なわれた。その中で山本厚三（民）の討論は、政府側の答弁が「不徹底」で「一致ヲ欠イテ居」たとして批判した上、「多少ノ不満

――多少デハナイ、相当大キナ不満ヲ持ツテ居ツタ方ガアラウト存ジマスガ（「勿論」ト呼フ者アリ）此大キナ不満ハ此時局ニ対スル国民ノ非常ナ重責ニ鑑ミマシテ、忍ブベカラザルヲ忍ンデ、此法案ニ賛成ヲシナケレバナラヌ」などという、賛成論らしからぬものであった。大口喜六（政）の討論はごく短く、政府への注文も、「其為セル言明ヲ真ニシ、万々違算ナキヤウ」などと述べるにとどまったが、大口はこの後『ダイヤモンド』誌に山本の論旨に近い内容の寄稿を行なっている(64)。

西尾末広（社）は、本案への反対論には資本主義的イデオロギーが含まれていると批判したあと、近衛への激励の意から近衛に対し、「ムソリーニノ如ク、ヒットラーノ如ク、アルヒハスターリンノ如ク」などと述べて議場が騒然となり、西尾はこの部分を直ちに取り消したが(65)、その場で小山松寿議長によって懲罰委員会に付され、周知のごとく西尾は議員を除名された。実は西尾は近衛に対して本案の第一〇回委員会においてほぼ同様の発言をしているが、その時は全く問題にならなかった。その点から考えても、この事件は政民両党議員の、自分たちの態度急転に対する感情を象徴的に示したものといえる。

これらの討論の後、本案は付帯決議と共に全会一致で可決され、貴族院に送付された。貴族院では、二月中は反対論が優勢であったが(66)、木戸や原田など政府側の説得工作(67)により三月中旬には無修正可決の見込みとなり(68)、法学者の土方寧や伊沢多喜男一派の反対論のため全会一致とはならなかったものの、三月二四日に原案が可決され(69)、四月一日公布となるのである。ただし、伊沢一派の動きには宇垣側近の次田が加わっており(70)、宇垣も伊沢もどちらかというと民政系であることから考えると、この問題についても両者の関連が推測しうることは注目すべきであろう。

なお、本案の衆院通過に際しては、「民政党の議員中には幹部の手許まで議員の辞表を提出したものがあり(71)」、浜田国松（政）は党代行委員に向かって、「今後は不愉快な政治生活をしなければなるまい」と語ったという。

さて、ここまでみてきたように、政民両党側は委員会の実質審議終了と共に反対論から一転して原案賛成となった。しかしそれはかなりの不満をもちながらの、主観的にはやむを得ない選択であった。ではなぜこのような事態になったのであろうか。次節ではこれを検討する。

三　政民両党急転の背景

まず、急転の直接的原因から検討してみよう。前節の叙述から考えると、その原因として考えられるのは、三月一一日の関係閣僚の会合である。なぜなら、この会合では、総動員案が「重大なる危機に陥る場合の方策」について話し合われたとされているからである。

この会合の内容については有馬頼寧の回想が残されているのみであるが[72]、それによると、この会合は中島、永井という二人の政民出身閣僚を排除して行なわれ、近衛が、会期も切迫しているため本案通過のためにはもはや議会解散しか手がないが、ただの解散では現状と変わらない恐れがあるので、新党を作って選挙に臨む以外にないという決意を示したのである。

この時の近衛の胸中を推測すると、本案についてのこれまでの審議状況からみて、このままでは時間切れによる廃案か、議会による修正という大波乱に立ち至ることは必死であり、そうなれば、今議会における最重要法案であり、しかも革新政策の基本法ともいうべき本案を通せなかったということで政府の威信を低下させ、日中戦争の行方にさえ影響を及ぼしかねない。そこでどうせ「相克摩擦」が避けられないならば、廃案や修正よりも、議会解散説をもち出して議会側に圧力をかける道を選択したのであろう。しかし、彼は、単なる解散説では政府側に有利な展開となる確信はもてなかったにちがいない。なぜなら、政民両党の選挙基盤は強固なものであり、林銑十郎内閣の「食い逃げ解散」のときにおいても両党の議会での優位は変わらず、そのことが林内閣退陣の主因となったからである。[73] 一方、政民両党には、中島、永井派をはじめ、久原、町田派など、近衛に対しては好意的なグループも存在したが、近衛自身は末次をはじめとする反既成政党的な「革新」派に好意をもっていたのである。そこで、総動員法通過に有利で、しかも近衛の意向に沿った政治体制をめざす手段として、政府側の近衛新党構想が出現したのであるが、それは、中島、永井を除いた席で話されたことからもわかるように、本章でふれた、末次による反議会主義的性格のものであったと考えるべきであろう。

なお、本案の議会通過の事情については、普通、「軍部の圧力により」とされている。しかし本章でみたように、軍部は宇垣擁立運動の阻止以外は有効な干渉を行なえず、審議中はむしろ議会に融和的な態度さえみられた。おそらく、近衛と同様に日中戦争下における国内の「相克摩擦」の回避と、法案成立を優先する態度から出たものであろう。

さて、この会合の模様は翌一二日には大谷尊由拓相を通じてまず鳩山に伝えられた。これは、鳩山は政友会の最有力者の一人として自派の他、三土系、砂田派にも影響力がある上に、常盤会にも近く、本案反対派に大きな影響力をもっていたからであろう。事実、この新党含みの解散説を知った鳩山は直ちに事態収拾に乗り出し、三派を説得して無修正承認へと転換させ、民政党もこれに従い、両党の態度急転となったのである。[74] すなわち、三月一一日の閣僚の会合で出た新党・解散説が急転の直接的原因であったことが確認された。では、なぜ彼らはこの解散説をそれほどまでに恐れたのであろうか。

政民両党は、内部に中島、久原、永井派と言った革新派指向のグループをかかえているものの、東方会や社会大衆党のように基盤を大衆運動に求めようとする大衆政党ではなく、議会を活動の主な舞台とする議会政党であった。したがって、議会の権限を実質的に縮小する内容をもつ本案に対して、程度の差はあれ反対するのはむしろ当然のことであった。

その一方で、本案の問題化を政界再編成の好機として、本案への賛否両面から、政民両党を中心に種々の運動が試みられたが、いずれも衆院の委員会審議終了頃には行きづまっていった。これらに対して、逆になんとか現状維持をはかろうとする動きが両党の幹部クラスを中心にみられた。彼らは、政府・政党間の決定的な対立を防ぐべく政府と妥協する一方、本案について少しでも議会に有利になるように修正をめざした。しかし、政府側をゆさぶる材料としての政党側からの新党運動が行きづまり、いわば持ち駒のない状況の中で、反議会主義的な新党、解散構想に近衛が乗り出したと伝えられたのである。

ここで政民両党は、本案をあくまで阻止するため解散を受けて立つか、本案を通す代わりに解散を避けるかという選択を迫られることになった。しかし、前者の選択はあまりに危険なものと考えられたであろう。なぜなら、日中戦争の進展とともに、高度国防国家建設をめざす「革新」派の政策が説得力を増しつつある上、政府側の新党・解散構想に当時最も人気のある政治家であった近衛が乗り出すことは、その構想の実現の可能性を十分に示唆するものであったからである。つまり、前者を選択しても、本案が通過するばかりか、既成政党勢力が議会から排除されてしまっているという事態が必ずしも非現実的とはいえなくなったのである。したがって彼らが選択できる道はただ一つ、とにかく議会における彼らの優位を保つため（議会の審議権は未だすべて否定されたわけではない）、総動員法を通してもこの時点での解散をさけるという方策であった。これは政界再編成の観点からみれば、議会主義の立場からの選択であったといえる。

おわりに

これらのことから、本案の原案可決に重要な役割を果たしたのは、政界再編成の種々の流れの交錯であったといえよう。いいかえれば、総動員法案の議会審議と政界再編成の動きは、政治運営の方法として議会主義を指向するか否かという点で連関しており、政民両党は本案の内容に関して議会主義の立場から反対したが、政界再編成の観点からは同じ議会主義の立場から政府側に妥協せざるを得ず、遂に本案の原案賛成に至ったのである。

なお、本案可決を機に一旦鎮静化した政界再編成の動きは議会終了後に再燃し、政友会の内紛などもおこるが[75]、詳細は別の機会に譲りたい[76]。

さて、本案は四月一日公布の後、五月五日には早くも施行され、以後三回の改正[77]で効力を増大しながら終戦まで威力を発揮することになる。また、国家総動員審議会は六月三〇日に委員が決定され[78]、勅令要綱の審議にあたった。本審議会については、総動員法案の原案通過の代償として議会が勝ちとったものであるという評価[79]と、単に形式的な存在に過ぎなかったとする評価がある[80]が、その実態については次章で検討する[81]。

注

(1) 政治史的観点からある程度踏みこんだ説明を試みたものに、Gordon M. Berger, *Parties out of Power in Japan 1931－1941*, Princeton U.P. 1977があり、本章はこれへの再検討、批判ともなっている。なお、同書はバーガー著〈坂野潤治訳〉『大政翼賛会』(山川出版社、二〇〇〇年)として邦訳された。また、木坂順一郎「帝国議会第七三議会衆議院解説」(社会問題資料研究会編『帝国議会誌』第一期第三三、東洋文化社、一九七八年)もこの経緯を詳しく記述しているが、本章は、本問題の政治的背景をより深く検討した。

(2) まず衆院各派について(括弧内は第七三議会時の議員数)。立憲民政党(一七八)は民政党または民、立憲政友会(一七三)は政友会または政、第一議員倶楽部（四九）は第一、社会大衆党（三六）は社大党または社、第二控室（一三）は第二、東方会（一一）は東（他に無所属三、欠員三で計四六六）。なお、第一と第二は院内会派であり、前者は国民同盟、旧昭和会系、日本革新党および無所属議員で、後者は無所属議員で構成されていた。また、社大党以下をまとめて「小会派」と記すことがある。

次に史料の略称について。新聞では『東京朝日新聞』は『東朝』、『東京日日新聞』は『東日』、『中外商業新報』は『中外』、その他は原名から「新聞」を略す。ほぼ同様の記事が同じ日付の各新聞に掲載されている場合は「各紙」と記す。また、夕刊は発行日翌日の日付になっていることに注意。次に雑誌については『文芸春秋』は『文春』、『中央公論』は『中公』、『日本評論』は『日評』、『政界往来』は『政往』。新聞、雑誌とも昭和一三年発行のものは発行年を省略する。

(3) 詳しくは、読売新聞社編刊『昭和史の天皇』一六（一九七一年）一二六〜一二七頁。拙著『昭和戦中期の総合国策機関』第一章、第二章も参照。

(4)『東朝』一月一八日付朝刊など。

(5)『読売』一月二七日付朝刊。

(6) 正式には「国家総動員法制定ノ必要ナル理由」という文書で、石川準吉編『国家総動員史』資料編第三（同刊行会、一九八六年）二四七〜二四八頁に所収。

(7) 以上、『都』二月三日付朝夕刊。内務省警保局『社会運動の状況』一〇（復刻版、三一書房、一九七二年）五一九〜五二〇頁。

(8) 唐島基智三「一国一党論の行方」（『日評』一月号）一四六〜一四七頁。杜譲一「政局を繞る新党運動」（同五月号）一七五頁。

(9) 前掲唐島論説一四八〜一四九頁。

(10)『東朝』二月七日、一七日付朝刊。原田熊雄述『西園寺公と政局』第六巻（岩波書店、一九五一年、以下『原田日記』）二三一頁（二月一六日条）。

(11)『東朝』二月九日付夕刊。

(12)『東朝』、『国民』二月一五日付朝刊、『読売』二月一九日付朝刊。

(13) 山水甫（山浦貫一）「近衛内閣の運命」（『改造』五月号）一四五頁。

(14)『読売』二月一九日付朝刊。

(15)『国民』二月二二日付朝刊。

(16) 同右二月一五日付朝刊など。
(17) 各紙二月二三日付朝刊。
(18) 『国民』二月二三日付朝刊。
(19) 野村重太郎「挙国一致内閣と新党運動」(『中公』四月号)本欄五三頁。
(20) 以下の衆議院での審議内容、日程などについては、特に断らない限り、本会議と国家総動員法案特別委員会の議事録によった。
(21) 『東朝』二月二五日付夕刊。
(22) 『都』同日付朝刊。
(23) 『国民』二月二六日付夕刊。
(24) 大日本帝国憲法第三十一条には、「本章ニ掲ケタル条規ハ戦時又ハ国家事変ノ場合ニ於テ天皇大権ノ施行ヲ妨クルコトナシ」と記されている。
(25) 『東朝』三月三日付朝刊。
(26) 同右。
(27) 『中外』三月五日付朝刊。
(28) 各紙三月六日付朝刊。
(29) 『東朝』同日付朝刊。
(30) 『読売』同日付朝刊。
(31) 湘南隠士〔木舎幾三郎〕「政界秘帖録　強力政党運動と近衛の心境」(『政往』四月号)四二～四六頁。
(32) 同右「政界秘帖録　政党解党運動の裏」(同右三月号)四五、四七頁。
(33) 憲政会、民政党内閣の陸相をつとめた。
(34) 前掲杜論説。一七一～一七二頁。
(35) 内政史研究会・日本近代史料研究会編刊『大蔵公望日記』第三巻(一九七四年、以下『大蔵日記』)九～一〇頁(三月二日、五日条)。
(36) 小川平吉文書研究会編『小川平吉関係文書』Ⅰ(みすず書房、一九七三年)三六六頁(「小川平吉日記」二月一六日条)。

(37)『大蔵日記』一七頁（二月二五日条）。このうち池田成彬は当時日銀総裁で宇垣支持者の一人。松本と堀切は貴族院議員で、松本は電力国管への強硬な反対論者。池田宏と石黒は官僚出身で昭和研究会、国策研究会のメンバー。松岡はおそらく松岡洋右のこと。
(38)『原田日記』二五三頁（三月二日条）。
(39)同右二五七頁（三月五日条）。
(40)『大蔵日記』二〇頁（三月八日条）。
(41)角田順校訂『宇垣一成日記』二（みすず書房、一九七〇年）一二二三頁（三月七日条）。
(42)前掲杜論説一七六頁。
(43)以上、前掲野村論説、本欄五四頁。
(44)『原田日記』二四六頁（二月二六日条）。
(45)各紙三月八日、九日付朝刊など。
(46)注(13)に同じ。
(47)『原田日記』二五〇頁（三月一日条）。
(48)同右二五一頁（同日条）、二六〇頁（三月九日条）。
(49)注(32)の論説四七頁。
(50)注(46)に同じ。
(51)森凡「新党運動と党首問題」（『解剖時代』四月号）五一～五二頁、鳩山一郎『ある代議士の生活と意見』（東京出版、一九五二年）一七六～一七七頁。
(52)前掲唐島論説一四七～一四八頁。
(53)同右一四九頁によれば、中島や永井については、「みんな現在閣僚でおさまつてゐるので、急に動き出すわけにはいかない」と分析されている。
(54)注(31)の論説四三～四四頁。城南隠士「政界夜話　新党は出来るか」（『文春』四月号）四七頁。
(55)『原田日記』二五六頁（三月五日条）。
(56)各紙三月一一日付朝刊。

(57)『報知』三月九日付朝刊。

(58)『都』三月一一日付、『報知』一二日付朝刊。

(59)『東朝』三月一〇日付朝刊。

(60)各紙三月一一日付夕刊、朝刊。

(61)『東日』三月一二日付朝刊。

(62)『東朝』三月一四日付朝刊～一七日付夕刊、『国民』三月一五日付朝刊など。

(63)日中戦争適用の含みを残したのである。

(64)大口喜六「時論、二重要法案通過に就ての感想」(『ダイヤモンド』三月二一日号)。

(65)削除部分は前掲『帝国議会誌』第三三巻一七三頁(木坂「解説」)による。

(66)『読売』二月六日付朝刊。伊沢多喜男伝記編纂会編『伊沢多喜男』(羽田書店、一九五一年)二六一頁。

(67)『原田日記』二四二～二四三頁(二月二三日条)。『木戸幸一日記』下(東京大学出版会、一九六六年)六三〇頁(三月一五日条)。

(68)『東朝』三月一六日付朝刊。

(69)貴族院での審議状況については、本会議と国家総動員法案特別委員会の議事録による(前者は前掲『帝国議会誌』第一期第三一巻、一九七八年に所収)。その後、貴族院での審議過程については、中島康比古「国家総動員法案と伊沢多喜男」(大西比呂志編『伊沢多喜男と近代日本』芙蓉書房出版、二〇〇三年)が伊沢の動きを中心に詳しく明らかにした。

(70)『報知』三月二八日付朝刊。

(71)『東朝』同日付朝刊。

(72)有馬賴寧『政界道中記』(日本出版協同、一九五一年)一四一頁。なお、この有馬の記述は従来三月五日の閣議のこととされていたが(矢部貞治『近衛文麿』上、弘文堂、一九五二年、四七八頁、前掲バーガー書一五五頁)、この記述と三月五日、三月一一日の状況についての新聞記事を比較すると、会合の場所(有馬の記述は「院内の大臣室」、五日は首相官邸、一一日は院内大臣室)、出席者(有馬の記述は中島、永井の欠席を強調、五日は永井出席、一一日は中島、永井欠席)などからみて、一一日の会合についての回想と判断できる。

(73)江口圭一「林内閣」(辻清明・林茂編『日本内閣史録』三、第一法規出版、一九八一年)四三六～四四〇頁。

(74)『都』三月一九日付朝刊。
(75)升味準之輔『日本政党史論』第七巻（東京大学出版会、一九八〇年）一一三～一一八頁。
(76)拙著『戦時議会』第二の四を参照。
(77)一九三九年四月、四一年三月、四四年三月。
(78)『東朝』七月一日付夕刊（発令は七月一日付）。
(79)前掲バーガー書（坂野訳）一〇六頁。
(80)御厨貴氏によるバーガー書の書評（近代日本研究会編『年報・近代日本研究一　昭和期の軍部』山川出版社、一九七九年）四五五頁、長尾龍一「帝国憲法と国家総動員法」（同右『年報・近代日本研究四　太平洋戦争』一九八二年）二五頁。
(81)初出時には本文に続いて「これを前節で述べた林内閣期の様相と比較すると、すでに政権担当能力を失っていた政党は、政界再編成の主導権をも失い、その独自性を反発集団としての面にのみ求めることになっていくことを意味しているといえよう。」また「つまり、第七三帝国議会における国家総動員法をめぐる政治過程は、これまでの、既成政党勢力がいまだ他の勢力に十分に対抗しえた『挙国一致内閣期』形の政治構造から、既成政党勢力が『革新』派にふりまわされる『近衛新体制運動期』形の政治構造への変化の最も重要な転機であったと位置づけることができよう。」などという「おわりに」がついていたが、現在ではこの見解はとっていないので本文から削除した。今回の「おわりに」は初出時の第三節の最後の部分である。

第二章　国家総動員審議会の設置とその実態

はじめに

一九三八年（昭和一三）四月に公布された国会総動員法は、政府に対し議会の承認なしに国民生活全般にわたって統制する権限を与える法律であったが、その運用機構の中に一つだけ議会人を中心とする民間人が構成員の過半を占める組織が存在した。それが国家総動員審議会である。本章はこれまでその実態がほとんど知られていない本審議会について、従来の評価にも言及しつつその実態の一部を明らかにすることを目的とする。それはまた昭和期の戦時体制についての史的研究への準備作業の一つともなろう。

一　審議会の成立

本節では、審議会の活動内容を検討する上で前提となる事項について述べる。

第一に審議会設置の経緯について。国家総動員法案は一九三八年（昭和一三）一月下旬に政府から原案が公表されたが、この段階までは総動員法の運用について民間人を主体とした組織をつくることは全く構想されていなかった。(1)

民間人を含んだ委員会設置の構想は二月上旬、政民両党方面からの本案への修正構想の中にはじめてあらわれた(2)。そしてこの構想は議会の「現状維持」派（政民両党主流、貴族院など）の本案への反対論に対する譲歩策の一つとして近衛首相によってとりあげられ、本案第五〇条として国家総動員審議会の条項が加えられたのである(3)。

第五〇条　本法施行ニ関スル重要事項（軍機ニ関スルモノヲ除ク）ニ付政府ノ諮問ニ応ズル為国家総動員審議会ヲ置ク

国家総動員審議会ニ関スル規程ハ勅令ヲ以テ之ヲ定ム

さらに政府は、前章で見たように、議会での質疑で本審議会は諮問機関とすること、貴衆両院議員が委員の過半数を占めることを明らかにした。後者は本案に関して政府の議会に対する最後の譲歩であり、ゴードン・バーガー氏はこの点を高く評価し、本審議会を議会が総動員法案原案承認の代わりに勝ちとったものとして積極的に評価している(4)。

さて、本案は種々の紆余曲折を経て第七三議会で原案が承認され、四月一日公布された。そして五月四日、本審議会官制と工場事業場管理令（軍需工業動員法はこれによって廃止）の公布（翌五日施行）によって一部施行が開始された。

このうち本審議会官制は全六条、付則一となっているが、その要旨は〔第一条〕首相の監督下、各大臣の諮問に応じて本法施行の重要事項（軍機以外）について調査審議し、建議もできる、〔第二条〕総裁、副総裁各一名、委員五〇名以内、臨時委員設置が可能、〔第三条〕総裁は首相、副総裁は企画院総裁とし、委員や臨時委員は関係各庁高等官、貴衆両院議員から内閣が任命、〔第四条〕総裁は会務を処理し、副総裁が代行可、〔第五条〕幹事長は企画院次長とし、幹事は内閣が任命、などというものであった。

第二に人事（同年七月一日発令(5)）について。委員は貴族院議員一五、衆議院議員一五、官吏一五、学識経験者三（すべて貴院議員(6)）の計四八、幹事は企画院六（各部部長）を含む各省庁の関係部局長二一名で、総裁は近衛文麿首相、副総裁は滝正雄企画院総裁、幹事長は青木一男企画院次長であった。次に委員の顔ぶれであるが、官吏一五名はいずれも各省次官で、ポストによる任命なので、民間側委員について途中交代分も含め、表1によって検討してみる。まず議会出身委員の数は全体の三分の二に達しており、七三議会での議論を反映した形となっている。また、各会派の割り振りにはおおむね議会の勢力分布に対応している。さらに人選については各会派の推薦によったものとみられるが(政民両党の場合はこれが確認できる)(7)、中には総動員法案に強い反対を示していた議員も含まれている。その他、財閥、財界、金融界の有力者も含まれている。結論としては、政府側の恣意が極力排された、議会での議論を尊重した人事であるといえる。もっともこれは審議会の公的な正統性を保つためにはむしろ当然のことであろう。また、事務レベルでは企画院が主導権をもっていたといえる(幹事メンバーなど)。

第三に本審議会の総動員法運用機構中の位置について。本法に基づく勅令はまず各省庁によって要綱が立案され(省庁別の立案分担は同年五月一六、一七日に開かれた国会総動員会議で予め決定されていた)(8)、企画院で検討、調整の後、総理大臣の監督下にある国家総動員法制委員会(関係官で厚生、委員長は企画院次長)に送られた(9)。この委員会は審議会幹事と構成員が重複していると推定され、審議会総会の前には法制委と幹事会が連続して開かれている(10)。そしてここで最終的に決定された要綱案が審議会に諮問され、承認されたものは内閣の法制局で法文化され、勅令として公布、施行という段取りになっていた。つまり本審議会は実際には勅令案要綱の内容について諮問されるという位置におかれていたのである。

衆議院（表１つづき）

会　派	身分	名　前	在任	73	76	備　考
民政党		高田耘平	1〜		○	各種農業関係委員歴任
		小川郷太郎	1〜14	◎		財政専門家，元商相
		岡崎久次郎	1〜10			
		豊田豊吉	1〜10		○	
	永井	古屋慶隆	1〜	○	○	
	永井	山道襄一	1〜14	○	○	
	永井	中村三之丞	7〜		○	
		中島弥団次	11〜		○	元商相
		俵孫一	15〜			73議会電力案委員長，元商相
政友会		東武	1〜6			
	久原	大口喜六	1〜		○	
	中島	匹田鋭吉	1〜		○	
	中島	川島正次郎	1〜		○	
	中島	福井甚三	1〜6			
	久原	西岡竹次郎	1〜6	○		
	久原	生田和平	7〜		○	
	中島	豊田収	7〜			
	金光	松村光三	7〜		○	
第一議員倶楽部	無所属	津崎尚武	1〜5			
	国同	清瀬一郎	1〜	○		
	昭和会	守屋栄夫	6〜	○	○	
社大党		浅沼稲次郎	1〜	○	○	

非議員

現　職	名　前	在任	備　考
なし	有馬頼寧	15〜	元農相，元貴族院議員，前翼賛会事務総長

凡例

(1)初出時の誤りは訂正してある．

(2)衆院各会派は昭和15年8月までに解消されている．

(3)衆議院議員の派閥は参考までに主なものを示した．

(4)在任欄の数字は審議会総会の回数．

(5)73は第73議会における総動員法案委員会委員，76は第76議会における同法改正案委員会委員，◎は委員長．

(6)本表は『国家総動員審議会議事速記録』第1〜12，14，15回，『東京朝日新聞』昭和13年7月1日付夕刊，衆議院・参議院編『議会制度七十年史』衆議院議員名鑑・貴族院参議院議員名鑑（大蔵省印刷局，1962年）などによる．

表１　国会総動員審議会民間側委員一覧表（第15回総会まで）

貴族院

会　派	身分	名　前	在任	73	76	備　考
研究会	伯爵	溝口直亮	1～			
	子爵	前田利定	1～		◎	元逓相，農商相
	子爵	織田信恒	1～		○	各種農林関係委員歴任
	勅選	結城豊太郎	1～			日銀総裁，学識経験者扱い
	子爵	渡辺千冬	1～6	◎		元法相
	勅選	潮恵之輔	1～3			内務官僚出身，元内相
	勅選	小倉正恒	1～14			住友財閥，学識経験者扱い
	多額	風間八左衛門	1～7			
	勅選	堀切善次郎	6～		○	内務官僚出身
	子爵	井上匡四郎	15～			工学博士，元鉄相
	勅選	藤原銀次郎	15～		○	三井財閥，前商相，学識経験者扱い
	多額	小野耕一	15～			
	勅選	青木一男	15～			1～5本審議会幹事長，元蔵相兼企画院総裁
公正会	男爵	大井成元	1～	○	○	73，76とも委員会の副委員長
	男爵	東久世秀雄	1～			
	男爵	渡辺　汀	1～	○	○	
火曜会	公爵	島津忠重	1～		○	
	侯爵	四条隆愛	1			
	侯爵	西郷従徳	3～			
同成会	勅選	伊沢多喜男	1～14	○		内務官僚出身
	勅選	塚本清治	15～	○	○	同上
同和会	勅選	宇佐美勝夫	1～	○	○	同上(初代資源局長官)
	勅選	各務謙吉	1～5			三菱財閥，学識経験者扱い
交友倶楽部	勅選	犬塚勝太郎	1～	○	○	内務官僚出身
無所属	勅選	後藤文夫	1～			同上，元農相，内相

二　審議内容

さて、先ほどバーガー氏の本審議会に対する積極的評価を紹介したが、これに対して御厨貴氏は、本審議会は形骸化したとして消極的評価を下し[11]、長尾龍一氏もほぼ同様の評価を下している[12]。しかし実際にはどうであったのだろうか。幸い、東京大学法学部に一九四一年（昭和一六）六月の第一五回総会までの総会、特別委員会の議事録（第一三回を除く）が所蔵されており[13]、同年七月〜八月の第一六〜一七回総会についても新聞報道によって概略が判明するので、本審議会の活動と密接な関係がある一九四一年の総動員法改正の帝国議会における審議状況を含め、その審議内容について検討する。

なお、審議会の議事方法について、議事規則（全一七条、第一回総会で承認）によると、採決は多数決制で、総裁の権限で特別委員会の設置、委員指名ができることとなっていたが、実際には総会は全会一致制で運用され、全会一致とならない場合に特別委員会が設置された。また、総裁はほとんど出席せず、副総裁が実質的にはとりしきっていた。

また、本章で扱う時期においては、改正案のごく一部と工場事業場管理令を除くすべての勅令案要綱が諮問されているが[14]、紙数の関係もあり、本章では主に審議会で紛糾した問題に焦点をしぼる。本章で扱う時期の審議会の開催状況については表2に示した。

1　株式配当制限問題

一九三八年（昭和一三）一一月初め、広東、武漢占領という日中戦争の新たな展開を迎え、「長期建設」のためには産業の跛行状態を是正しなければならないとして、企画院を中心にこれまでごく一部しか発動されていなかった総動員法の全面発動が考慮されはじめた。中でも会社の設立、経理、経営、金融に関し政府の幅広い権限を定めた第一一条の発動が大きな政治問題となり、俗に「十一条問題」と呼ばれるに至った。

一一月四日の五相会議で末次内相、木戸厚相が一一条発動を主張したのに対し、財界出身の池田成彬蔵相兼商相が反対し、政府部内で発動をめぐり対立が生じた上、財界でも反対の空気が強く、株価の暴落も起きた。これに対し陸軍側では佐藤賢了陸軍省情報部長が財界の態度を激しく批判する談話を発表するなど、この問題は大きな政治問題となった。これを図式化すれば、軍部・政府の「革新」派対財界とでもいえようか。

しかし、結局一一月中旬には一一条の発動は株式の配当制限のみとすることで政府内部の妥協がなり、大蔵省が具体案の作

表2　開催状況（第17回総会まで）

回　数	昭和	月　日	総裁(首相)	副総裁(注1)	(注2)
1	13	8/10	近衛文麿	滝正雄	2
2		10/31			3
3		12/5			4
4		12/22			3
特別委		12/24			
5		12/28			6
6	14	6/14	平沼騏一郎	青木一男	2
7		9/27	阿部信行	青木一男	6
8		11/9			1
特別委1		11/10			
特別委2		11/13			
9		11/17			1
10		12/22			3
11	15	6/25	米内光政	竹内可吉	1
特別委		6/26			
12		6/29			1
13		9/30～10/1	近衛文麿	星野直樹	11
14		12/14			6
15	16	6/21		鈴木貞一	2
16		7/30～8/1			3
特別委		8/1～8/2			
17		8/2			1

注1　企画院総裁の兼任.
　2　承認された諮問案数
出典は『国家総動員審議会議事速記録』第1～12，14，15回，『国家総動員史』資料編第三，488～490頁.

成にとりかかったが、依然財界の不満は根強く、(15)その中で一二月二二日の第四回総会に「会社利益配当ノ制限等ニ関スル勅令案要綱」が諮問されたのである。その内容は、資本金二〇万円以上の会社は条件により株式配当率を一割または六分より下に制限し、それによる余剰金は積立てさせるというもので、政府の提案理由は豊富な産業資金確保のため積立てさせて、その資金を設備拡充に向けることであった。しかしこの日の総会では政府側の説明があったのみで本案は審議されず、本案の重要性に鑑みてはじめて特別委員会に付託されることになった。

委員は清瀬一郎、浅沼稲次郎、伊沢多喜男、宇佐美勝夫、大口喜六、豊田収、渡辺千冬、西郷従徳、福井甚三、犬塚勝太郎、小川郷太郎、岡崎久次郎、織田信恒、大井成元、川島正次郎の一五名、委員長は渡辺であった（すべて民間側委員であることに注意。以後特別委員会はすべて同じ）。なお、この総会には本案をはじめ九つもの案が諮問されたため、これに対して伊沢、大口などが統制強化であるとしてこれに対して首相の説明を求めたが、近衛首相は出席していない。

さて、特別委員会は二四日に開かれたが、問題はもっぱら配当率上限（一割）の可否についてであった。すなわち、小川、岡崎を中心に、一割の配当制限は企業にとって過酷であり、かえって投資や生産意欲が失われるとして反対を表明した。その中で小川は「斯ウ云フ機会ニ財界ノ空気ヲ大蔵当局ニ御伝ヒシテ御考ヲ煩シタイ」などと述べ、彼らの意見が財界の意向を反映したものであることを示している。

これに対して政府（石渡荘太郎大蔵次官）は、弾力的運用をするとしながらも、「経費の支出モ適正デアリ、又会社ノ財産ノ償却モ相当ニシ、積立金モ相当ヤツテ居ツテ、其ノ上ニ多額ニ儲カルト云フノハ、其ノ儲カルコトガオカシイ」とした上、「社会正義感」からいっても上限一割が適当であるとして譲らず、結局全会一致で原案が承認され、二八日の第五回総会でも全会一致で承認となった。

これらの議論は、政府側が近衛の用いる「社会正義」という「革新」派的な言葉まで持ち出してきたこと、政党出身議員が財界の意向をうけていることなどから、先ほどの軍部・政府の「革新」派対財界という図式から、政府が財界に代位する形の図式になっており、依然財界の不満が強かったことを示しているといえよう。また、今回の一連の諮問について、総動員法の全面発動につながるという観点から、官吏による統制の行きすぎへの危惧の声が伊沢を中心に総会や委員会などで出たことも注目される。なお、この要綱は会社利益配当資金融通令として翌年四月一日に公布、施行された。

2 小作料統制問題

次の第七回総会は阿部信行内閣期の一九三九年（昭和一四）九月二七日に開かれ、同年夏の電力飢饉をきっかけとする「電力ノ調整ニ関スル勅令案要綱」、欧州戦勃発を契機とする国内物価の急騰への応急対策として物価を九月一八日現在で凍結させる、いわゆる「九・一八ストップ令」といわれる四勅令案などが諮問されたが、前者については一三年春の議会で紛糾した日本発送電㈱の不手際が電力不足を招いたとして大口などが政府を批判した他、後者に関しても統制の行きすぎを懸念する発言が民間委員から出たが、結局いずれも緊急やむを得ないものとして原案承認となった。しかし周知の通りこの阿部内閣の物価政策は一一月初旬の米価引き上げをきっかけに破綻し、阿部内閣自体の崩壊につながるのであるが、その中で一一月九日に第八回総会が開かれた。この総会には米穀関係の二案が諮問されたが、その中で「小作料ノ統制ニ関スル勅令案要綱」が問題化したのである。

その主な内容は小作料の上昇抑制および引き下げであり、同年九月一八日現在の小作料をこえないこと、場合によっては市町村の農地委員会（一九三八年〈昭和一三〉制定の農地調整法によってできた組織）が地方長官の認可をうけて小作料を定めることができること、小作料が不当であるとみなされる場合は道府県農地委員会の意見聴取のうえ地方長官の命令で変更ができること、などであった。提案理由について酒井忠正農相は、本案は「九・一八ストップ令」の一環であり、日本内地の小作地率が四六パーセントであることから、小作料抑制により物価抑制、「銃後農村ノ平和ヲ保持」することが必要であることなどを述べている。

これに対し高田耘平が、他のストップ令と異なり、引き下げが可能なこと、また決定に対し訴訟訴願の規定がないことについて、「時局ノ此ノ際小作料ナドヲ上ゲルヤウナ態度ヲ執ツテ居ル人ハナ」く、かえって小作争議をおこすことになるとし、さらに小作問題については農地調整法や小作調停法もあり、本案は緊急性がないのだから勅令案ではなく法律案として議会に提出せよと迫った。これに対し荷見安農林次官は小作料について、「沿革的社会的理由ニ依リマシテ不合理ト認メラレルモノガ多」いため本案でよい旨を答えた。これに対し高田は法律案として議会に提出しないのならば、小作料引き下げ可能を定めた条項を削除せよという修正意見を提出した。これに対して伊沢や匹田鋭吉が重大問題であるため特別委員付託を求め、付託となった。特別委員は、大井、伊沢、犬塚、後藤文夫、前田利定、織田、高田、生田和平、中村三之丞、川島、清瀬、浅沼、小倉正恒の一三名で、委員長は前田となった。

特別委員会は翌一〇日に開かれた。まず犬塚は、本案が他のストップ令と違って一年の時限つきとなっていないことなどをふまえて、この案はある意味で恒久的なものであり、戦時法である総動員法によって出されるべきではないとし、本案は総動員法に「便乗シテ」「臨時的デナイ法ヲ作ルヤウ」にきこえると述べたが、政府側は小作料の性質上一年限りというわけにはいかないとした。犬塚はさらに伊沢などとともに本案に対して批判的な質疑を行ない、高田も総会と同様の質疑を行なったがいずれも平行線のままに終わっている。さらに犬塚と清瀬は速記を中止させて質疑を行なっている。しかしここで中村が、「我々ノ所属ノ団体ニ向ツテ一応諮ル必要モアル」としてこの日の審議を打ち切ることを求めた。これに対し前田委員長は政府側との懇談に入ることを提案し、その間は速記中止となっているが、結局一三日夜に続けて開会することとなった。

この第二回の特別委員会では若干の質疑のあと本案についての討議に移った。高田は前出の修正案を再び出したが、これに対し浅沼は生産力拡充のため小作人が生産に励めるよう小作料を引き下げるべきだとして政府原案に賛成の意を表し、中村は政府原案を緊急やむを得ざるものとしながら、日中戦争終了後は議会においてこれを立法化することなどを希望した。これに対し伊沢は本案は「時局便乗的」であるとして修正案に賛成の意を表した。その他の委員は政府原案に賛成しながらも種々の希望を付している。結局修正案は否決され、政府原案が承認された。

特別委をうけた第九回総会は一一月一七日に開かれたが、高田は、「我々同志ノ意見」も聞いた結果として、次の質問に同意すれば修正案を「抛棄」するとして、四つの「希望」を述べたが、その内容は小作料制限、引き下げに関し農地委員の権限を弱めるものであった。これに対し酒井農相はその意見に注意して本案を運用する旨を答え、原案承認となった。本案は小作料統制令として一二月六日公布、一一日施行（外地は一八日）となった。

なお、審議会での要望については、一二月六日付農林次官通牒「小作料統制令施行ニ関スル件」の中でその一つがとりあげられた。すなわち、要綱第三（勅令では第四条）第一項「市町村農地委員会必要アリト認ムルトキハ該当市町村ニ所在スル農地ニ付小作料ノ種別、額若ハ率又ハ減免条件ヲ定ムルコト」について、審議会側は濫用防止のため同項発動時には「地方長官ノ指示ヲ受ケルコトヲ必要トスル」旨を希望したが、通牒中、五(1)において「市町村農地委員会ガ第一項ノ規定ニ依ル処理ヲ為サントスルトキハ予メ処理スベキヤ否ヤニ付貴官〔引用者注、地方長官のこと〕ノ指示ヲ受クベキ旨ヲ庁府県令ヲ以テ規定シ」(16)となっているのである。審議会の紛糾の収拾は、おそらくこの措置によっていわば審議会側が名を捨てて実をとる形で妥協したことによるものと思われる。

今回の紛糾は修正案が出るなど本審議会はじまって以来のものとなった。その中心は高田であった。彼は栃木の農家出身のいわゆる米穀議員であって、農林政務次官のほか各種農業関係（特に米穀関係）の政府機関の委員を歴任し、帝国農会特別議員でもあった[17]。彼の議論は明白に地主利益を重視、保護するものであり、増産のため小作農保護の立場をとる政府と真っ向から対立することになったのである。さらに犬塚や伊沢は、本案は「時局便乗的」であるとして批判したが、これは政府に大幅な権限が委任されたことを利用して、官僚が「革新」を企てているのではないかという発想に基づくもので、以前からの伊沢らによる官僚投資の行きすぎへの懸念もこの点につながると思われる。

実際、本案はもともとは「九・一八ストップ令」とは無関係に農林省農務局農政課（課長は梶原茂嘉で、本審議会でもしばしば答弁に立った）において一九三九年六月初旬ごろから立案されたもので[18]、それは八月段階の案で小作料の基準日が一九三七年（昭和一二）七月七日、すなわち日中戦争勃発の日となっていたことにも示されている[19]。さらに立案当初の「立案理由」[20]には、小作料上昇の理由、裏返せば抑制、引き下げの理由として、「農民組合運動ノ衰微」「自作争議ノ減少」その他に基づく「農地価格騰貴ノ為ニ農地ニ付スル投機的機運ヲ醸成セシコト、殊ニ一部殷賑産業等ニ依リ小作地ガ農業ニ理解ヲ有セザル者ノ所有ニ移リタルコト等」をあげるなど、明らかに石黒忠篤、小平権一らの経済更生運動を出発点とする「革新」派的農政（自作農創設、小作農保護）[21]の線上に作られた案であった。

要するに今回の紛糾においても政府対地主層（既成政党が代位）という形で「革新」対「現状維持」の対立がみられたといえる。

なお、本令の実施状況であるが、一九四三年度末までに適用された市町村は一九三四（のべ二一一〇）、小作料引下率の全国平均は田一七・三パーセント、畑一八・九パーセントであり[22]、広汎に適用されていたことがわかる。

3　農業水利調整問題

一九三九年の大旱魃《かんばつ》は、水力発電だけでなく農業にも深刻な影響をもたらした。その対策として農業水利に関する統制が考えられた。それが米内光政内閣末期の一九四〇年（昭和一五）六月二五日の第一一回総会に諮問された「農業水利ノ臨時調整ニ関スル勅令案要綱」であった。その主な内容は、地方長官が農業水利調整地域の設定、調整管理者および総代の指定、調整計画等の設定、認可、計画変更等の命令、処分、当事者間の相互報償の裁定などができるというもので、農業水利の統制に関し地方長官に強大な権限を与えるものであった。島田俊雄農相は諮問理由について、「我ガ国ニ於ケル農業水利ノ関係ハ旧来ノ慣行ニ従ツ」たものが大部分で、「不合理」であるため前年のような旱魃になると用水をめぐる紛争が起きやすく、今年も旱魃の恐れがあるので、「農業水利ノ調整ヲ行ヒ、有効適切ニ農業用水ノ利用ヲ図リ、食糧農産物ノ生産ヲ確保致シマスト共ニ、銃後農村ノ平和ヲ保護スル為メ」立案提出したとし、さらに「本案ハ旱魃時等ニ際シ臨時応急ノ措置ニ依リマシテ農業水利ノ調整ヲ行ハムトスルモノデアリマスカラ、農業用水ニ関スル権利等ノ実体ニ関スルモノデハナイ」と所有権にふれるものではないことを述べているが、「臨時応急」と言いながらも、「不合理」云々の表現には革新派的傾向も読み取れる。

しかし、もともと内務・農林・逓信など各省の権限争いともからみ、長年にわたって複雑な経緯をもつ水利問題[23]に関わる本案に関しては、政府側が予防線を張った所有権との関係も含め、民間側委員から激しい批判が続出することになった。

まず伊沢が、本案の立案に河川管理についての全般的な権限を持つ内務省が関与していないことを批判し、「地方長官ノ仕事ノ中デ所謂水掛論ト云フモノガ非常ニ厄介ナ仕事デア」り、「一片ノ法律トカ命令トカ」では処理できないものだと述べた。

次いで犬塚は、旱魃は平時にも起こりうるのであり、農業水利について、「恒久的立法ヲ為サル御見込デアルナラバ、是ハ或意味ニ於テ不要ナモノデアル、併シ幸ニ――ト云フテハ悪イカモ知レヌガ、時恰モ戦時デアルカラ此ノ総動員法ニ便乗シテヤル」のかとただした。便乗論が再び現れたのである。

しかし政府側は本案はあくまで応急、臨時のもので、恒久法は別に検討するとした。さらに犬塚は、本案は事実上用水権の問題であり、司法官ではない地方長官に任せるべきではないとただしたが、政府側との議論は平行線のままに終わった。また彼は本案による処分等に対して当事者に訴訟、訴願権が定められていないことも指摘している。

また小川は、農業水利だけでなく全般的な水利調整をしなければ片手落ちではないかとただしたが、政府側は、本案は農業用水と決定したものの配分のための案で、全体的なことについて本案に組み入れるのは困難であるとしてこれも平行線をたどった。

また、後藤は、「唯机上ノ考デ、仮令ソレガ公正デアリ又国民経済的ニ有益デアルト致シマシテモ、ソレヲ天下リニ押シ付ケヤウト云フヤウナコト」では「却テ之ニ依リテ多クノ紛争ヲ起スヤウナコトガナイトモ限ラナイ」とし、「強制」ではなく、「奨励」で「大凡ノ目的」は達せられるのではないかと述べており、大口もほぼ同一趣旨の発言をしている。

そして小川は、本案によって農業用水以外の用水も考慮しないならば「却ツテ地方ニ争ガ生ズル」とし、本案は準備不十分なので「留保」する旨を述べ、中村も農業用水のみでは片手落ちであるとして本案を撤回、再検討することを求め、伊沢も、用水に関しては河川法にもとづいて地方長官が処理すれば充分であるとして本案の撤回、「出直し」を求めた。さらに清瀬も、各委員の意見はもっともであり、訴訟や損害賠償請求の途をつくる必要もあるとして委員付託にすべき旨を述べた。

これらに対し島田農相は、委員付託には反対しないが、委員から出た意見は法文化の際注意するとして、「何卒御諒承ノ上速カニ御決定下サルコトヲオ願ヒ致シテ置キマス」と述べた。しかし結局、夕食を兼ねた休憩中に特別委員付託と決定した。委員は、清瀬、豊田、前田、大口、後藤、高田、犬塚、小川、織田、大井の一〇名で、委員長は前田であった。

特別委員会は翌二六日開かれ、まず訴訟、訴願は小作料統制令と同様、臨時法規であるなどの理由から認められない旨政府側から答弁があった。次いで小川と政府側との間で再び農業用水と他の用水との関係について、他の民間側委員もまじえて長い間問答が繰り返された。結局政府側は、全体的な水利調整計画をまとめるのは大変困難なため、とりあえず農業用水についての案をつくった旨答弁したが、議論は平行線をたどり、速記を中止して政府側と委員の間で懇談会となった。

懇談会のあと大口が発言し、本案を総動員法に基づいてやらなければならない理由がまだ納得できないとしながらも、本案による水利調整によって犠牲田が出てもよいくらいの決心があるかとただし、大達茂雄内務次官が、「アレバソレダケノ効能ハアル」旨答弁したが、大口は納得せず、「已ムヲ得ヌ所ヲ犠牲ニスル。後ノモノヲ生カシテ生カシテ一粒デモ米ヲ獲ル。其ノ代リニ犠牲ニナツタ所ハ国家ガ補償スル」という決心をするのなら賛成すると述べた。しかし本案の場合、総動員法の規定上国家補償ができないケースであることが明らかとなり、大口は、「サウ云フ性質ノモノデアルナラバ」「普通法律トシテ議会ニオカケニナツテ御出シナサイ」などと述べたが、ここで再び夕食を兼ねた休憩となった。

再開後織田が、採決に入ることを求めた上、特別委員会として原案を承認するかわりに三つの希望条件を掲げ、農相または首相の答弁を得たい旨を述べた。三つの希望条項は次のようなものであった。

一、本制度ノ運用ニ関シテハ協力一致ノ精神ニ基ク農村ノ美風ヲ損ハザル様特ニ慎重ヲ期シ其ノ円滑ナル施行ヲ図ルト共ニ本制度運用ニ依リ損害ヲ生ズル場合ニ於テハ適当ナル措置ヲ講ズベシ

一、本勅令ニ基キ農業水利ノ調整ヲ為スニ当リテハ当局ハ農業水利ト他ノ水利トノ調整ニ付テモ十分ノ考慮ヲ払ヒ農業水利調整ノ実績ヲ挙グルニ努ムベシ

一、水利ニ関スル根本制度ヲ整備スル為適当ナル方策ヲ構ズベシ

織田は、特に第三の希望条項については「将来ノ機会」に首相の答弁を得たいとしている。これに対し島田農相は、第一、第二については「遺憾ナキヤウニ処置」する旨答え、第三については「御趣意ニ副フヤウニ致シタイ」と答えている。これをうけて原案が承認され、二九日に開かれた第一二回総会では、島田農相が三希望条項について二六日の答弁をくりかえし、米内首相は第三について、「緊急ニ適当ナル処置ヲ講ジ度イト思ヒマス」と答弁し、原案が承認されたが、希望条項付の答申は本審議会においてこれが初めてであった。

本案は農業水利臨時調整令として同年八月五日公布、同一〇日施行となった。希望条項については、第二は本勅令第一四条に追加された、「地方長官本令ニ基ク処分ヲ為サントスル場合ニ於テ其ノ処分ガ河川、湖又ハ沼ニ関スルモノニシテ内務大臣ノ認可ヲ要スルモノニ該当スルトキハ内務大臣ノ認可ヲ受クベシ」という部分に反映された。しかし、他の二つについては何ら具体的施策がなされていないことが、後述の第七六議会での衆院での委員会質疑によって明らかとなっている。(24)しかしながら、これは審議会における議論が法文化の際に反映された最初のケースであった。

4　総動員法の改正

周知のように、一九四〇年（昭和一五）七月の第二次近衛文麿内閣の成立と前後していわゆる「近衛新体制運動」が盛んとなり、観念右翼、既成政党勢力、財界などの反発をはらみながらも、大政翼賛会、経済新体制要綱などの革新的な動きが見られた。その中で総動員法も、新体制強化の一環として強化拡大の方向で改正が意図されることになった。(25)その検討は四〇年七月ごろからであったようだが、(26)四一年一月下旬には成案ができ、第七六議会に提出の運びとなった。改正は全五〇条中二五条に及ぶ大規模なもので、その要点は統制範囲の拡大と罰則の強化であった。

本改正案は本議会における最重要法案として注目されたが、その大きな理由の一つは、この改正によって産業統制に関する政府の権限が拡大されるためであった。(27)すなわち政府は電力事業の国家管理強化をめざして配電会社の地域別統合をめざす配電統制法案と、「経済新体制」の線に沿い、指導者原理、公益優先の原理をとり入れた産業別の統制団体組織を目的とした産業団体法案の二つを今議会に提出すべく準備していたが、いずれも電力業界、財界の強い反対をうけ、提出が見送られることになった。しかし総動員法を根拠とする勅令によって実現が可能とされたのである。(28)なお、罰則強化の背景には、価格統制関係の本法違反者がきわめて多い（本法および臨時措置法による一九三八～四〇年の検挙者は九二万人にのぼるといわれた(29)）ことがあると思われる。

改正案はまず二月一日衆議院に上程され、八日に原案可決、一三日に貴族院に上程され、二一日原案可決、三月三日公布、二〇日施行となった。

衆議院では本会議では一切質疑討論はなく、議論はもっぱら委員会（委員長山崎達之輔、委員二五名）でなされた。貴族院では、一三日上程の際には、赤池濃（研究会）、大河内輝耕（同）らが、本法による統制経済は私有財産制の否定につながるとして批判的な質疑を行なったほか、委員会（委員二七名、委員長前田利定）では岩田宙造（同和会）が条文の規定をさらに細かくする趣旨の修正案を出したが否決され、二一日に原案が可決成立した(30)。本会議では赤池ら以外の質疑は全くなく、議論はもっぱら委員会で行なわれたが、その中心は翼賛会や経済新体制をめぐるもので、これらについては官僚統制の拡大や私有財産制の否定につながるのではないかとして、議会側からは民間の「自主性」を重視すべきとする意見が出されたが、政府側は戦時乗り切りのためには官僚による統制も必要であるという線をくずさなかった。

本改正案に即した問題としては、まず配電管理や産業団体設立などが本法改正によって実現されるか否かという点が議論となった。政府側は恒久法による場合と総動員法にもとづく勅令による場合では性質が違うとしながらも、事実上本法改正によってこの二つの政策を実現させるつもりであることを表明している。しかしそれらについて本法を発動する場合には必ず本審議会に付議する旨を付け加えており、政府側の議会への配慮が看取される。さらに本審議会自体も議論の対象となった。

すなわち、議会側から、本法改正により審議会の職責も増大するとして拡充改組すべきであるという意見が出されたのである。具体的には民間側委員（特に財界出身者）の増員、分科会制の導入（問題ごとに分科会を作って検討）などの案が出された。これに対し政府側は、民間側委員は議員中心であることに意味があり、増員も好ましくないとして増員はせず臨時委員の活用をはかるとし、分科会制については、職責の増加に鑑みて検討の姿勢を見せた。つまり双方とも審議会を改革すべきだという点では一致していたが、具体的には運用上の改革についてのみ一致していたのである。

さて、この議会における議論を反映した審議会の改革は五月から六月にかけて実現された。一つは民間側委員の任期制導入で、委員構成の充実を理由として任期を二年とするもので、五月一四日付で審議会官制にその旨追加された。もう一つは理事制の導入で、六月二一日の第一五回総会で政府側の提案により、「議事ノ円滑ナル進行」のため「審議会ト政府ノ間ノ連絡」を図るため議事規則に理事制が追加され、同総会ではさらに政府側から臨時委員、特別委員制度活用の意向も追加された。いずれも前議会の議論を反映したものと思われるが、第一六回総会に先立って民間側委員一二名による総動員審議会世話人会が開かれており、[31]これが理事制にあたるものではないかと推測される。

5 配電管理問題

第三次近衛内閣期において最初の審議会は七月末から八月初めにかけて開かれ、四つの諮問案が審議された。前述のように本回以後の審議会は議事録未見であるが、産業団体や配電管理をめぐる案が提出され、特に後者が紛糾したため、新聞報道によって概略が判明するのでとりあげることとする。

まず、七月三〇日に第一六回審議会が開かれ、「重要産業団体ニ関スル勅令案要綱」が付議され、大した議論もなく承認された。[32]本案は産業団体法案付提出のかわりのものであるが、「重要」が付加されている通り、当面は鉄鋼、石炭などの産業が適用されるものであった。なお、本案は重要産業団体令として八月三〇日公布、九月一日施行となった。[33]

翌三一日には、「配電統制ニ関スル勅令案要綱」が付議された。内容は、配電会社を地域別に統合するもので（区分については種々論議があったが、最終的には北海道、東北、関東、中部、北陸、大阪、中国、四国、九州の九ブロック）、提案理由は、戦時体制下における電力の有効利用のため発送電部門だけでなく配電部門も再編するためのものであった。しかしその背景には日本発送電株式会社の不振を統制強化によって乗り切ろうとする意図が働いていたとみられる。[34]

さて、本案については翌八月一日にも審議が続行されたがまとまらず、同日特別委員会に付託された。委員は大井、宇佐美、犬塚、織田、前田、井上匡四郎、有馬頼寧、俵孫一、中村、中島弥団次、生田、松村光三、清瀬、豊田の一四名で委員長は前田であった(35)。特別委員会は一日、二日と開かれ、二日には妥協に向かい、二日夕方の第一七回総会において希望条件付で原案が承認された。

この問題に関しては本案の提出理由の他、配電会社の統合に伴う被統合会社の資産評価、債務処理、他事業と兼営の場合の処理、公営電気事業も統合の対象となるため税収減となる地方公共団体の財源対策、統合会社の配当率、電気庁の機構改正などについて質疑が行なわれた。さらに本案については三つの希望条件がつけられ、村田省蔵逓相は善処する旨答弁している。第一は配電会社の配当への政府保証、第二は配電統制による地方財政欠陥の補塡、第三は法文化の際、監督官庁から配電会社へのいわゆる天下りを制限（官庁退職後五年間）する条項を設けることであった(36)。要するに本案をめぐる主な論点は、被統合電力事業者および地方財政をめぐるものであり、戦時統制強化を主張する政府に対し、民間の利益を民間側委員が代表したといえよう。それは官僚天下りの制限を求めた点にもあらわれていると思われる。本案は配電統制令として八月三〇日公布、施行され、希望条件第三はほぼそのままの形で同令第三一条として法文化された。審議会での議論が法文化にあたって直接反映されたのはこれが二度目である。なお、このときの統合会社が現在の地域別電力会社に直接つながるものであることは興味深い。

また、審議会終了に際し、有馬頼寧は「一部民間側委員の意向を代表し」、審議会の運営方法について次のような要望を述べた。

総会ならびに特別委員会の状況を見るに遺憾ながら審議会の審議進行状況は現下の緊迫せる時局に対応せるものとはいひ難い点がある、政府は今回の審議会の経過に照らしその迅速な運用方法につき十分考慮されたい、自分個人の意見を述べれば、そのためには勅令案の企画立案に当つては特別委員会のごときものを設け民間側委員を事前参画せしめるやうにすべきであると思ふ、

これに対し宮本武之輔幹事長は考慮する旨の答弁を行なった[37]が、この有馬の発言に至る経緯、およびその後についてはわからない。しかし興味深い発言ではある。

総動員審議会はこの後も太平洋戦争開戦直後まで頻繁に開かれ、その後も終戦まで数度にわたり開かれている[38]が、議事録は未見で、新聞にも詳しい記事がないため、事例検討はこれで終わりとする。なお、審議会自体は、一九四三年（昭和一八）一一月の企画院廃止と共に法制局所管となり、一九四五年（昭和二〇）一二月二〇日、総動員法の廃止と共に廃止されている。

おわりに

最後に、これまで述べた事項について、整理、考察を行なう。

まず、本審議会における紛糾はどのような性質のものであったかについて整理してみると、諮問案への反対は、財界、地主層などの利益保護および官僚統制の拡大への不安からのものであり、ひとことでいえば「現状維持」的なものであったといえる。それは、各々の場面における反対者が衆院の政友会、民政党系あるいは貴院議員であることからも裏付けられよう。

これに対し、政府側はすべて戦時体制下のやむを得ない臨時の措置であるという建前をとっていたものの、政府の上層部はともかく、実務担当の官僚たちの中には、総動員法を高度国防国家建設のための社会変革の手段として考え

た者（革新官僚・軍部）もいた。それは、審議会において「社会正義」のため、「不合理」是正のため、という発言が政府側から出たことにもあらわれており、革新官僚に近い月刊雑誌『解剖時代』において、総動員法プラス「国民の党」によって「長期建設」を行なっていくべきであるとする論文がしばしばみられることにもあらわれている。[39]したがって、配当制度や小作農保護をはじめ、実質的な私有権の制限と統制経済の拡大をもたらす諸勅令は、少なくとも太平洋戦争以前においては単に戦時体制強化のためにとどまらない「革新」的性質を持ち、政府側もある程度それをもくろんでいたといえよう。つまり、総動員法を触媒として「革新」と「現状維持」の二つの流れがぶつかり合う場が国家総動員審議会だったのである。

では、本審議会は政治的にはどのような意味を持ったのであろうか。ここでは当事者である「官」の側と「民」の側の二つの視点から考えてみる。

「官」の側、すなわち政府側から見れば、本審議会は当初必ずしも歓迎すべきものではなかったはずである。なぜなら、第一章でみたように、総動員法の立案過程においてはこのような機関を作る考えはなく、本案への議会での激しい反対を緩和するため議会提出直前になって議会側の修正構想に端を発した審議会構想が条文化され、さらには委員の過半数を議会人とするという妥協まで行なったのである。日中戦争の拡大長期化、対外関係の悪化による政治的、経済的難局を、行政権の拡大、統制経済の強化によって乗り切ろうとする政府にとって、基本的にはそのような解決方法に大部分が否定的な議会勢力を過半数に持つ総動員審議会は政府にとっていわば「鬼っ子」的存在であったと思われる。

しかし現実には、議会や財界（もっとも財界出身委員は会議ではほとんど発言していないが）も含めた幅広い勢力をとりこんだ本審議会に勅令案要綱を諮問した上で勅令を発令することで、政治的影響力を持つ各勢力のコンセンサスを得つつ総動員法を運用することができたのである。特別委員会がすべて民間側委員によって構成されたのもその線上で理解できよう。もちろん、これまで見たように民間側からの揺さぶりも何回か見られたが、次の二つの理由から、政府側にとってはその影響力を最小限におさえることができたのではないか。

第一は審議会の権限についてであって、官制上は独自の調査や政府への建議も認められていたものの、実際には独自に勅令案を作成するのではなく、官側によって用意された案、しかも勅令そのものではなくその前段階である勅令案要綱の可否を審議するにとどまったのである（この点は通常の諮問機関との大きな違いでもある）。第二は、議会側委員の態度であるが、彼らの大部分は日中戦争自体への基本的反対はしておらず、したがってそれに対処するために必要な措置であると認められれば、諮問案に対して基本的な反対はなし得なかったのである。しかしこれは逆にいえば、小作料統制や農業水利の場合のように、必要性、緊急性が薄いと判断される場合には紛糾する可能性のあることをも示している。

一方、「民」の側、すなわちこの場合は主に議会側の立場から見れば、本審議会は、全権委任法的性格を持つ総動員法の運用を日常的に公式にチェックできるほぼ唯一の機関であった。本審議会の場においては、彼らにとって不満な場合には、審議の引き延ばし、修正案の提案、希望条件の付加などのゆさぶりを政府側に対してかけることができたのである。

彼らは日中戦争遂行には基本的に賛成しているので、審議にあたってはもっぱら行政権の過度の拡大（特に私有権や利潤追求に対して）や戦時対策として必要かどうかという観点から審議していたとみることができ、配当制限や新聞統制、配電統制の場合は前者、小作料統制や農業水利の場合は後者の観点から問題化したとみることができる。しかし、戦争自体に賛成していること、審議会の権限が勅令案要綱の検討にとどまり、その立案、実施状況などについてチェックできないことは、先にも述べたように審議会における民間側の力を弱める結果ともなっている。しかし、小作料統制の場合のように民間側の意見が施行段階で反映されたり、農業水利や配電統制の場合のように法文化の際に反映されたケースもあり、全く無力であったわけではない。

このように考えてくると、本審議会は、特に議会と政府との関係に関して重要な政治的意味を持っており、いわば総動員法の運用に関しては事実上議会の代理といってもよい意味を持っていたといえる。また審議の実態を見ても、すべての諮問案をすんなり通したのではなく、修正に成功した例もあるのである。したがって本審議会が一概に「形骸化」していたとはいえないであろう。ただし、太平洋戦争期については史料的な問題から右の点について留保すべき点が多く、後考をまちたい。

注

（1）石川準吉編『国家総動員史』資料編第三（同刊行会、一九七五年）三一八～三四一頁参照。
（2）『都新聞』一三年二月三日付朝刊。
（3）『読売新聞』同年二月一九日付朝刊。これによると、本条項は近衛首相の決断により、二月一四日に予定されていた本法案の閣議決定を延期して加えられたという。
（4）ゴードン・M・バーガー（坂野潤治訳）『大政翼賛会』（山川出版社、二〇〇〇年）一〇八頁。
（5）『東京朝日新聞』（以下『東朝』）同年七月一日付夕刊。
（6）初出時は、結城豊太郎を非議員と誤認して、うち二名が貴院議員としたが、結城も貴院議員なので訂正した。表1も同様の理由で訂正した。
（7）同右同年五月一一日付朝刊。
（8）前掲『国家総動員史』資料編第一（一九七五年）、一七三、一九三頁。国立公文書館蔵。「内閣官房総務課資料」所収の「企画院関係書類」（目録番号2Ａ40資365）にある「国家総動員法関係勅令整備ニ関スル件」。

（9）本委員会については、前掲「企画院関係書類」にある「国家総動員業務委員会設置ニ関スル件」、国立公文書館蔵『公文類聚』昭和一三年（マイクロフィルムリール番号502）にある「国家総動員業務委員会設置ノ件」参照。実際には業務委の一つとして法制委が設置されるのは同年一一月五日であるが、注(8)の「国家総動員法関係勅令整備ニ関スル件」から、それまでの間は総動員法作成のために作られた総動員法案準備委員会がその機能を果たしていたことがわかる。なお、業務委は昭和一六年三月四日に廃止され、それに伴って法制委も同じ日に廃止されている。
（10）前掲『内閣官房総務課資料』所収の「国家総動員審議会」其ノ一～三（2A40資369、282、288）。
（11）同氏による前掲バーガー書の書評（『年報・近代日本研究一　昭和期の軍部』、山川出版社、一九七九年）四五五頁。
（12）長尾龍一「帝国憲法と国家総動員法」（同右四、一九八二年）二五頁。
（13）以下、第一五回までの総会、特別委員会の議事内容、人事、諮問案の内容はすべてこれらの議事録による。その他、当該期の諮問案は前掲『国家総動員史』資料編第三、四九一～五三九頁にもある。また注(16)も参照。
（14）前掲『国家総動員史』資料編第三、五四〇～五四一頁。
（15）当該期の『東朝』および社会問題資料研究会編『帝国議会誌』第一期第三五巻（東洋文化社、一九七八年）所収の江口圭一「第七四回帝国議会衆議院解説」二三二～二三三頁。
（16）農地制度資料集成編纂委員会編『農地制度資料集成』第一〇巻（御茶の水書房、一九七二年）一五〇頁。なお、同書五九～一四八頁には、諮問案および第八回、第九回総会および特別委員会の議事録も収録されている。
（17）衆議院・参議院編『議会制度七十年史　衆議院議員名鑑』（大蔵省印刷局、一九六二年）二八八頁。
（18）前掲『農地制度資料集成』第一〇巻、三～五頁。
（19）同右一四～一六頁。
（20）同右五～八頁。
（21）これについては、たとえば、中村隆英・伊藤隆・原朗編『現代史を創る人びと』二（毎日新聞社、一九七一年）所収の東畑四郎の回想を参照。
（22）前掲『農地制度資料集成』第一〇巻、一六一頁。
（23）御厨貴「水利開発と戦前期政党政治」（日本政治学会編『年報政治学　一九八四年度』岩波書店、一九八五年）参照。同論文はそ

の後同『政策の統合と権力』（東京大学出版会、一九九六年）に収録。

(24)「第七十六回帝国議会衆議院　国会総動員法中改正法律案委員会議録（速記）第二回」。

(25)昭和一四年四月、一九年三月にも改正されているが、小規模のものである。

(26)東京大学総合図書館蔵「美濃部洋次文書」所収「経済統制ノ強化等ニ伴フ総動員関係法令ノ整備」（目録番号Ａａ33―12、企画院第二部作成）。本史料はマイクロフィルム『国策研究会文書』（雄松堂、一九九一年）に収録されている。

(27)『東朝』一六年一月一九日付朝刊、二八日付夕刊。

(28)同右一月二四日付朝刊。

(29)「第七十六回帝国議会、貴族院議事速記録」第一二号。前掲『帝国議会誌』第一期第四〇巻所収。

(30)本会議、委員会ともに議事録による。

(31)『東朝』一六年七月二六日付夕刊。

(32)同右同年同月七月三一日付朝刊。

(33)詳しくは、通商産業省編『商工政策史』第一一巻（同刊行会、一九六四年）四四二～四六六頁。

(34)詳しくは、同右第二四巻（一九七九年）二五八～三一一頁。

(35)『東朝』一六年八月二日付朝刊。

(36)同右同年同月三日付朝刊。

(37)同右。

(38)これ以後、昭和二〇年六月までに計一五回開催された。その時期における勅令案要綱の諮問、勅令の発令状況は注(14)と前掲『国家総動員史』資料編第九（一九八〇年）三四七～三五八頁にあるが、後者は一部に不備がある。これを新聞報道によって補正すると、改正案など一部を除いてほぼすべての勅令案要綱が諮問され、承認されている。

(39)筑後三郎「総動員法の発動と国民の組織」（『解剖時代』昭和一三年一二月号）、同「新秩序・国民組織・総動員法」（同昭和一四年一月号）など。

第三章　戦時議会の再検討

はじめに

これまで、歴史研究者の間では、ごく僅かな例外(1)を除いて、日中戦争～太平洋戦争期の日本の議会（以下、戦時議会と呼ぶ）は形骸化し、無意味な存在であったという見方が一般的である。(2)しかしこれでは、一九四一年（昭和一六）の大政翼賛会の改組問題や、一九四二年（昭和一七）のいわゆる翼賛選挙の候補者推薦問題など、議会が政府から譲歩を獲得した事例が単なるエピソードと見なされ、歴史の流れの中での位置付けができない。しかも、これまでの通説の前提であった、当時の日本がファシズム体制であったとする議論が現在否定されつつある。(3)つまり、戦時期の議会について再検討をすべき時期にきているのである。

そこで本章では、主にこれまでの諸研究の読み直しによって戦時議会の再検討を行なう。ただし紙幅の関係上細部には立ち入らない。また、貴族院は党派的行動があまりなく、議論内容は衆議院より法律論的側面が強いものの基本的には同一なので、衆議院を主な検討対象とする。まず戦時議会の実態について検討し、この時期においても議会は形骸化しておらず、日本の全体主義化の抑制要因として独特の役割を担っていたことを明らかにし、さらにその背景について考察する。

一　戦時議会の実態

さて、戦前、戦後の議会と比較して、戦時期の議会において特徴的なことは、政府提出の議案に対して、全会一致の無修正可決が圧倒的に多いこと、議案の審議日数が減少したこと、内閣における衆議院議員の比重の低下である。審議日数については、臨時会の場合は会期が二〜三日程度、通常会の場合も会期を一ヵ月前後残して自然休会という事態がしばしばだった(4)。これらの事態は確かに相対的に議会の政治的影響力の低下を物語っており、これまでの歴史研究における戦時期の議会に対する形骸化という評価が生まれる主要な根拠ともなっている。しかし戦時議会は戦時ならではの特殊な条件下に置かれていたのであり、その点を考慮の上で歴史的評価を下すことが必要と思われる。

その条件とは、日中戦争と太平洋戦争が、その戦争目的に「正義」を掲げた「聖戦」であり、それゆえに「聖戦目的の完遂」がすべての政治の出発点とされたことである(5)。たとえば、日中戦争では当初は「暴支膺懲」つまり、蔣介石の国民政府を中国人民にとっての害悪としてこれを壊滅させることが目的とされ、一九三八年（昭和一三）秋以後は「東亜新秩序」の建設が目的とされるに至った。さらに太平洋戦争では、英米のアジア支配打破とそれに代わる「大東亜共栄圏」の建設が戦争目的になった。これらは疑ってはならない最高の「国是」とされていた。一九三九年（昭和一四）二月の七五議会での有名な斎藤隆夫の演説事件の原因は、彼がまさにこの点に疑いを差し挟んだことにあったし、また、言論弾圧法案として議会側の激しい反対に遭遇した一九四三年（昭和一八）の八一議会における戦時刑事特別法改正案の審議において、同法改正案における「国政ヲ変乱」する者に対する処罰の適用対象として議会側も認めたのはまさに「大東亜戦争の完遂」だったのである。そしてそこから派生し、この傾向を強めた主張として、

「出征将士の努力と血を無駄にするな」という主張が議会においてもしばしば現れた。これらの背景には、当時かなり一般に流布していた大国意識があったと思われる。そのことは議会における議論の中でもうかがうことができるが、それらによれば、その意識は具体的には、日本が当時の国際社会におけるビッグパワーの一つであるという認識と、古来から日本は対外戦争に負けたことがないという神話から成り立っていた。一般的にこのような自己礼賛的な考え方は、冷静で批判的な考え方よりも受容しやすいものである。そして「完遂」のためには国内の一致団結が必要であり、また、こうした根本問題に関する国内対立は、日本の対外的威信を傷つけることになるので避けるべきだという主張も当時の状況では説得力をもっていた。

もう一つの条件としては、議会勢力が政府の施策についてある程度の責任を分担していたことがある。太平洋戦争勃発前後の一時期を除いて、議会は全くの在野勢力ではなく、ある程度政権内に入り込んでいたのである。これは斎藤実内閣以来の内閣の「挙国一致」的性格が継承されているものといえる。閣僚の中に衆議院議員出身者がいないのは、第三次近衛内閣と、それに続く東条内閣のうち、一九四三年四月までである(6)。また、政務官(政務次官、参与官)は、第二次近衛内閣から東条内閣まで設置されなかったが、東条内閣では一九四二年六月に政務官の代わりとして内閣及各省委員が設置された。したがって、議会勢力の狭い意味での政権参加がなかったのは、戦時期八年間のうち、わずか一年弱にすぎない。しかも、第一次近衛内閣から第三次近衛内閣まで存在した内閣参議には議会の指導者たちも入っていたのである。

すなわち、議会は、戦争遂行自体への反対は事実上不可能であり、従って政府の施策が戦時体制の形成、強化を目的としていると判断し得る限りは政府の方針に従う他はなかった。しかも、いわゆる親軍派議員が存在し(7)、彼らは、阿部内閣への議員の不信任決議のきっかけを作ったり、聖戦貫徹議員同盟を結成するなど、陸軍の利益代弁者として活動していたし、議会で問題が起きた際には、政府、陸軍側の切り崩し工作が行なわれ、かなりの効果を挙げている。もちろん、このような議会の独自性の減少は当時の議会人達にも自覚されており、特にかつては政権を担当したことのある政友会、民政党の代議士たちにはある程度無力感、あるいは焦燥感が漂っていたことは事実である。日中戦争勃発後、一九四〇年（昭和一五）夏に全政党が解党するまでの間、戦時期以前にも増して政民両党の議員を中心とする政党再編の動きが激しくなり、政友会では一九三九年春に分裂に至ったこと、それらの再編運動の際、新党首と目されたのは主に近衛文麿や宇垣一成という非政党人であったこと、解党後の無党時代にほとんど唯一の議会会派として作られた衆議院議員倶楽部、翼賛議員同盟、翼賛政治会の内部でもさまざまな派閥抗争が渦巻いていたことはそのことを端的に示している。(8)

こうした状況の中で、議会はどのようにしてその独自性を主張したのであろうか。それは、政府の方針の先取りと、戦時体制化を踏み越えた施策への反対という二つの手段によってであった。(9)なお、衆議院の場合、どちらについても「官僚独善」などという用語を用いての行政権の増大（官僚の裁量権の増大）に対する反感が共通しているのは留意すべきである。さて、前者については、戦時議会で、しばしば「聖戦完遂」あるいは「貫徹」を主張した決議案が全会一致で可決されたこと、(10)聖戦貫徹議員同盟や、無党時代の国策貫徹同盟など、戦時議会期に政府により積極的な戦争指導や戦時体制強化を求めることを目標に掲げた議員集団が度々出現したことにあらわれている。後者については、一九三八年の七三議会における電力国家管理関係の法案、農地調整法案、国家総動員法案の審議、同法によって設置された国家総動員審議会の審議、七六議会の予算案審議における大政翼賛会の性格問題と総動員法改正案、一九四三年の八一議会における戦時刑事特別法改正案、市制町村制改正案、東京都制案とそれらに関連しての翼賛選挙の合法性問題、一九四五年（昭和二〇）の八七議会における戦時緊急措置法案の審議と同法によって設置された戦時緊急措置委員会の審議に現れている。

それらの事例における議論は、次のようにまとめることができる。すなわち、議会側から現れる反対論は、政府の政策が戦時対策の範囲を越える疑いが濃いと判断された場合に現れた。その場合彼らは私的所有権や言論の自由の制限、それぞれの法令案の委任法令的色彩の度合い、合憲か違憲かなどをその判断の目安としていた。すなわち、いくら戦時対策とはいっても、恒久的あるいは広範囲に私的所有権や言論の自由を行政の裁量で制限できうる法令は違憲の疑いがあり、かつ政府内の「ファッショ」勢力に利用される恐れがあるとして反対し、翼賛会や推薦選挙に関しても天皇の権威以外による政治の一元化は違憲であるとの解釈に基づき、違憲かつ「ファッショ」化につながるものとして反対論が現れたのである。彼らが私的所有権擁護にまわったのは、後で触れるように選挙区における彼らの後援者の中核が在地地主を中心とするいわゆる地方名望家層であること、議員たちの中に事業家や各地の農会の幹部が多く、彼らはそれぞれの業界代表的側面を持っていたことによると思われ、言論に関しては、特に男子普通選挙という洗礼を受けることになる衆議院議員の場合、自己アピール、支持調達の手段としての言論の自由は必要不可欠であることによると考えられる。そして何よりも「ファッショ」化、つまり西欧式の全体主義化は、それがもたらすであろう社会変革によって、特に現状維持的既成政党の議員には政治家としての地位と力を失うことを意味したのである。

政府側による「ファッショ」化という問題に関しては、事実、政府、軍部内に、日本を全体主義化しようとする勢力が存在していた。彼らはいわゆる革新官僚と陸軍の政治経済将校で、企画院や陸軍省軍務局といった政策立案、調整機関の中で政策形成過程にその影響力を行使していた。彼らが表だって全体主義化を唱え得たのはほぼ近衛新体制期に限られ、それ以外の時期は概ね戦時対策に名を借りてなし崩し的に全体主義化を進めていた。しかし、彼らの動向は日中戦争期から議会勢力でも知られており、それに対する批判、警戒感は常に議会内に存在していたのである。

その批判は西欧式の全体主義は違憲であり、天皇を中心とした日本の「国体」にふさわしくないというものであった。この批判は一九三五年（昭和一〇）の国体明徴問題以来絶対的な正当性を有しており、全体主義論者もこの考え方を取り入れた議論を展開した場合があったが、結局はドイツ、イタリア、ソ連の方式の輸入という批判を免れることはできなかった。[11]

つまり、戦時議会期に起きた政府対議会の対立は、単に個別の事情だけではなく、戦時対策と全体主義化という軸で一貫してとらえることができる。もちろん、それらの対立では、当初は議会の過半数が反対であっても、政府側の切り崩し工作や取り引きによって最終的には反対なしか、少数の反対者が残るに留まった。しかし、議会側は必ず何らかの形で政府側の譲歩を得ている。その中でももっとも重要なのは、国家総動員審議会を議員主体の委員構成にし得たことと、政府に大政翼賛会の政治性を否定させたことである。これらによって政府側は、戦時対策を越えた制度変革や政治統合の強化を無制限に行なうことが極めて困難になったのである。

このように、戦時議会は、「聖戦完遂」思想に規定されたため、戦前、戦後の議会に比べて相対的に政治的影響力は落ちていたものの、日本の全体主義化を抑制する拒否権集団として結果的に極めて重要な役割を果したことがわかった。では、そのような役割を果たし得た政治力の源泉はどこにあったのであろうか。

二　戦時議会の政治力の源泉

ここでは、法律、制度面や、政治状況、議会勢力の政治基盤の面から考察する。

まず、法律制度面では、これは既に指摘されていることであるが、当時「不磨の大典」とされていた大日本帝国憲法の議会関係規定が議会側の独自性主張の根拠となったことである。すなわち、立法と国家予算の決定は議会の協賛を得なければならず、衆議院議員は公選とすること、予算は衆議院先議とするなどの規定が議会の独自性主張の根拠となったのである。もちろん、天皇には緊急勅令発布権があり、また、議会で予算案が否決された場合には政府には前年度予算の執行権が規定されており、さらに三一条には非常大権が規定されており、条文上は議会の立法、予算協賛権はオールマイティではなかった。しかし、緊急勅令の場合には、政府側はできるだけこの規定を使わないようにしており、戦時期においては、太平洋戦争開戦直前の学徒徴兵延期の短縮と郵便検閲という、戦争当事国としては特に珍しいとはいえない緊急措置の際に使われているのみであり、非常大権に至っては憲法発布以来一度も発動されていない。

総動員法案の審議過程における政府側の答弁をみると、政府側は、議会を超越して天皇の名において出される緊急勅令や非常大権は、天皇の権力がストレートに表現されることになるため、天皇の政治責任の問題を起こしやすいと考えていたと思われる。従って戦時対策も法律によらざるを得ず、議会の発言力は確保された。また、国家総動員法や戦時緊急措置法は「白紙委任法」と言われたが、その発動過程には議会勢力を主体とする国家総動員審議会や戦時緊急措置委員会が存在したため、法律の運用に関して議会の意向を全く無視することはできなかった。予算に関しても、坂野潤治氏が初期議会を論じる際に指摘した(12)のと同様に、前年度予算執行権は政府側にとって無意味だった。すなわち、周知の通り日中戦争～太平洋戦争期の国家予算は急激な拡大を示しており、その修正、否決は直ちに政府の死命に係わったのである。さらに衆議院議員の公選規定が「不磨の大典」たる憲法にあったことは、議会を国家レベルの政策決定への国民参加の唯一の機関とする議論に正当性を与えたため、既成の議会勢力の排除を当初の目的としていた大政翼賛会を政治的に無力化する大きな論拠となった。

また、政治状況の面では「聖戦完遂」思想の影響が指摘できる。すなわち、こと対外威信という点に関しては、挙国一致を求める「聖戦完遂」思想は、国内の政治対立の顕在化を避けるという意味で、政府側にとっても議会にある程度の譲歩を強いるという効果があったのである。それは七六議会において施政方針演説に対する代表質問の中止に対して政府側が「経済新体制」関係法案と選挙法改正案の提出を取り止めたこと、翼賛選挙で推薦候補者の半数以上が現職となったことにみられる。さらに、状況証拠から考えれば、七三議会の動向や、しばしば本会議や委員会で秘密会を開いて政府側が詳しい状況説明を行なったこと、阿部、東条、小磯内閣退陣の背景の一つに議会主流の内閣不信任の動きがあったこと、などにもそうした面を指摘できる。

次に、既成の議会勢力の政治基盤の強さが問題となる。政党内閣期以来強まるばかりの既成政党批判の中で、日中戦争勃発時においても政友会、民政党という現状維持的既成政党が議会の大勢を二分していた。しかも両党は政府に閣僚、政務官等を送っていながら、原則としては政府に対して是々非々主義をとっていた。つまり、議会の政府に対する支持、協力は安定したものではなかった。無党時代の衆議院議員倶楽部や翼賛議員同盟の場合は、一応政府支持だったが、議会の構成員は以前のままであり、基本的には政府対議会関係の不安定性は残っていた。そこで政府は、既成の議会勢力を排除してより安定した対議会関係を作るため、一九四二年の第二一回総選挙では、推薦制を導入したいわゆる翼賛選挙を行なった。しかし、推薦過程で当選確実度が推薦条件に含まれた結果、政民両党出身議員の半数以上が推薦を得、非推薦で当選した議員も含め、既成の議会勢力がなお議会の主流を占めたのである。さらに、衆議院議員の政権参加や、政府批判の際の議員側の論理として、国政運営に関与している勢力のうち、数量データでは解らない国民の実情を最もよく知っているのは公選代表たる議会勢力であるという論理が用いられ、政府側もある程度それを認めざるを得なかった。(13)

すなわち、激しい既成政党批判の中にあってさえ、現状維持的体質を残した既成政党勢力が議会の主導権を握り続けるだけの政治的基盤を持っていたのである。そうすると、我々の目は当然彼らと選挙区との関係に向かう。私が目にし得た研究でみる限り、戦前、戦中を通じて選挙区では党派よりも議員ごとの名望家中心の個人後援会が重要な鍵を握っており、翼賛選挙のように政府が非公式ながら選挙に介入しても、大勢としてはこれらの強固な後援会組織を打破することはできなかったのである。[14] その原因は、もちろん議員個人個人の頻繁な選挙区帰りなどの政治活動にあると思われるが、よりマクロ的に見れば、斎藤内閣に始まる「挙国一致内閣期」において、経済が次第に恐慌から立直り、日中戦争勃発時には高度成長の兆しさえあったため、[15] 深刻な国内対立が生じていなかったこと、既成政党勢力はそのための政府の諸政策に積極的に支持を与え、先取りさえしようとしていたことなどによって、日中戦争直前において既成政党勢力が議会から排除されなければならない積極的条件が欠如していたことも挙げられる。

おわりに

以上の考察を要約すれば、戦時期の日本の議会は、戦時体制化には協力したが、全体主義化には批判的で、結果的にその抑制要因としての役割を担った、その背景には制度としての議会の力と、現状維持的既成政党勢力が議会の過半数を占め、議会の主導権を握っていたこと、挙国一致を求める「聖戦完遂」思想の存在がある、といえる。

この結論から見る限り、日本の政治体制は一国一党体制を取っていた当時のドイツ、イタリア、ソ連とは大きく異なっていることがわかる。これらの諸国は、第一次大戦を切っ掛けとした政治経済の深刻な国内対立の中から出現し、発展して、合法あるいは非合法の手段によって反対勢力を議会や政府といった政治の舞台から排除することによって体制を維持発展させた。戦争に突入したのはそれからのことである。これに対し、日本では戦争という対外的要因によってやっと全体主義化が具体的な政治日程に上ったものの、逆に戦時下であるがゆえにそれを貫徹しえなかったわけで、軍部、高級官僚の発言権が強いことを除けば、むしろ挙国一致内閣制をとったイギリスの戦時体制の方に類似度が高い(16)といえる。

一般に総力戦の様相を呈した二つの大戦において、その主要な参戦国は、多かれ少なかれ戦時体制化を強いられた。それは具体的には、統制経済、計画経済の実施、政治イデオロギー的国内対立の留保（つまりいわゆる挙国一致体制）といった形で現れた。しかし、ドイツ、イタリアやソ連など既に全体主義体制をとっていた国では、体制内の主導権争いは存在しても、政治イデオロギー的国内対立は事実上既に存在しなかったのである。このように見てくると、一見無意味に思えた戦時議会の検討は、体制論や比較史の観点からも重要な論点となることがわかる。それ故研究の一層の進展が望まれる(17)。

注

（1）ごく僅かの例外として、Gordon M. Berger, *Parties out of Power in Japan 1931－1941*, Princeton U P. 1977.（坂野潤治訳『大政翼賛会』〈山川出版社、二〇〇〇年〉として邦訳された）とエドワード・ドレィ「翼賛政治の実相」（三輪公忠編『日本の一九三〇年代』創流社、一九八〇年）がある。前者は主に法制、制度面から議会の権限が決して弱まっていなかったとしている。後者は無党時代の諸政治勢力の実態が決して翼賛とはいえないことを指摘している。

（2）その代表例として、粟屋憲太郎『昭和の政党』（小学館、一九八三年）。

（3）『史学雑誌』九八―五（一九八八年の歴史学界）所載の拙稿一八七頁参照。

（4）衆議院・参議院編『議会制度七十年史』（大蔵省印刷局、一九六〇年）帝国議会史（上・下）、帝国議会会議案件名録を参照。

（5）このことはこの時期の衆議院決議にも見ることができる。「聖旨奉体東亜安定ニ関スル決議案」（七二議会）、「聖旨奉体ニ関スル決議案」、「聖戦貫徹ニ関スル決議案」（いずれも七五議会）、「決議案（国策完遂ニ関スル件）」（七七議会）、「決議案（大東亜戦争目的貫徹ニ関スル件」（七八議会）、『米英撃摧一億敢闘決議案』（八二議会）、「大東亜総蹶起ニ関スル決議案」（八三議会）、『必勝決議案』（八四議会）、『聖旨奉体必勝決議案』（八五議会）など（いずれも可決）。

（6）東条内閣の大臣在任中に翼賛選挙で当選した岸信介、井野碩哉の二人は衆議院議員として入閣したわけではないので、「衆議院出身閣僚」とはいえない。

（7）具体的には、政友会久原派系の肥田琢司、西方利馬、主に時局同志会系の小山亮、永山忠則、清瀬一郎らが中心で、彼らは米内内閣期に聖戦貫徹同盟を作っており、東条内閣初期には議員倶楽部を結成したりしていた。その他山崎達之輔、金光庸夫、永井柳太郎も、親軍派とされることがあった。

（8）一九四一年春にも「帝国ホテル派」と呼ばれる議員グループによって近衛新党工作が行なわれた（横越論文一、二七、三六～三七頁）。

（9）以下の事実関係は、升味準之輔『日本政党史論』第六巻（東京大学出版会、一九八〇年）、『帝国議会誌』各巻の解説、横越論文などによる。総動員法関係については本書第一章、第二章も参照。

（10）『議会制度七十年史』帝国議会議案件名録を参照。

（11）前掲ドレィ論文二五五、二五九頁。また拙稿「革新官僚の思想と行動」（『史学雑誌』九九―四、一九九〇年）。

（12）坂野潤治『明治憲法体制の確立』（東京大学出版会、一九七一年）。

（13）第一次近衛内閣や小磯内閣の政務官任命に関する報道、東条内閣期の内閣及各省委員設置の際の報道にはそのニュアンスがうかがえる。

（14）伊藤隆・森田美比「大正中期～昭和三〇年代の反既成政党勢力」（『社会科学研究』〈東京大学社会科学研究所〉二九―二、一九七七年）、伊藤之雄「名望家秩序の改造と青年党」（『日本史研究』二四一、一九八二年、のち同『大正デモクラシーと政党政治』山川出版社、一九八四年に所収）、山室健徳「一九三〇年代における政党基盤の変貌」（『年報政治学』一九八四年版）、福地聡「木村武雄と山形農民同盟」（『日本歴史』四七七、一九八八年）、千葉県議会事務局編『千葉県議会史』第四巻（同編さん委員会、一九八二年）九八～一〇四頁。いずれも既成の名望家秩序による地盤や、後援会組織が戦時期にも根強く残っていたことを示している。また、ジェラルド・カーティス『代議士の誕生』（サイマル出版会、一九七一年）も同様のことを示唆している。

また、都市の選挙の状況を見る上での資料として、吉見義明ほか編『資料日本現代史』（大月書店、一九八一年）第四巻所収の警察による東京府下の選挙情勢分析が有効である。これによれば、確かに浮動票による当選者（四王天延孝、赤尾敏など）もいたが、大多数は推薦、非推薦に関係なく、府議、市議、区議など、集票の鍵となる地方政治家の支持を多く集めている人物が当選している。すなわち、都市的な形での地盤が保持されているのである。さらに、翼賛選挙直後の『朝日新聞』（一九四二年五月三日付）でも、「旧政党関係の地盤も、この間にあつて時局の大勢に押されてじり押しの崩壊過程に入つてゐるものと見られる」としながらも、「旧政党の地盤も総括的にはなほ相当の強みを示し」としている。ただし、「すでに政党的な地盤関係から個人的な地盤関係に移行している観があり」という指摘は重要であろう。なぜなら、地主を中心とする従来の地方名望家が、地主―小作関係の変化の中で次第に力を失い、戦後の農地開放後に確立する個人後援会中心の選挙という形の萌芽がここに見られるからである。

なお、有権者の政治意識については、『皇紀・万博・オリンピック』（中央公論社、一九九八年）を書いた経験をもとに『戦時議会』（吉川弘文館、二〇〇一年）で「安定の上での発展」という考え方を提唱した。この考え方の詳細については拙稿「昭和戦時期研究から日本近現代史を見直す」（『ヒストリア』一八八、二〇〇四年）一六〇～一六一頁、拙著『政治家の生き方』（文芸書秋、二〇〇四年）二二三～二二四頁参照。

(15)　中村隆英『昭和経済史』（岩波書店、一九八六年）、当時の『朝日経済年史』、『日本経済年報』を参照。このことについては前掲拙著『皇紀・万博・オリンピック』第四章も参照。

(16)　イギリスについては、たとえば、テイラー（都築忠七訳）『イギリス現代史』（みすず書房、一九六八年）を参照。この点について、私はのちに権威主義体制という考え方に同意することになる。本書第二部第四章参照。

(17)　本章執筆以後の研究史については次章注(4)、前掲拙著『戦時議会』各章を参照。

第四章　日中戦争期の議会勢力と政策過程

はじめに

これまで、昭和戦中期（日中戦争～太平洋戦争期）の議会（戦時議会）については、無力化していたとする見解が一般的であった。たとえば、昭和戦前、戦中期の議会についての概説書である粟屋憲太郎『昭和の政党』は、予算審議日程の短期化、政府提出法案のほとんどが可決されたこと、本会議の質疑の減少などから、日中戦争勃発以後、議会の予算審議権、立法権、行政監督権は形骸化し、議会は「行政補助機関になりさがってしまった」(1)としている。しかし、事態はそう単純ではない。日中戦争期に限っても、第七三議会における電力国家管理関係法案や国家総動員法案をめぐる紛糾や、第七六議会における予算問題に絡んだ大政翼賛会の性格論争などは既に知られている事例であり、(2)これらを例外や無力化の一過程としてのみ解釈することでは歴史的意義の探究としては不十分である。

もちろん、政党内閣期と比較すれば議会の政治的影響力が低下していたことは確かで、さまざまな新党運動にみられるように議会政治家達もそれを十分自覚していた。しかし、それが直ちに実質的な議会の無力化とつながるかどうかは検討の余地がある。また、仮に議会の政治的意義の判断基準を戦争反対、戦時統制反対という点に置くならば、確かに議会は無力化していたといえるかも知れない。しかし、そうした仮定では、当該期の議会をめぐる政治的事象の意味を探究することはできない。そこで、筆者は、既に政府提出法案や翼賛会問題の経緯から、戦時議会の政治的意義について、日中戦争、太平洋戦争を「聖戦」として正当性を認めていたため、戦時体制強化には賛成したが、官僚統制の行き過ぎや、軍人、官僚の「革新」派が意図した全体主義的体制「革新」への動きには反対したという点に求められることを明らかにした。(3)しかし、戦時議会の独自性は、単に「反発集団」(4)としての面のみであったのだろうか。本章ではその点について、紙数の関係から日中戦争期に時期を限って、政策過程（ある政策の立案が、検討、決定に至る過程）の中でどの程度独自性を発揮できたかという観点から、議会側から政府にはたらきかけて政策が実現した例として、農業、教育問題の予算増額問題をとりあげて検討する。なお、こうした動きは衆議院で起こったので、検討対象は衆議院に限られる。

一　戦時期までの議会勢力と政策過程

本章では、考察の前提として日中戦争勃発直後に至る議会政党の政策過程における役割について概観する。

当初は単なる名望家集団の観が強かった日本の議会政党は、政党内閣期に至って、様々な利害の調整や利益の代弁という機能を明確に担うようになった。すなわち、様々な政策分野に関して、特定の利益団体の意志を代表したり、特定政策分野について専門的な識見を有する議員が多くなってきたのである。たとえば、農業に関していえば、衆議院において、帝国農会の利益を代弁する超党派の議員集団としての農政研究会（以下農政研）は一九一〇年代（明治末期）から存在していたし、産業組合の利益代弁議員集団としての農村振興議員同盟（以下農議同）も一九三〇年代（昭和初期）には存在していた。

すなわち、農会法（一八九九年制定）を根拠として、農事指導を主な職務としていた系統農会（市町村農会―道府県農会―帝国農会）は、農民（といっても主に中農以上）の利益代弁機関としての役割も持ち、系統農会の中央機関である帝国農会は、国政レベルへのはたらきかけの手段の一つとして農政研という議員集団を持っていた。また、やはり産業組合法（一九〇〇年制定）を根拠として、農業資材や生産物の販売、購入、農業経営のための資金融通などの経済事業を担当する産業組合（農会と同様系統組織となっている）も、昭和恐慌時の農山漁村経済更生運動（以下経済更生運動と記す）推進の鍵とされて以来、特に産業組合運動推進の担い手となった中農以下の農民の利益代弁機関として政治性を強め、農議同という議会対策の手段を持つに至っていた。(5) いずれも、議員と利益団体の関係のあり方は具体的には不明だが、おそらく、利益団体による政治資金の供与や選挙協力の見返りに、議員集団が議会を中心とする政治活動を行なうという形をとっていたと考えられる。

さて、このように、議会政党に様々な利害調整が求められ、しかも普通選挙の実施によって広く国民に支持を訴え、政権獲得を目指すとなれば、必然的に政党内での政策立案能力の向上が求められる。その結果、政党内閣期には政務調査活動の充実が見られたといわれているが、その実態についての研究は今後の課題である。しかし、いずれにしろ、実際に政権を担う立場にいた政友会、憲政会～民政党は、官僚や利益団体の力も借りたではあろうが、政権獲得、確保の手段の一つとして、自党の政務調査会を中心として、様々な政策案を作成した。そして、与党である場合には法律、予算、人事などを通じてその実現に努力し、野党である場合には自党の政策案によって与党の政策を批判した。(6)

ところが、五・一五事件（一九三二年）以後議会政党が次第に政権の座から遠ざかるにつれて様相が変化し始めた。すなわち、政党内閣期を中心とする軍縮や地方官人事の政党化などによって政治的な影が薄くなっていた間に、外国の事例の学習、研究によって政策能力を着々とつけていた軍部、官僚が、国際秩序の危機意識や国内政治、社会の危機意識を背景に全く新しい政策（「革新」）を主張して議会政党に挑戦したのである。その典型が一九三四年（昭和九）陸軍省発行の『国防の本義と其の強化の提唱』、すなわち陸軍パンフレットであり、重要産業の統制政策や経済更生運動であった。そして、危機の打開のためにはこうした新しい政策の方が、少なくとも従来の議会政策の提示してきた政策よりは期待が持てるし、説得力や効果があるという認識が、政治社会や世論の中で次第に支配的になっていった。政党組織のような数の力を背景に持たない軍部、官僚が政治的に台頭し得た原因は、軍部の軍事力と共に、こうした政策能力の向上に求められる(7)。

こうした状況が進行する中で、議会政党は政策過程の中で受け身の立場を取るようになった。すなわち、軍部、官僚を主要な政治的基盤とする斎藤実内閣以後の諸内閣が提示する諸政策に対して、議会政党は有効な対案を示し得ず、政府の政策を行き過ぎまたは不徹底という形で批判するか、修正を求めるという傾向が一般化していったのである(8)。その結果、議会政党の政策過程における独自性は著しく減少した（従って、以後本書では議会勢力という用語を使用する）。その中で、議会主流たる政民両党は巻返しを図るため、一九三七年四月の第二〇回総選挙で勢力がほぼ拮抗したのをきっかけに、政策的に歩み寄りをみせはじめ、政民合同運動なども現れ始める。

さらに、日中戦争の勃発、拡大を契機に議会勢力の政策過程への関与の度合いは激減した。なぜなら、議会勢力は、一連の出征将兵への感謝決議や、「聖旨奉体」、「聖戦貫徹」などといった決議に表れているように、日中戦争を「聖戦」として肯定したため(9)、戦時体制の形成、強化を容認し、しかも、戦時体制に関しての政策の蓄積、研究は軍部、官僚の方が圧倒的に優位に立っていたからである。その結果、法案については、ほとんどが政府提出法案となり、そのほとんどが原案可決となった(10)。紛糾したのは、政府の提案した政策が、戦時体制強化を超えて体制「革新」をもたらす可能性があると認識された場合か、官僚統制の行き過ぎと認識される場合のみであり、本章でみるように、むしろ議会勢力なりの方針から戦時体制を推進する動きさえ現れた。予算に関しても、日中戦争に際して特別会計として設定された臨時軍事費は実質審議なしで可決されたので、毎年度国家予算の六〜七割にあたる金額には、事実上議会の審議権が及ばない事態となった。しかし、自らの政治基盤を確保し、少しでも政権に参与したいと願う議会政治家たちは、自分たちに有利な形での政界再編成を摸索すると共に、政策過程への関与の努力も続けることになる。こうした状況下において、議会勢力の政策過程への関わり方は、どのようになっていたのだろうか。以下それを検討していこう。

二　第七四議会における農政問題

戦時期に入ると、農業政策に関しては、軍事動員の増加や、国内の国民生活安定の観点から、食糧生産の確保、さらには増産が重要な政治問題となっていった。たとえば、早くも第七二議会の衆議院には「戦時体制下ノ農業生産力拡充ニ関スル建議」が採択されていること[11]や、戦中期の議会における首相の施政方針演説においても、食糧の増産、確保が軍需増産と共に重要施策としてあげられることが多かったことはそれを示している。[12]しかし、農業政策に対する政府の取り組みは明らかに産業政策より遅れていた。すなわち、物動計画が一九三七年（昭和一二）末から実施され始めたのに対し、一九三九年（昭和一四）初頭の段階では戦時に対応する農林省の機構整備が行なわれた直後であり（前年末に臨時農村対策部と農相の諮問機関として農林計画委員会が設置された）、計画生産の試みも未だ実施されていなかった。[13]こうして、農業政策に関して、議会勢力が積極的に政策過程に介入するチャンスがめぐってきたのである。一九三九年三月二日、第七四回帝国議会の衆議院本会議で可決された、各派共同提案による「農林漁業生産ノ増進ニ

関スル決議案」はその最初の事例である。そこでこの事例を分析してみよう。(14)

一九三九年一月二〇日、帝国農会側と農政研幹部代議士の懇談会が行なわれた。この会合はおそらく通常議会の実質審議開始を前に農会の議会対策を協議するために行なわれたと考えられる。出席した代議士は福井甚三、助川啓四郎（以上政友会）、高田耘平、村上国吉（以上民政党）で、帝国農会の特別議員（農相が任命）に選ばれることもあった農政議員の代表格である。(15)福井、村上は地元の県農会の幹部経験があり、高田は自身が農業を営み、浜口内閣で農林政務次官を務めた。また、助川も農林参与官の経験者であるが、地元（福島県）の産業組合連合会の会長を務めていたこともあって産業組合との関係も深く、農議同の中心人物でもあった。この会合で村上は、「真に事変下農林水産物の生産を確保するためには部落団体の動員に俟つの外なきこと、並に其団体の整備強化および活動の助成等に関して所見を陳べ」た。つまり、農産物生産確保のため「部落団体」（後述の部落農業団体のこと）の活動助成を行なうべきであるという意見を述べたが、これがきっかけとなって、一月二五、二六日の帝国農会政務委員会での検討の結果、帝国農会は、第七四議会における農政問題の最重要事項として、部落農業団体の活動助成をとりあげることになった。すなわち、一月二六、二七日に開かれた道府県農会長協議会における「第七十四議会対策ニ関スル決議」は、「農用物資及人的資源ノ必要量確保並合理的ナル配給制度ノ確立」、「特ニ重要肥料割当制度ノ急速実施ト単肥配給主義ノ徹底」、「適正ナル物価政策ノ確立並之カ統制機構ノ刷新整備」、「新情勢下ニ於ケル重要農林国策ノ確立」、「負担均衡ヲ眼目トスル根本的税制改革並ニ財政調整交付金制度ノ確立」、「農業生産確保、増進ノ基底タル部落団体活動促進ニ関スル国庫助成金ノ交付」をこの議会での実現目標として掲げていたのである。(16)これをうけて農政研の活動が始まることになる。

ここで問題の焦点となった部落農業団体は、農事実行組合とも呼ばれ、農業生産のための組織の最小単位である。

部落農業団体は経済更生運動の中でその存在が注目され、一九三二年（昭和七）の産業組合法改正でその存在が法的に認知され、産業組合の集落レベルでの組織化の鍵となっていた。[17] 農会側では、前年一〇月の帝国農会第三〇回総会における農相への建議「農業団体統制ニ関スル建議」において「市町村区域ニ於ケル前記二団体（引用者注、統合された農業団体における「利益代表並ニ統制指導ヲ営ム団体」と「経済行為実行機能ヲ営ム団体」のこと）ハ部落的組合ヲ基礎トシテ総合的活動ヲ為スコト」[18]と、はじめて部落農業団体への言及が見られた。これは、実態追認という意味のみならず、産業組合の勢力進長に対抗する意味からも、部落農業団体への関与を強めるための措置と推測される。一方政府も、監督下の産組が認めていた以上、部落農業団体を無視していたわけではなかったが、財政措置は小規模に留まっていた。すなわち、一九三九年度予算案においては、部落農業団体に関しては、本予算、予算外契約など合わせて約五一三万円を計上していたに過ぎなかったのである（ちなみに一九三九年度一般会計決算総額は約四五億円）。

このころの農政研は、超党派の約二七〇余名が会員に名を連ね、日中戦争勃発前後では、第七〇議会や第七三議会における予算審議にあたって、臨時地方財政調整補給金の増額運動に成功していた。農政研では農会の要望に基づき、一月二七日の幹事会で、部落農業団体の活動助成のため政府が助成金六〇〇〇万円を支出すべしという構想がまとまった。そして同日開かれた総会でこれが可決され、実行委員が指名された。実行委員は、政友会から福井甚三、東郷実、三善信房他六名、民政党から高田耘平、村上国吉、岡田喜久治他六名、小会派から永山忠則（第一議員倶楽部）、由谷義治（東方会）、杉山元治郎（社会大衆党）の三名という計一五名であった。政民出身委員は、党または院内総務の経験を持つ中堅議員、政務官の経験も持つ有力議員、若手議員の混成となっていた。小会派出身者のうち、永山は産業組合の振興を目指す人々の集団である産業組合青年連合全国連盟（産青連）を支持母体としており、杉山は農民運動家出身であった。

実行委員会は二月七日の第三回の会合で、議会に提出する案件として、決議案一、建議案三、さらに政府当局者への面談要望事項二を決定し、三月上旬にかけて会合を繰り返しつつ活動を行なった。このうち、決議案は「農業生産の確保に関する決議」と題され、「農業生産の確保は長期戦対策として絶対的なり、政府は農業生産の機関たる農村部落の実行団体に対し臨時助成金を交付して其活動を助け以て戦時農村対策の徹底を期すべし」となっていた。すなわち、農会の要望に沿って、議会の意思表示として最大の手段である決議案によって、部落農業団体の活動助成を政府に求めることになったのである。

この案文の中で留意しておきたいのは、「農業生産の確保は長期戦対策として絶対的なり」という表現に見られるように、この政策の位置付けが戦時体制形成の一環となっていることである。議会勢力は、日中戦争の「完遂」という目標には同意してしまっている以上、政策過程に積極的に関わるためには、提出する政策を戦時体制形成の一環に位置付ける必要があったのである。その他、建議案の内容は、政府の地方財政補助、農家経済の安定、農業に関する人的資源の確保、面談事項の内容は、肥料の安定供給確保であったが、本章では以後決議案に話を限定する。

この決議案は、「決議の効果を最大限度に発揮するため全院一致の決議とする必要がある」ため、実行委員が各党派にはたらきかけた。政民両党の場合、政務調査会で審議された後、二月下旬に両党幹事長の折衝に移されたが、実質的には農政研の実行委員であった三善と村上が、両党の政調会長と協議しつつ交渉にあたったことは留意に値する。この間、政友会は部落農業団体に問題を限定することをきらって内容の修正を求め、結局「生産資材ノ供給、労働力ノ調整、生産物価格ノ適正並農産漁村部落実行団体ヲ整備強化セシムル」と修正され、題名も「農林漁業生産ノ増進ニ関スル決議」と変更された(19)。

すなわち、内容は総花的になったものの、当初の目的であった部落農業団体の問題も明記された。農政研の実行運動の内容のところでも見たように、当時の農政問題は何も部落農業団体の活動助成ばかりではないので、決議にあたって他の諸問題も相乗りさせようとする動きが現れるのは、むしろ当然のことであろう。ただし、こうした要請が政友会側から現れたことについては考慮の余地があろう。たとえば、政友会が政党としての独自性をアピールするため、政策上民政党とのある程度の違いを示しておきたかった可能性がある。しかし、今のところ確認はできない。結局この決議案は各派共同提案という形で三月二日の衆議院本会議に提出され、全会一致で可決された。

この決議に対応して政府は予算増額を行なった。すなわち、政府が三月一五日に議会に提出した一九三九年度追加予算の農林省所管経費約二九〇二万円（経常費、臨時費合計）中、約一三七六万円が部落団体活動助成のため部落団体に交付されることになり、桜内幸雄農相（民政党出身）は、衆院予算委員会分科会で、「先頃の農山漁村に対する衆議院の御決議に対しましては十分尊重いたしまして今回この部落団体へ実際に金が配分されるやうに計画を樹てたのでありまず」と、衆議院の決議による措置であることを言明した。

さらに、この決議をめぐる農政研の活動以後、議会多数会派の政策案の中にも同様の政策が採用された。すなわち、民政党が九月六日に政調総会で決定した「食糧農産物の生産確保対策」の中に「政府は農林水産物生産確保の為にする右部落機関〔引用者注、この前にある「農村生産の実体たる部落の各機関」のこと〕の動員及其の総合的一体的活動に対し部落に相当の助成金を交付して其の計画の樹立及実行を確保すること」(20)と、部落農業団体への活動助成金交付が盛り込まれたのである。第七四議会で認められた助成金は、仮にすべての集落に均等配分すれば集落当たりの額は少なかったことから、増額要求を行なう余地があったし、臨時措置扱いであったことから、継続あるいは制度化の要求をする余地が残されていたのである。

政友会（といっても同年四月末の党分裂後党報を発行していたのは中島派なので、中島派以外については不明であるが）においては、政策案に部落農業団体の活動助成という政策が採用されることはなかったが、影響がないわけではなかった。分裂後の中島派において、肥料対策に関して実行委員を設置して政策案の実現を政府に迫るという活動形式がとりいれられたのである。すなわち、政務調査会の農本政策特別委員会（委員長は助川）で立案された「肥料の応急対策」は、一一月九日の総務会、幹部会で承認された。その内容は、肥料の「絶対必要量の供給確保」、「重要有機質肥料の価格及配給の統制」、肥料の「配給統制の徹底」、「自給肥料の増産奨励」、「施肥改善施設の徹底と不正肥料の取締強化」、「肥料行政の刷新」といった項目からなっていた。そしてその際、東郷実（政調会長）、木村正義（総務）、助川の三人が実行委員とされ、三人は翌一〇日に首相、蔵相、農相と会見し、政府は善処を約したというものである(21)。こうした実行委員形式は、一九三五年（昭和一〇）の国体明徴運動時を除けば政党内閣期以後の政党には見られなかった活動形式である(22)。

以上見てきたように、第七四議会における部落農業団体活動助成金問題は、議会決議に基づいて政府の政策として実現したが、その経過を見ると、利益団体の議会代表としての超党派議員集団である農政研の活動が目立った。すなわち、帝国農会の要請に基づいた農政研判断によって決議案の形を取ることになり、農政研の活動によって政党に政策としてとりあげられ、政党間の交渉も実質的には農政研のメンバーによって行なわれた。そして、農政研の活動をきっかけに、この政策や活動方法が政党にも取り入れられた。すなわち、政党よりも議員集団の活動の方が目立つようになっていたのである。

こうした状況は、政党内閣期と比較して、代議士の政治活動の基盤としての政党の地位の低下を示している。なぜなら、政策過程において政党より議員集団の活動の方が目立つということは、代議士たちが、自身の政治生命の維持（つまり政治資金の獲得や、再選）にあたって、政党を介せず、直接支持基盤（この場合でいえば農業団体、さらに有権者たる選挙区の農民）の方に顔を向けるという方向をとったことを意味しているからである。つまり、近衛新体制期における政党解散は、政策過程という観点から見れば、政党内閣崩壊後の政治過程の中で次第に準備されていったといえる。極言すれば、戦時期において、議会政党が生き残っていたのは、専ら人的関係のため、すなわち派閥や小会派の領袖たちの主導権確保のためであった。なぜなら、仮に政民両党が合同することは、総裁、幹事長、政調会長など政党内の最高ポストが半分に減ることを意味するからである。

そして、これ以後、日中戦争期に議会勢力の政策過程への積極的な関与が明確に現われた事例は、このような議員集団によるものとなった。次節ではその実態を確認する。

三　第七六議会の諸問題

食糧問題は、一九三九年（昭和一四）秋の凶作を境に一気に深刻化した。すなわち、旱魃によって西日本および朝鮮で米が凶作となり、東京など大都市では米の需給が逼迫して大きな社会問題となったのである。[23] こうした状況の中で、米内内閣下に開かれた第七五議会では、会期末の三月二〇日に食糧増産に関する決議案が衆議院で全会一致で可決された。これは「決議案（食糧確保ニ関スル件）」で、食糧増産の対策として五項目をあげているが、第四項目で「部落団体ノ活動ヲ促進スル為其ノ機構ヲ整備シ助成金ノ交付其ノ他必要ナル方策ヲ講スルコト」と、部落農業団体活動助成金の交付が主張されていた。この決議に先立って開かれた道府県農会長協議会（二月五日、六日）で、「農村部落団体活動促進ニ関スル決議」が行なわれ、その中で「農村部落団体活動促進ニ要スル助成金ヲ相当額迄ニ引上グルコト」[24]が政府に要求されていることから、前回と同様、恐らく農会の意向をうけた農政研の活動が背景にあったと考えられるが、史料的には確認できない。また、会期末の決議のため、この決議が政府の施策にどの程度影響したかは明確ではない。これに対して、次の第七六議会では、農政研と教育関係の議員集団によって予算問題について具体的な成果が確認できる。それらの問題を扱う前に、第七六議会に至る議会情勢を確認しておこう。

第二次近衛内閣の成立（一九四〇年七月）の前後から始まった近衛新体制期を迎えて、議会政党は同年夏にすべて解散し、ほぼすべての代議士は大政翼賛会議会局と唯一の院内会派となった衆議院議員倶楽部に所属する事態となった。いわゆる「無党時代」[25]となったのである。政党時代に政務調査会で行なわれていた政策研究は、翼賛会議会局審査部および議員倶楽部の政務調査会で行なわれた。農政問題についていえば、議会局審査部第七分科会では一三項目からなる「農林政策」を立案し、さらにその案を議員倶楽部政務調査会でも審議した[26]。その中にはもちろん、ここまで本章でふれてきた部落農業団体に対する施策も含まれていた。すなわち、一三項目のうちの一つである「食糧の供給確保と配給の統制に関する件」には、「農業生産の末端的実践団体たる、部落団体を整備すること」、「政府は部落団体の事業に対し、助成金を交付し」などと記されていたのである[27]。

しかし、大政翼賛会の人事において、政民両党の主流の処遇が軽視されたこと（政民主流は議会局内の役職を得るにとどまり、それ以外の部局の役職についた代議士は、すべて議会勢力内の「革新」派であった[28]）や、翼賛会に中央協力会議という協議体が設置されたこと、選挙法の大幅改正が予定されたこと、企業活動に大幅な国家的統制を行なうと解釈し得る経済新体制案など、新体制諸構想の内容が、政民両党主流の政治基盤や議会勢力そのものの政治的地位を左右しかねない問題点をはらんでいたことから、議会の大勢は新体制の推進に批判的となった。このため、新体制運動が始まってから最初の議会となった第七六議会では、新体制批判が噴出することが予想されたため、政府側は事前に提出法案を大幅に削減し、新体制より戦時体制の推進を表面に押し出した。そのため、議会側も一月二二日衆議院可決の「戦時体制強化ニ関スル決議」で政府への警告を行なうと共に、本会議の代表質問を控えることで妥協した。すなわち、新聞報道によれば「政府は議事の進行途上、議会的雰囲気の下に徒らなる論争を惹起し急迫せる対外関係に悪影響を及ぼすことを警戒し」議会側と妥協工作を行なった。[29] これについては、議会終了後に宮沢胤勇代議士が「世間の一部」で「事前に政府と衆議院の間に取り引きがあった」と言われていることについて、「取り引きと云うやうなことでない大きな政治だ」と事実上取り引きがあったことを認めているのである。[30] しかも、「戦時体制強化ニ関スル決議」は、「国際ノ情勢ハ日ニ緊迫ヲ加フ我等国民ハ常ニ世界ノ平和ヲ祈念スト雖苟モ我ガ生命圏ヲ侵サントスル者アラハ断固之ヲ排除スルノ決意ヲ有ス此ノ重大事態ニ対処センカ為速ニ戦時体制ヲ強化スルノ要アリ政府ノ画策施政ハ悉ク此ノ大目的ニ集注スヘク議会モ亦其ノ全力ヲ以テ協賛」する、つまり、国家的危機乗りきりのためには戦時体制強化に集中することを政府に求めており、町田忠治の主旨説明も、政府に対し「戦時ニ対処スルニ必要ナル法案ノミニ限ツテ速カニ之ヲ提出」することを求め、「徒ラニ空理空論ニ流レ、経済界ノ実情ヲ無視シテ、生産ヲ阻碍スルガ如キハ断ジテ之ヲ排除シナケレバナリマセヌ」と暗に経済新体制案を批判し、「真ニ国民ヲシテ一致団結、心カラ国家ノ大事ニ協力セシムル為ニハ、申スマデモナク憲法ヲ恪循シ、身ヲ以テ之ヲ遵奉実践スルコトニアリマス、憲法上大政翼賛ノ機関タルベキ帝国議会ノ権限職守ヲ紛更スルガ如キコトハ、断ジテ之ヲ許スコトハ出来マセヌ」と翼賛会の性格に警戒感を持っていることを表明していた。[31]

しかし、大政翼賛会の性格や経済新体制要綱の内容など、新体制問題が議論の中心となることは避けられなかった。そして、翼賛会補助金予算の審議過程において議会勢力が予算審議権を盾に翼賛会の「骨抜き」を主張した結果、政府側は翼賛会を公事結社と認めたため、翼賛会の改組が議会終了後実行され、新体制運動が事実上失敗に終わったことは既に知られている通りである。[32] つまり、議会側は、議会審議の過程で、政府側に「革新」より戦時体制強化を優先させるという言質を取ることに成功し、その結果、議会の権限や議会勢力の政治的影響力が現状以上に低下することを防ぐことに成功したのである。

こうした中で、新体制問題に隠れた形であったが、議員集団の活動が政府の予算措置に影響を与えた事例が二つあった。第一は教育関係議員による小学校教員の手当増額問題である。これは、文部省が小学校教員の臨時手当支給と師範学校生徒の学資金補助などを追加予算として提出したが、永井柳太郎を中心とする教育関係議員が議会審議や陳情などによって支援した結果、二月一〇日の閣僚懇談会で認められたというものである[33]。この動きは、帝国教育会など教育関係の利益団体の要請に基づいたものと思われる。なぜなら、増額が決定した直後の二月二七日に、帝国教育会が、彼らに感謝の意を表するために招宴を行なっているのである[34]。

この追加予算は額が四〇〇〇万円を上回る規模であり（ちなみに一九四一年度一般会計決算総額は約八一億三〇〇〇万円）、この「成功」は議会勢力の動向に二つの影響をもたらした。一つは、次に述べる農業予算の増額要求運動の引きがねとなったと見られること[35]、もう一つは、この動きを契機に教育問題に関する超党派の議員集団として、永井を理事長とする国民教育振興議員連盟が七月六日に結成されたことである[36]。同連盟は、七月中旬には師範学校制度の改善（専門学校化）を文部省に要請する運動を実行委員形式で開始した。これは元来師範学校校長会などから要望が出ていた問題であったが、同年四月から小学校が国民学校と改組されるなどの制度改正があり、問題が表面化したのである。文部省は九月上旬に師範学校の専門学校化を決定したが、決定にあたっては同連盟の運動の影響もあったとされている[37]。さらに同連盟は、師範学校の制度改正に伴う在学生への善処（専門学校卒扱い）も文部省に要請している[38]。すなわち、同連盟は、議会の審議過程だけでなく、関係官庁に直接運動するという形によっても政策過程に関与し続け得たのである。

第二は、農政研による食糧増産対策費増額問題である。衆議院では、二月六日に各派共同提案による「重要物資及食糧増産確保決議」を可決した。決議の趣旨は、「重要物資ノ生産拡充、食糧増産ノ確保ハ高度国防国家ノ礎石ニシテ現下喫緊ノ要務タリ」、すなわち、「高度国防国家」完成のためには重要物資と食糧の増産が必要であるというもので、食糧に関しては、「内外地ヲ通スル食糧増産計画ニ則リ即時外米依存脱却ノ目的ノ下ニ肥料其ノ他生産必需資材ノ適時配給、所要労力ノ調整、技術動員施設ノ徹底、指導督励網ノ完備等一切ノ手段ヲ尽シテ食糧ノ増産ヲ確保スルコト」と、肥料その他の農業資材や農業労働力の確保、農業技術指導の徹底と増産指導督励網の完備などが具体策としてあげられていた[39]。この食糧増産に関しての項目は、農会の意向に沿ったものであった。すなわち、帝国農会第三二回総会（一九四〇年一〇月）採択の「食糧生産増強ニ関スル建議」の中に「内外地ヲ通ジ主要食糧ノ絶対必要量ヲ確保シ得ベキ長期生産計画ヲ確立スルコト」、「肥料其他農用資材ノ供給ヲ厳格ニ生産計画ト連携セシムルコト」、「農業労働ノ能率増進ト農業労力ノ保全トヲ同時ニ達成シ得ルガ如キ施策ヲ講ズルコト」、「時局ニ即応セル農業技術ノ研究ヲ行フト共ニ試験研究機関、学校、地方庁、農業団体並篤農家等ヲ総動員シ農家ノ技術向上ニ努ムルコト[40]」と、右の項目が含まれており、さらに一九四一年（昭和一六）一月一五日の道府県農会長協議会は、「政府ハ帝国農会第三十二回通常総会決議ノ趣旨ヲ尊重セル食糧増産、農業技術員並農業団体統制等ニ関スル諸政策ヲ確立シ今期議会ニ於テ其ノ実現ニ邁進セシムコトヲ切望ス」という決議によって、右の建議内容の第七六議会での実現を要望しているからである[41]。そして、この衆議院の決議内容のうち、重要物資増産に関しては議会勢力の顕著な活動は見られないが、こうした動きをうけて、食糧増産に関しては農政研の活動が見られた。

すなわち、農政研では二月一四日、食糧増産費として約三億円の追加予算の要求を決議した。その内容は、食糧増産について「さきに吾人は衆議院全員一致の決議を以て政府に対しこれが具体策の樹立を要望せり、しかるに政府の提出せる昭和十六年度追加予算案は吾人の決議を無視し、その期待を裏切り食糧の増産に関する施策不徹底を極む」と、先の決議案への政府の対応を不満として、部落農業団体の活動助成、農業技術員の充実や篤農家の動員による指導督励網の完備、化学肥料の増産、転作奨励、そして主要食糧増産のための生産奨励金の交付を主張し、それらの費用として約三億円の追加予算の提出を政府に要求する、となっていた。(42)議員倶楽部もこの動きをうけて一五日に農政研案を倶楽部の要求として議員総会で決議し、決議実現のために活動する実行委員二五名を選出した。そのうち運動の中心となった小委員は、砂田重政（倶楽部の政調会長）、助川啓四郎、三善信房、高田耘平、福井甚三、村上国吉の六名であった。(43)政調会長の砂田を除けば、すべて農政研の中心議員である。つまり、議員倶楽部段階においても実質的には農政研が主導力になっていたのである。

実行委員はさっそく同日農相、蔵相、書記官長、農林次官などに倶楽部決議の実行をはたらきかけたが、政府側は難色を示した。新聞報道によればその理由は、二月一〇日の閣議で追加予算は同日決定までのもので打ち切ることを決定したこと、農業対策に多額の資金を投入することで物価上昇が懸念されたことであった。(44)しかし、倶楽部側は十七日に軍部（及川古志郎海相）や議会出身閣僚（小川郷太郎鉄相、秋田清拓相、金光庸夫厚相）にも陳情するなど運動を続けた。(45)その結果一八日には、追加予算ではなく、予備金から三〇〇〇万円を支出することが閣議で内定した。農林省が立案した支出の具体的内容は、部落農業団体の活動助成、篤農家の動員、農業技術員増員などであった。(46)この措置は四月二四日の閣議で正式に決定され、(47)五月から実施された。(48)

このように、この事例においても、問題の発端のみならず、運動の過程においても農政研が主導権を握っていた。もちろん、第七四議会の場合と同様、金額は当初の主張より大幅に低い額とはなったが、要求全額が認められるとは当事者たちも考えていたはずがなく、前回同様部落農業団体への資金的支援という政策内容は政府に受け入れられ、財政措置も行なわれたのであるから、政策過程に積極的に関与し得たといえる。

おわりに

以上見てきたように、日中戦争期の議会勢力は、政治的影響力は相対的に低下していたものの、議会の権限に関わる問題については政府の譲歩を獲得し、政策過程については、利益集団をバックにした議員集団によるという形で有効な関与を実現していたことが確認された。具体的には、それは、農政や教育など主に政府の取り組みが比較的遅れていた分野で実現された。また、その過程で、既に政党は政策統合の機能を失っていることも確認され、政党解消の一背景がそこに見られることも明らかとなった。では、以後、太平洋戦争期の議会の政策過程への関わりはどうであったか。そしてその検討結果も含めての、昭和戦中期全体の政治史の中で議会はどのように位置付けられることになるのか。それらについては次章で検討する。

注

(1) 小学館、一九八三年刊、二六〇頁。

(2) たとえば、本書第一章、読売新聞社編刊『昭和史の天皇』16(一九七一年)三七三~四三〇頁、伊藤隆『近衛新体制』(中央公論社、一九八三年)第八章。

(3) 第八七回史学会大会における筆者の報告「戦時議会の再検討」(本書第三章)。

(4) 「反発集団」とは、升味準之輔『日本政党史論』第六巻(東京大学出版会、一九八〇年)二七七頁において、二・二六事件後の議会主流を意義付けた言葉である。そして、太平洋戦争期に至っても、「潜在的反発集団」としてこの言葉が使われている(升味『日本政党史論』第七巻、一九八〇年、三一一頁)。筆者は、本書第一部第一章の初出時にその「おわりに」において、総動員法成立後の議会勢力の政治的意義について、「すでに政権担当能力を失っていた政党は、政界再編成の主導権をも失い、その独自性を反発集団としての面にのみ求めることになっていく」という見通しを述べた。しかし、事態がそう単純ではないことは、以降の第一部第三章および本章などの研究や、エドワード・ドレィ「翼賛政治の実相」（三輪公忠編『日本の一九三〇年代』創流社、一九八〇年）、玉井清「東条内閣の一考察」（『神奈川工科大学研究報告A―13』、のち大麻唯男伝記研究会編『大麻唯男』論文編〈桜田会、一九九六年〉に収録）、中村勝範「翼賛選挙と旧議会人」（『法学政治学論究（慶大）』一〇、同上書に収録）などの研究によって明らかである。また、奥健太郎『昭和戦前期立憲政友会の研究』（慶応義塾大学出版会、二〇〇四年）にも日中戦争期の議会勢力を扱った章がある（第四章、第五章）。

(5) 以上、系統農会、系統産業組合、農政研究会、農村振興議員同盟については、農林大臣官房総務課編『農林行政史』第一巻（農林協会、一九五七年）中の「農業団体行政」の部による。

(6) 本書第一部第一章前掲粟屋書、および当該期の政友会、憲政会～民政党の議会報告書を参照。

(7) 拙著『昭和戦中期の総合国策機関』（吉川弘文館、一九九二年）第一章。

(8) 当該期の政友会、民政党の議会報告書を参照。

(9) このことは、当該期の議会では、各議会ごとに出生兵士への感謝決議が行なわれた上、しばしば「聖旨奉体」あるいは「聖戦貫徹」決議が行なわれていたことに現われている。一九三七年（昭和一二）九月八日の衆議院本会議の議事録を参照。

(10) 本書第一部第一章、前掲粟屋書など。

(11) 一九三七年九月八日の衆議院本会議の議事録。

(12) 議会ごとの本会議における首相の施政方針演説を参照。

(13) 前掲『農林行政史』第一巻、二五〇～二五二頁。

(14) 以下、この事例に関しては、特に断らない限り、村上国吉「農林漁業生産の増進に関する決議案の生れ出るまで」（『民政』一三―五、文献資料刊行会編の復刻版、一九八七年、柏書房）による。この論文は、決議案成立の事情を記した珍しい記録であり、村上自身の役割を過大評価している点に注意すれば、十分利用可能である。

(15) 以下、代議士の経歴については、原則として衆議院・参議院編『議会制度百年史』衆議院議員名鑑（一九九〇年、大蔵省印刷局）により、適宜他の文献で補足した。

(16) 帝国農会史稿編纂会編『帝国農会史稿』資料編（農民教育協会、一九七二年）一一四五〜一一四六頁。
(17) 前掲『農林行政史』第一巻「農林団体行政」第六章以後。
(18) 前掲『帝国農会史稿』資料編、九三一頁。
(19) 決議案は本会議議事録より引用。
(20) 『民政』一三―一〇、一八頁（前掲復刻版に収録）。
(21) 『政友』（文献資料刊行会編の復刻版、柏書房、一九八一年）四六九号、一四〜一六、一八〜一九頁。
(22) 初出時は「少なくとも政党内閣期以後の政党には見られなった」としたが、誤りだったので表記のように訂正する。
(23) 前掲『農林行政史』第四巻（一九五九年）「食糧行政」第七章。
(24) 前掲『帝国農会史稿』資料編、一一四九〜一一五〇頁。
(25) 横越英一「無党時代の政治力学」（『名古屋大学法制論集』三一、一九六五年）において横越氏が一九四〇年夏の全政党解党後、敗戦後の政党復活までを指して使った言葉。
(26) 『朝日新聞』一九四〇年一二月二八日付朝刊、一九四一年一月二一日付朝刊。
(27) 楠本雅弘・平賀明彦編『戦時農業政策資料集』第一集第三巻（柏書房、一九八八年）三〇〇頁。
(28) 翼賛会創立時の中央本部事務局の人事については、下中彌三郎編『翼賛国民運動史』（翼賛運動史刊行会、一九五四年）一四八〜一五一頁を参照。
(29) 『朝日新聞』一九四一年（以下同年につき年省略）一月二三日付朝刊の解説記事「戦時議会の真実相」。
(30) 「翼賛議会を語る」（代議士の座談会）（『政界往来』一二―三）一二九頁。
(31) 該当の本会議議事録。
(32) 前掲『近衛新体制』第八章、赤木須留喜『近衛新体制と大政翼賛会』（岩波書店、一九八四年）第五章。
(33) 『朝日新聞』二月一一日付朝刊、一九日付朝刊。
(34) 『永井柳太郎』編纂会編『永井柳太郎』（勁草書房、一九五九年）四八二頁。
(35) 『朝日新聞』二月一九日付朝刊。
(36) 前掲『永井柳太郎』四八二、五六八頁。

(37)『朝日新聞』九月一〇日付朝刊。
(38) 同右、一〇月一五日付朝刊。
(39) 該当の本会議議事録。
(40) 前掲『帝国農会史稿』資料編、九四八～九四九頁。
(41) 同右、一一五五～一一五六頁。
(42)『朝日新聞』同年二月一六日付夕刊（夕刊の発行日は実際の発行日の翌日、以下同じ）。
(43)『朝日新聞』二月一九日付朝刊。
(44) 同右。
(45)『朝日新聞』二月一八日付夕刊。
(46) 同右、二月一九日付朝刊。
(47) 同右、四月二五日付夕刊。
(48) 同右、五月二〇日付朝刊。

〔補注〕　本来は本章で重要な先行研究として宮崎隆次「大正デモクラシー期の農村と政党」一～三（『国家学会雑誌』九三―七・八、九・一〇、一一・一二、一九八〇年）にふれるべきであった。同論文の結論は農村諸団体は政党内閣期にすでに政党に愛想を尽かしていたというものである。しかし、それでも予算や立法は議会を経由しなければならない以上、農村勢力は議会勢力をまったく無視することはできないし、農村地域選出の代議士たちは、当選を続けるためには農村勢力の議会における代弁という役割を担えることを示そうとするであろう。しかも、本文で記したように戦時期の政府は農村政策を重視しなかった。そこになお政党内閣期以後の議会勢力が政策過程に参加しようとするとき農村問題が重視された理由がある。

また、六九頁で政友会分裂後党報を発行していたのは中島派のみとしたのは当時の私の不勉強で、久原派は『立憲政友』を発行していた。

なお、本章初出後、同じ問題を地方行政との関係で考察した池田順「ファシズム期の地方支配」一・二（『政治経済史学』三三七・三三八、一九九四年）、のち同『日本ファシズム体制史論』（校倉書房、一九九七年に所収）が出た。

第五章　太平洋戦争期の議会勢力と政策過程

はじめに

本章は前章につづき[1]、議会勢力の政策過程への関与に関し、太平洋戦争期について検討する[2]。その際焦点となるのは、一九四二年（昭和一七）五月の翼賛政治会（翼政）の結成である。翼政の結成によって、一九四〇年（昭和一五）夏以来の無政党状態が一応解消されたわけであるが、結成の経緯からいっても、諸勢力の寄せ集めという構成からいっても、政策過程への関与のありかたは従来の政党とは異なった形となることが予想されるからである。そこで、本章では、五節にわけて、翼政の結成前後に継続して問題となった主要な政策課題のうち、議会勢力の関与が顕著に認められる問題を事例としてとりあげて、翼政の結成前後における議会勢力の政策過程への関与のありかたの変化の様相を検討し、最後にその結果を踏まえて、昭和戦中期の政治構造の中における議会の位置付けや、戦時議会の歴史的意義について展望を試みる。

なお、事例選択の基準は、議会において決議案または建議案のうち、新聞等で特に大きくとりあげられるなど、当時重要問題と認識された問題とし、適宜それらに関連した問題にも言及した。ただその中で結果的に農業政策（農政）問題が多くなった背景を推測しておくと、農政問題が戦時体制の中では狭義の産業政策と比較して優先順位の低い政策であったため、一般的に官僚統制が拡大する戦時体制下という時期にしては重要問題の中では議会が介入しやすかった問題だったことが考えられる。たとえば、物動計画が一九三七年（昭和一二）末から実施されたのに対し、農業の増産計画が試みられるのは一九三九年（昭和一四）以後のことであった。

また、戦時期の議会勢力の政策過程への積極的関与の例がここでとりあげたものの他にもあったことは当然で、たとえば農政問題に関しては、農業保険制度や、肥料問題などがあった。これらの問題は本章でとりあげた諸決議案や建議案の中で言及されることもあったが、政策過程における構図は概ね農林省と農業団体の間に議員集団あるいは翼政が介入するという比較的よく見られるパターンであるため、検討の対象とはしなかった。

さらに、本章は、扱う時期を太平洋戦争期としながら、具体的分析を太平洋戦争直前の第七七議会（会期は一九四一年一一月一六日〜二〇日、臨時会）からはじめるが、それは、この議会が東条内閣下で行なわれており、しかも同議会は開戦近しという雰囲気の中で行なわれたことから、太平洋戦争開戦後と政治的に継続性が強いことによる。

一　農業団体統合問題の経緯

本節では太平洋戦争開戦直前の第七七議会に至る農業団体統合問題の経緯をみておく。この問題は、要するに農会と産業組合の統合を骨子としており、昭和初期から論じられていたが[3]、戦時下の農業統制の進展による両者の機能の競合を背景に、新体制運動期に初めて具体的な政治問題となった。そこで、以下、それを踏まえてこの問題をめぐる議会の動きを検討する。

農業団体[4]としては、水産、畜産、山林、馬事、茶業など分野別の団体の他に、二大組織として系統農会（技術指導が中心業務、系統とは、帝国農会という中央組織の下に、道府県、郡、市町村など各レベルの支部があったことを指す）と系統産業組合（資材の共同購入、生産物販売、農業金融などの経済事業が中心業務、中央組織は産業組合中央会、全国販売組合連合会、全国購買組合連合会、産業組合中央金庫など、以下産組と記す）があったが、一九三九年の凶作をきっかけに、両組織の役割の競合が表面化しはじめた。すなわち、同年秋から政府による米をはじめとする穀物の集荷統制、供出が始まったが、そのシステムは農林省が府県ごとに数量を割り当て、地方長官はその指示に基づいて市町村を通じて市町村農会に数量を割り当て、農会はそれに基づいて部落農業団体（農業生産のための組織の最小単位、農事実行組合とも呼ぶ）を通じて会員に割り当て、農会の統制下で、産組等を通じて集荷するという形になった(5)。従って、農会、産組ともに集荷、供出を促進する立場となったため、系統農会と、系統産業組合の役割が競合するようになっていった。そして、この動きに関連して、既に産業組合法で法的に認知されていた部落農業団体が農会法でも認知される中で（一九四〇年四月の同法改正）、農会法改正案が議会で審議中の二月末には部落農業団体の指導権をめぐる農会と産業組合の中央における主導権争いもおこっていたのである(6)。

こうした状況の中で、直接的には、農業分野における新体制の目玉として農業団体の統合という政策が浮かび上がってきた(7)。その背景として、新体制運動の中心人物の一人であり、のち大政翼賛会の事務総長となった有馬頼寧が産業組合中央会会頭であったこと、第二次近衛内閣の農相に就任した石黒忠篤が産業組合中央金庫理事長であったことも留意に値する。そして、統合にあたっては、農会と産組が法律によって存在していることから、統合のための法律の制定が課題となった。

まず、一九四〇年八月、農業諸団体の協議機関である中央農林協議会で農業新体制の論議が始まり(8)、九月中旬に「農林団体統制要綱(9)」が作られ、農林省に建議された。同案は、まず農業団体統制の意義付けについて、「世界的変革ニ伴ヒ新事態ニ即応スル我国新体制ノ確立ト国民経済ノ全分野ニ亘ル計画経済貫徹ノ必要性トニ鑑ミ」と、新体制の動きの一環であることを明記している。そして、「各職域ニ応ズル滅私奉公ノ具体的実践組織タラシムルト共ニ農山漁村ノ総合的指導機関タラシム」と、農会、産組のみならず農林水産畜産業団体をすべて統合するとし、中央組織には「農林漁業中央会」の他、「農漁中央金庫」、「全国農林経済連合会」を置き、集落にも「支会」を設置すること（すなわち部落農業団体を含む）、地方の各レベルでは漁業は別組織とすること、などとなっていた。そして、これに対応して、帝国農会も第三二回通常総会（一〇月二二日～二六日）において「農業団体再編成促進ニ関スル建議」を行なった。(10)

農林省もこの動きに対応して、第七六議会（一二月二六日～一九四一年三月二五日）への法案提出を目指して一一月に農林省案（「農林漁業団体統制要項」、「農林計画委員会幹事私案」とも呼ばれた）を作成し、農相の諮問機関であった農林計画委員会団体統制部会に諮問した。(11)同部会には農業団体の代表のほか、特に農政議員（衆議院議員助川啓四郎）や地方自治制度との関係から内務省の官吏も参加していた。しかし、農林省案は、(12)基本方針こそ、「農林漁業団体本来ノ公益的性格ヲ顕現シテ公益優先ノ根本理念ニ即応シ高度国防国家ノ一翼トシテ職域奉公ノ具体的実践組織ヲ確立ス」「国民経済ノ一環タル農林漁業部門ニ於ケル計画経済ノ貫徹ヲ図ル為農山漁民ノ総合的指導ヲ強化シ」と、新体制の動きを背景に位置付け、部落農業団体の加入を認めるなど、協議会案の流れをくんでいたが、経済事業に対する農林省の統制力を強化するため、経済事業を国策会社に任せる構想となっており、当然既存の産組系の経済事業団体も国策会社化の対象となっていたため産組側が強く反対した。さらに内務省は、農業団体の一元化そのものに反対であった。

すなわち、内務省は、一九三八年（昭和一三）以来、町村長の権限強化を主眼とする地方自治制度の改正構想を検討しており、その中で町村以下のレベルの農業団体については、一九三八年六月に内務省地方局が内務大臣の諮問機関である地方制度調査会に提出した「農村自治制度改正要綱」[13]に「町村ノ権能中ニ町村内ノ各種団体等ノ活動ヲ総合調整スル機能ヲ包含スル趣旨ヲ明ニスルコト」「町村会ノ構成中ニ各種団体ノ代表者等ヲ取入ル、ト共ニ其ノ職務権限トシテ町村長ノ諮問ニ応ジ各種団体等ノ活動ノ総合調整ニ関シ必要ナル事項ヲ審議スル機能ヲ認ムルコト」とあるなど、農業団体を町村長の支配下に置くことをねらっていた。そのため、農業団体の統合によって、集落、町村レベルの農業団体に対して、地方自治体より農業団体の中央組織の統制力が強まることを嫌ったのである。この内務省の反対は、農業団体の監督官庁が農林省であることを考えると、農業団体行政に関する内務省と農林省の権限争いとも見ることができる。

産組の反対に関しては、議会からこの審議に参加していた助川の調停の試みもあったが[14]、おそらく調停案（翼賛会議会局で立案された「農林政策」中の「農業団体の整理統合に関する件」[15]）立案にも関与していた助川[16]が、農政議員の中でも特に産組と関係が深かった（助川は農議同のリーダーであった）こともあって、議会案は産組側の意見に基づいたもの（つまり経済事業は統合団体が担当）であったため失敗し、結局これらの対立は解決できず、他の新体制案と一括された形で第七六議会への農業団体法案の提出は見送られた[17]。農林省は代替措置として、一九四一年（昭和一六）五月に農業諸団体の協力機関として中央農業協力会を設置した[18]。しかし、町村、集落レベルでは事実上農会、産組の両者が統合した形になっている例が多かったことから[19]、地方の農業団体からの統合促進の声が盛んなことや、中央の農業団体においても、戦時体制強化の一環としての食糧の計画増産実施のためにも農業団体の統合は必要であることが改めて認識されたことから再び農業団体統合法案の議会提出が政治問題となり[20]、議会勢力が積極的にこの問題に関わっていくことになる。

二　第七七・七九議会における農業団体統合問題

中央農業協力会では一九四一年一一月一〇日、「農業団体ノ統制ニ関スル事項」という農業団体統合案を決定し、農相に示した[21]。その内容は[22]、「戦時国策遂行上」「農業計画生産完遂」のため、農業団体統合が必要であるとして、中央組織は「指導統制」と経済、金融の三本立てとし、地方組織はそれらを一つにまとめた組織とすること、「部落農業団体ハ之ヲ簡易ナル法人トシテ市町村農業団体ノ構成体トスルコト」、「団体ハ重要農業国策ノ立案ニ参画スルト共ニ之ガ実行ノ責ニ任ズル」こと、「農業ニ関スル統制会社」はできるだけ統合される団体に吸収することなどとなっていた。すなわち、中央組織は三本立て、地方は一元化、部落農業団体も加入、政策決定への参与、政策実行の責任負担、経済事業の統合団体への一元化などが主張された。また、政策の意義付けが新体制から戦時体制強化に変化した点に留意したい。こうした動きを受けて井野碩哉農相は、一一月一三日に中央農業協力会理事を招いた席上で次期通常議会への農業団体統合法案提出を言明し[23]、一一月二七日には、中央農業協力会案に次に述べる議会建議案にある新団体の生産責任制も加味した農林省の「農業団体統制要綱」が農林計画委員会農林水産団体部会で承認され[24]、農林省は法案作成に着手した。そして、農業団体の意向をうけた形で農政研（村上国吉、高田耘平、助川らが中心、会員約二七〇名[25]）も農業団体統合の促進に乗り出した。その現れが、東条内閣最初の議会となった第七七議会に提出された「農業団体ノ統合促進ニ関スル建議案」である。

ところで、このころの衆議院内部の勢力分布はそれ以前とは大きく変化していた[26]。すなわち、一九四〇年夏の政党解消後、大政翼賛会議会局を経て衆議院議員倶楽部というほぼ全員が加入した院内会派が結成されていたが、会派再編の動きが続き、結局、近衛新党を狙った人々に、鳩山系や川崎克系、太田正孝系などを除く旧政民主流が相乗りする形で、九月二日に衆議院議員倶楽部にかわる院内会派として翼賛議員同盟（翼同）が結成され、院内の絶対多数を占める一方、翼同に参加しなかった人々によっていくつかの小会派が生まれた（同交会、興亜議員連盟、議員倶楽部、同人倶楽部）。ところが、肝心の近衛は日米交渉をめぐる閣内対立から一〇月に退陣してしまい、代わって首相となった東条は開戦決定や動員体制の問題に専念していたため、[27]議会勢力の再編は中途半端な状態となり、国策貫徹議員同盟（翼同の議員も含む非公式の議員集団）の結成に見られるように翼同は求心力を失った。こうした状況の中で、会派による政策研究は低調となった。翼同の場合、政党や衆議院議員倶楽部にあったような大規模な政務調査会は設置されず、小規模な政策部と、官界新体制、臨戦財政経済、外交、臨戦食糧の四特別委員会を設置したが、[28]見るべき成果をあげていない。

さて、「農業団体ノ統合促進ニ関スル建議案」は、一一月六日の農政研幹事会で提出が決定、村上、助川らが原案を作成し、一五日の臨時総会で提出が決定され、[29]一九日の建議委員会の審議を経て、二〇日の本会議で報告、可決された。その主な内容は、「団体ノ統合ハ責任生産体制ノ確立ト生産力ノ増強ヲ最高目的」とすること、「統合ノ実行ニ際シテハ関係団体間ニ混乱ヲ生ジ、為ニ多クノ時日ヲ空クシテ、当面ノ急ニ応ズル能ハザルガ如キコトナキヤウ特ニ留意スベキコト」「団体ノ指導統制力ヲ強化シ生産計画ノ樹立ニ事前参与セシメ其ノ実施ニ関シテハ一切ノ施策ヲ団体ノ責任ニ於テ行ハ」せること、「団体ノ経済機能ヲ強化」し、「配給部門ニアリテハ団体ノ責任ニ於テ生産物ノ集荷、生産資材ノ配給ヲ一元的ニ行ハシムル」となっていた。そして同建議案の理由書には、提案理由として、「臨戦下食糧ノ確保ハ絶対喫緊ノ要務タリ」[30]となっていた。つまり、中央農業協力会案の内容の他に、二つの項目が加わっていた。統合された新団体が生産責任を負うこと、新団体と行政機関（具体的には地方行政機関）との権限争いを避けることの二つである。

このうち、前者は、中央農業協力会案にあった政策実行の責任という主張をさらに具体化したものであるが、元来議会主流が持っていた、民間の自主性尊重という政策指向性の他に、当時既に設置に向けて動き出していた産業別統制会構想の影響が考えられる。すなわち、その第一号として同年四月に鉄鋼統制会が設置され、第七六議会での産業団体法案提出とりやめの代わりに改正された国家総動員法に基づいた重要産業団体令（同年九月一日施行）によって、同年秋から産業別の統制会設置の動きが始まっていた。(31)こうした経過の中で、民間側は、統制会は生産計画の立案に関与できる代わりに、生産計画の達成にも責任を持つという構想を主張し、実施にあたってもこうした考え方が受け入れられつつあった。農業団体においても政策への事前参与が主張されていた以上、生産責任という議論が現れるのは十分あり得ることである。そのためもあって、この構想は前述のように議会終了後の一一月二七日に農林計画委員会で承認された農林省案にとりいれられた。

もう一つの項目は、内務省および全国町村長会の反対への対応である。事実、この時も彼らの反対は続いていた。まず、全国町村長会は、一〇月四日決定の「町村臨戦態勢確立対策案要綱」で、町村レベルでの経済事業は農業団体ではなく町村が行なうこと、町村の農業団体長は原則として町村長が兼任すべきことを求め、中央農業協力会案はこれらの点を満たしていないと主張した。(32)当時、全国の町村の約六割では、町村長が農業団体長を兼任しており、(33)兼任を認めるか否かは町村長の権限や、内務省の地方自治制度改正構想との関連で重要な問題点となったのである。

次に、内務省の反対についてであるが、内務省は、農林省案について「農業ニ関スル諸団体ヲ横ニ一元的ニ統合シ之ヲ貫クニ所謂指導者原理ニ基ク中央集権的統制ヲ以テセントスルモノ」であり、「其ノ構成員ハ全国人口ノ四割ヲ占メ就中農村ニ在リテハ町村民ノ大部分カ其ノ構成分子ナルノ実情」であることから、「町村内ニ町村ヲ樹テ」ることになるとして、「地方行政ノ総合統一ヲ害シ」「地方行政ノ基礎ヲ動揺セシムル」と、従来通り集落単位の団体設置に反対した上、この農林省案は、新農業団体に「強キ自主性ト独立性」を与えているが、新団体が会員数、財力共に絶大となるため、「農民ニ依ル国家ノ支配ハ本組織ニ依リ容易」であり、また、「本組織ハ従来左翼運動ノ窺フ所ナルヲ以テ（別途警保局研究参照）一朝之ガ乗ズル所トナランカ国家ノ危険寔ニ大ナリ」と、新団体に左翼運動が乗ずる恐れもあるとして、新団体の自主性を大幅に縮小することを求めていた。[34] その警保局の研究「左翼の農村協同化運動に就て」[35] は、一九四〇～一九四一年の企画院事件の検挙者（和田博雄、勝間田清一ら）や産業組合青年連盟（産青連）の治安維持法違反検挙者などの存在をあげ、彼らが主張した「農村の協同化」には「必然的に共産主義社会へ移行すべき本質がある」と結論付けている。要するに内務省は、新団体が内務省主導の地方行政体制を阻害し、さらには左翼運動の温床となる危険があると認識していたのである。結局、農林省は通常議会（第七九議会）の実質審議入り（一九四二年一月）までにこれらの問題点について内務省を納得させることができず、一二月二五日の閣議で同議会への農業団体法案不提出が決定した。[36]

しかし、農政議員たちは、このままこの政策の推進を諦めてしまうわけには行かなかった。なぜなら、太平洋戦争の開戦直後、政府は、任期満了の上、さらに一年延長されていた総選挙を予定通り一九四二年春に実施する方針を固めていたが、その上、事実上政府主導による推薦選挙の形で実施する意向だったのである。[37] そのため、農政議員たちとしては、農業諸団体の支持をとりつけ、自らの再選を確保するために、この問題の解決に向けてできるだけの政治的努力を示す必要があった。そこで、次の通常議会となった第七九議会においても、この問題に関して活発な動きが見られた。

まず、一九四二年二月三日、農政研が、総会で「農業団体統合ニ関スル決議案」の議会提出を決定し、実行委員が活動を開始した。決議案の内容は、もちろん農業団体統合実現の促進であり、その案文は「農業団体ノ統合ハ多年ノ問題ニシテ未ダ成ラズ」「此ノ問題ニ関スル政府ノ熱意ト其ノ方針ニ関シ疑惑ヲ懐キ」「政府ハ宜シク此ノ際速ニ内部ノ議ヲ定メ断固不動ノ決意ヲ以テ其ノ実現ヲ期」せ、などとなっていた。実行委員は村上国吉、三善信房、助川啓四郎（以上翼同）、杉山元治郎（無所属）、服部岩吉（同交会）、水谷長三郎（興亜議員同盟）で、各会派や、農相（井野碩哉）、農林次官への交渉を行なった。議会においては、二月中旬には翼同幹部の意向で、会期末に議決すること、決議案ではなく建議案とすることが内定した。(38)そして、案文は「農業団体ノ統合ハ現下喫緊ノ要務タリ政府ハ宜シク地方自治行政トノ調整ヲ図リ速ニ大東亜戦争ニ即応スル成案ヲ立テ以テ其ノ実現ヲ期セラレムコトヲ望ム」(39)と、より簡潔かつ直接的な表現のものとなった。議決が会期末となった原因は、たとえ早期に議決しても、政府が一旦第七九議会への法案不提出を決定した以上、同議会への提出は見込めないためと推測される。また、建議案となったものの、実質的には決議案と同様の扱いとなった。すなわち、各派共同提案の形をとり、建議委員会の審議を省略して、決議案と同様本会議で審議が行なわれ、可決されたのである（以後、こうした建議案を本会議即決建議案と呼ぶ）。

本会議即決建議案は、第七九議会以前は、第四七議会衆議院の農商務省設置建議案以来皆無であったが、第七九議会には計四つも提出、可決された。すなわち、「陸海軍将兵訓練中ノ殉職者優遇ニ関スル建議」（二月七日可決）、「中小商工業対策ニ関スル建議」「大東亜教育体制確立ニ関スル建議」（いずれも二月一二日可決）と「農業団体統合ニ関スル建議」（三月二五日可決）である。いずれも議決形式や提出者の人数（一〇三名、ただし農業団体統合建議は提出者一名が直前に死亡したため一〇二名）や氏名が同一であり、事実上全会一致の形をとっていたことがわかる。(40)すなわち、実質的には決議案そのものであり、議会内でこれらの案が決議案に相当する内容を持っていると認識されていたのである。このことは、農業団体統合問題のみならず、幅広い政策問題への意思表示によって、きたる総選挙において幅広い支持を得ようとする現職議員たちの意向が示されていると解釈できる。しかし、戦時期には決議案は出征将兵への感謝や、天皇の勅語に対する必勝決意の表明手段として毎回使用されるようになり、太平洋戦争初期にあたる第七九議会にはそうした決議が特に多かった。そのため、決議の重みを維持するために決議の数を抑制する必要から本会議即決建議案という手段がとられたと考えられる。

こうした農政研の活動に並行して、助川を中心とする農議同（一九四一年九月に農村議員同盟と改称[41]）も、全国町村長会の説得を行なった。すなわち、三月一九日、農議同主催で農業団体統合問題懇談会が開かれたのである。出席者は農議同側から助川他三名、全国町村会長山口忠五郎、産組、農会首脳など計一一名であった。そして、農議同側から、「統合セラレタル団体ト町村トノ関係」という文書が提出された。その内容は、「町村ト統合セラレタル団体トハ表裏一体ノ関係ニアルベキモノ」なので、町村長と町村レベルの団体長は兼任が望ましいが、それが困難な場合は、町村長主宰の「経済協力会義」の設置や職員の兼務など、両者が円滑に協調連絡できるよう措置するとなっていた。前述のように、全国の町村の六割で町村長が農業団体長を兼任していたことを考えると、この案は、実態を追認するものであり、最も現実的な案といえる。そして、懇談の結果この案で合意に達し、町村長会の反対は収まった[42]。

なお、本会議即決建議案のうち、国民教育振興議員連盟が中心となって提出された「大東亜教育体制確立ニ関スル建議」の第二項で主張された国家による育英制度構想は、文部省の検討課題となり、国民教育議員連盟が専門家の協力も得て一九四三年（昭和一八）一月に作成した「興亜育英金庫制度創設案要項」を基に具体案の作成が進み、同年六月設置の育英制度創設準備協議会での検討を経て同年一〇月に財団法人大日本育英会が設置されて（初代理事長は永井柳太郎[43]）事業がはじまり、翌一九四四年四月には大日本育英会法が公布、施行された[44]。前節で見た通り、教育関係議員の活動が政策過程に顕著に反映された例は日中戦争勃発後少なくとも既に二度あったが、再び教育関係の議員集団の運動が教育政策の政策過程に影響を与えたのである。また、この大日本育英会の後身が現在の日本育英会である。

以上見てきたように、第七七議会以後は、院内会派の求心力が一層弱まり、会派による政策研究がほとんど行なわれなくなったことを背景にして、以前と同様利益団体を支持母体とする議員集団が、利益団体の政策構想や、場合によってはそれに独自の構想を付加した構想によって、政策過程への積極的な介入を図るという構図が継続した。しかし、農業団体統合問題の場合は、農林省と内務省の対立という、中央官庁の権限争いを解決するまでには至らなかった。しかし、こうした状況は翼政結成を機に変化することになる。

三　翼賛政治会の結成と初期の政策活動

第二一回総選挙（一九四二年四月三〇日実施）は、新人進出による政界変革をねらう政府によって政府の主導による事実上の推薦制度がとりいれられたものの、現職議員勢力の巻き返しによって、当選議員の過半数を現職議員で占め[45]、議会内の主導権は従来の議会領袖が維持した。一方、太平洋戦争の開戦によって、政治情勢は「挙国一致」という考え方が一層説得力を増すという形に変化したものの、以前の近衛文麿のような政界再編成のシンボルとなりうる人物は出現しなかった。そこで政府と議会主流[46]は、東条首相の名で翼賛政治結集準備会を組織し、候補者の推薦母体となった翼賛政治体制協議会の会長であった阿部信行をリーダーとする政事結社の設立を図った。これが五月二〇日結成の翼賛政治会（総裁阿部信行）である。政府は、事実上政事結社はこれ以外に認めない方針であったことや、翼政自身、規約第二条で「挙国的政治力の結集[47]」をうたっていることにも表れているように、その会員構成は包括的なものとなり、翼政には代議士の大部分と貴族院議員の過半数、各界人士が加入した(48)。

翼政の政策面における組織上の特徴は、政治結社としては政党解散以来、衆議院関係の会派としては衆議院議員倶楽部以来約半年ぶりに政務調査会が復活したことである。会長には衆議院の領袖の一人である山崎達之輔が就任し、各省別の委員会が設置された。その他、総裁制、総務制をとるなど政党組織の影響を強くうけた組織となっていた(49)。

一方、政府との関係について、創立宣言には「真に国家的見地に立ち、公議公論の府として政府と協力する(50)」とあるものの、衆議院出身総務の一人となった清瀬一郎は「『協力』といふうちには追従といふ意味を寓するものではない(51)」と述べており、同じく衆議院出身総務となった太田正孝も「翼政側からすれば政府にこびる如きことがあつては真の協力でなく(52)」と述べている。このように、翼政は、政府と議会主流の協調によるという結成時の経緯、会員構成の包括性、組織構成に関する旧政党組織の強い影響といった状況と、多少の含みを残しつつも、政府に協力していく方針であることを結成時に明らかにしているので（もっとも、結成の経緯からいって他の選択は当面ありえなかったはずであるが）、「戦時体制の一環としての包括与党」と意義付けることができる(54)。ではその実態はどうであったのか。ここでは政策過程との関連から検討する。

ただし、一九四三年（昭和一八）八月に週刊の機関紙『翼賛政治会報(55)』が発刊されるまでは政務調査会の活動状況は断片的にしかわからない。なぜなら、『翼賛政治会報』以前の翼政会の公刊物は月刊の『翼賛政治』のみで、同誌には政調の活動状況についての記事はきわめてわずかしかないからである。したがって、第三節、第四節の記述の大部分は新聞記事を史料とせざるを得なかった。その点ご寛恕を願いたい。

また、念のため、翼政と翼賛会の関係についてふれておくと、翼政は地方支部を設置せず、その代わりに翼賛会との連携を図ることになったため、山崎は翼賛会の調査委員会の会長も兼任し、委員についても同一分野では兼任していた場合が多かった。[56] すなわち、政策面においては対立が起きにくいようになっていた。

さて、翼政の政務調査会の活動の中で最初に注目すべき活動は、行政簡素化に関する活動である。政府は、六月一六日の閣議で「行政簡素化実施要綱」を決定した。その内容は、南方占領地統治のための要員捻出を理由として、中央庁三割、地方庁二割、作業庁一割という官庁の定員削減案を実施するというものであった。[57] 定員削減は一一月一日付で実施されたが、定員削減と共に行政事務の簡素化も問題となり、その実施は、翼政の政調案を政府が採用するという形をとったのである。行政事務（手続き）の簡素化は、民間の要望として常に存在する問題であるが、大幅な人員削減を実施する以上、行政事務量の削減も避けられない検討課題であり、ここにおいて具体的な政治課題となったのである。

七月四日、翼政は政調に行政事務簡素化特別委員会を設置した。委員長は吉野信次（元商相、貴族院議員、政調副会長）で、委員の大部分は官僚出身者（つまり貴族院議員）であった。特別委員会は五回の会合を経て案をまとめ、八月七日の翼政総務会の決定を経て政府に「申達」した。その内容は簡素化実施の基本方針を示したもので、主な項目をあげると、「第一、行政事務の刷新と簡捷化」「第二、行政事務の減量又は廃止」「第三、行政事務の委譲」「第四、共管又は競合行政事務の整理統合」「第五、官吏制度の改善」となっていた。[58]『朝日新聞』によれば、本案は、重要産業協議会が七月下旬にまとめた『行政事務簡素化に関する要望事項』をほぼ全面的にとりいれた内容となっており、同紙はこの点について、「経済界の要望を十二分に盛つた」案であると指摘している。[59]

続いて同特別委は村瀬直養（元法制局長官、貴族院議員）を委員長とする小委員会を設置して、右の方針にしたがって具体案の立案に乗り出し、一一月五日には成案が阿部総裁から東条首相に提出された。[60] その内容は、廃止、簡略化、整理統合すべき事例計二〇八件を列挙したものとなっていた。政府はこれを基に検討を行ない、一二月一日の閣議で

「行政事務簡素化に関する件」を決定した。それによると、翼政案のうち、実行済みのもの二一件、政府が採用したもの六七件、それ以外は実現に向けて検討を続けるとされた[61]。

すなわち、翼政の政調は、別に作成された案を基本としながらも、翼政としての政策案を作成し、政府がそれを採用するという事態となったのである。その意義であるが、一般的にいって、行政事務簡素化という問題は、総論はともかく、マスコミの批判に耐える（つまり世論が納得する）具体案の作成は、官僚組織自身では困難である。そこで問題は、実行可能でかつ合意を得られる具体案が作成できるのはどこかということになる。そこで翼政会の存在がクローズアップされてくるわけである。すなわち、官僚出身委員を中心とした政調の特別委が、民間団体の作成した案を基本として立案したという経緯に見られるように、翼政は[62]、ともかくも「包括政党」であり、第三者的立場で官界と民間の利害調整を行ない得る場としての政治的意義があり、なおかつ政府与党として、必ずしも議会を通さずに、直接政策過程に関与できる（政策を実現できる）ことが示されたのである。

政党解消後の議会の審議過程を通さない政策過程への関与としては、前章で見た国民教育振興議員連盟による師範学校生の処遇問題があったが、今回の事例は、政府側が翼政の関与を公式に認めている点で大きく異なっている。なぜなら、政党（政事結社）が公式に作成した政策案が直接政府に採用されたというのは、少なくとも政党内閣崩壊以後はじめての事例だからである。その原因は、翼政が政策研究の場（政務調査会）を持ち、「包括与党」という性格を生かして、幅広い利害調整と政策案の実現の可能性を得たことである。

さて、翼政による積極的な政策関与はこの事例に留まらない。翼政が政策過程において第三者的立場から利害調整を行なったもう一つの顕著な事例として、次に農業団体統合問題のその後を見てみよう。

四　農業団体統合問題のその後

総選挙後、この問題については、農議同がこれまでの議会側の見解をまとめた案（「新農業団体建設政策要綱」）を作成するなどの動きがあった[63]が、本格的に再燃したのは、八月二〇日に中央農業協力会が農業団体統合の促進を農相に建議してからのことである[64]。

九月一〇日、翼政政調の農林委員会は、農林省の重政誠之総務局長を招いて懇談会を行ない、次期通常議会への農業団体統合法案提出に向けて農林省を「鞭撻」するという申し合わせを行なった[65]。先の選挙においても、農政議員は現職、新人共に多数当選しており、特に新人の場合には産組系の議員が多くなっていた。当然、この翼政内の動きは農業団体側の要請に基づいたものと考えられる。時期的にはこのあとになるが、帝国農会第三四回通常総会（一一月一〇～一三日）において「農業団体統合ノ遷延ニ依ル有形無形ノ国家的損失蓋シ甚大ナルモノアリ政府ハ須ラク事態ヲ明察シ速ニ農業団体統合ヲ敢為決行セラレムコトヲ要望ス」という「農業団体統合促進ニ関スル建議」を採択していることにそれが表れている[66]。さて、翼政はこの懇談会の議論に対応する形で、農業団体統合問題検討のため、同日政調内に農林、内務連合小委員会を設置した。すでに見たように、この時点での焦点は、新団体の独自性や地方自治体との関係をめぐる農林省、内務省の対立だったのであるから、この措置は当然といえよう。この委員会は、農林委員会、内務委員会の委員から一四名で構成された。委員中には、助川、村上といった有力農業議員や、前出の山口忠五郎の他、産組系の有力者で新人代議士であった小平権一（元農林次官）、黒沢酉蔵（北海道の産業組合の有力者）も含まれている[67]。

一方、農林省も、九月上旬には第七九議会時の農林省案を基に、内務省との折衝を再開した。その中で、少なくとも九月一一日と一〇月一四日には両省次官の懇談会が開かれた。その過程で、農林省は内務省へある程度の譲歩を行なったが、系統団体の監督権と、部落農業団体の扱いが対立点として残った。すなわち、農林省は新団体の政策立案への事前参与については、削除することを承認したものの、系統団体については、原案の「道府県農業会ノ会長ハ総代会ニ於テ推薦シタル者ノ中ヨリ主務大臣之ヲ命ズルコト」を「総代会ニ於テ推薦シタル者ノ中ヨリ地方長官ノ具申ニ依リ主務大臣之ヲ命ズルコト」と、多少の譲歩を行いながらも農林省の監督権を主張し、部落農業団体の扱いについても、「法案中ヨリ削除ス、但シ命令ヲ以テ定ムル法人（農事実行組合、養蚕実行組合）ハ市町村農業会ノ会員トスルコト」と、実質的には加入を主張した。これに対し内務省は、地方団体の監督権については農林省の主張を認めず、後者についても、内務省側の部落農業団体の部落会への吸収という主張について農林省側が「農事実行組合ヲ原則トシテ部落会ニ吸収合併スルコトハ区域ノ関係上支障アリ適当ナラズ」と反論したのに対し、再び「末端区域ノ簡素化ハ絶対ニ必要ナリ」と反論したことに表れているように、町村行政の一元化をすすめる立場から反対した(68)。つまり、内務省は、これまでの主張を変えていなかったのである。

こうした中で、翼政の連合小委員会は両省関係者から事情を聴取の上、一〇月下旬には農業団体統合に関する翼政案を作成した。これは「農業団体統合要領」と題された文書で、その内容は、中央組織は指導、経済、金融の三本立て、それ以下の地方組織は単一団体という点は農林省案が採用され、全国町村長会の反対時に問題となった団体長と町村長の兼任については、第三章でふれた農議同、農業団体、町村長会の合意案に基づき、「町村長ト団体長ト相兼ネシムルヲ適当トスルモ当該町村ノ実情之ヲ許サレザル場合ハ適切ナル措置ヲ講ズルコト」、すなわち、兼任を「適当」とするが、困難な場合は「適切」な措置をとるとされた。また、農林、内務の対立点については、内務省側の主張を認めた案となっていた。すなわち、部落農業団体は統合範囲から外され、団体の監督については、「団体ノ理事者ハ原則トシテ当該団体ノ推薦ニ基キ行政官庁ノ任命又ハ認可ニ依リ選任スルノ制ヲ採リ、中央、地方ノ各団体ハ国家ノ産業行政ノ指導方針ニ即応シテ適切ナル運営ヲ為シ得ルコト」(69)とされた。これは、具体的には、中央団体の責任者の人事権は農林省が、地方団体の責任者の人事権は地方庁（道府県、市町村）が持つということを意味していること から、事実上中央組織は農林省が、地方組織は地方長官が監督権を持つことを意味していた。この案は、一一月一四日の総務会での承認を経て、一六日に翼政から首相、農相、内相に正式に提出された(70)。

一方、農林、内務省の折衝も続けられ、一一月一〇日に閣議において、他の法案五六件と共に農業団体法を次期通常議会に提出するため法文化を開始することが決定された際(71)には、内務省の文書に、「両省ノ間ニ屡々折衝ヲ重ネタノデアリマスガ、其ノ結果、殆ド百パーセント、内務省ノ意見ガ認メラレマシテ」と記されるほど(72)、翼政会案と同様、内務省側の主張がほとんど認められた案となっていた。この最終段階の農林、内務、翼政三者の折衝についての史料は管見の限り見つかっていない。しかし、一〇月一四日の農林、内務の次官懇談会では未だに対立が解決しておらず、二八日に前記の翼政会案の内容が報道され、一一月一〇日の閣議で次期通常議会への法案提出が決定し、一一月一六日に翼政案が首相、農相、内相に提出される、という経過から考えると、翼政が、農業団体統合の早期実現のためには内務省への譲歩もやむをえないという形で農林省を説得して、法文化決定にこぎつけたと推定できる。すなわち、翼政が省庁対立の調停役を果たしたのである。実際、従来この翼政案は両省の調停案と評価されている(73)。なお、農政研、農議同はこの時期にも存在し、特に農議同は会合や調査、遊説などを頻繁に行なったが(74)、この問題に関しては両者とも積極的な関与が見られない。

さらに、翼政案の内容が、法律の運用にもとりいれられた。農業団体法案は予定通り、次の通常議会となった第八一議会に提出されたが、まず、前出の町村長の団体長兼任問題については、法文には明記されていないものの、衆議院の委員会（「農業団体法案外一件委員会」）[75]の質疑の中で、石黒武重農林次官が、「諸般ノ事情ニ照シテ適当デアルト考ヘラレル場合ニ於キマシテハ、町村長ト団体長トヲ兼ネテ参ルコトガ結構デアル」[76]と、翼政案と同様の方針をとることを言明した。また、部落農業団体（農事実行組合）と新団体（農業会）の関係については、やはり石黒次官の答弁の中で、「御承知ノ如ク農業者ハ当然加入」なので、「団体自体ハ加入致シマセヌデモ、団体員総テガ加入シテ居ルト云フコトニ相成ル訳デアリマシテ、若シ仮ニ農事実行組合モ更ニ加入サセルト云フコトニナレバ二重加入ニナル」ので「二重ノ加入ヲサセル必要ハナ」いが、「又一面ニ於キマシテ農事実行組合等ニ対シマシテハ、農業会ノ事業ニ付テ員外利用其ノ他ノ途ヲ講ジマスナラバ、又農業会ト農事実行組合トノ事業上ノ運営連絡ニ於キマシテモ支障ハナカロウ」[77]と、二重加入になるからという理由で部落農業団体は新団体には加入できないとされたが、個々の農民は町村レベルの団体の会員となることや、各団体の事業は会員外利用ができることから、部落農業団体としての利用も可能であり、実質的には部落農業団体が従来通り機能し得ることが確認されている。なお、翼政側は、一九四〇年以来統合問題の一つの課題であった、経済事業関係の国策会社と新団体の関係について、国策会社の新団体への統合を主張したが、政府側は特に統合の意向を示さなかったため、委員会可決にあたっては、特に「政府ハ農業団体ノ重大使命ニ鑑ミ速ニ農業関係国策会社等ニ対シ徹底的整理ヲ断行シ、其ノ業務ヲ農業団体ニ移譲セシムベシ」[78]という付帯決議が採択された。

このように、議会勢力が、内務省に対して大幅な譲歩を行なってでも団体統合の早期実現を図った原因は、食糧問題の深刻化への対応策としての供出制度の改善（すなわち農業における戦時体制の強化）であった。それは、三宅正一が衆議院本会議で翼政を代表しての本案への賛成討論の中で、「本案ハ委員会審議ノ過程ニ見ラレマシタル如ク、各種ノ点ニ於テ委員側ニモ不満ヲ持ツテ居ルノデアツテ、之ヲ通シマスル所以ハ、此ノ重大ナル時局ニ当ツテ、従来ノ懸案ヲ解決スルト共ニ、少シデモ農漁業団体ヲ強力ニ致シマシテ、決戦体制下ニ於ケル食糧ノ増産、供出ノ促進ニ寄与セシメントスル議員側ノ熱意ガ現ハレテ、之ヲ通過スルニ決シタ(79)」と述べたことに表れている。すなわち、一九三九年の凶作以後、軍需米の増加、天候不順、太平洋戦争開戦後の輸送事情悪化に伴う外米輸入の減少などの結果、食糧（特に主食の米、麦）の生産が需要に追いつかない事態が続いた。そして、この事態への即効性のある対応策として供出制度の改善が課題となった。具体的には、供出に関する諸事務の効率化と、供出成績の向上であった。前者に関しては、役割が競合しつつあった農会、産組の一元化と、市町村レベルでの農業団体と行政組織の関係が問題となり、後者に関しては、地方庁より、生産者自身に責任を持たせた方が成績が上がるという考え方から、部落農業団体の重視という点が問題となった。

当初は、両者を農業団体統合によって解決することが整合的と考えられたが、結局は、早期解決という観点から、既に合意が形成されていた前者のみが実現することになったのである。つまり、最終段階においては、議会勢力は、狭い意味での利益団体の意志を代表するのみでなく、より広い視野に立って政策過程への介入を行なったといえる。こうした事情は、最終段階での翼政の動きが、政務調査会の農林、内務連合小委員会という場で行なわれたことや、政策過程における利益団体の議員集団の影が薄くなったことに現れている。そして、これまでの叙述から、こうした形での問題解決を可能にした背景に、翼政会の「包括与党」としての面があることはもはや明らかであろう。

なお、内務省は、この議会に市制、町村制改正案を提出した。その要点は、市長、町村長の事実上の官選化と権限の強化であった。本案は、戦時刑事特別法改正案と共に衆議院の委員会審議が紛糾した。しかし、結局は原案が可決された(80)。なお、この議会における戦時刑事特別法の紛糾は、翼政結成以後初めて議会と政府が本格的に対立した事例となったが、政府や、政府の意向をうけた翼政幹部の工作によって、原案が可決された。また、東京都制案は、市制、町村制改正案と同様の傾向をもっていたため、東条内閣期の政府提出法案としては唯一、衆議院で修正可決となった[81]。

この政治過程の中で、議会側は、一月三〇日の市制、町村制改正案の衆議院上程の際、中谷武世が本会議の質問演説で「今回ノ改正案ハ、市町村長ノ権限強化ヲ仮装シツツ、其ノ背後ニ於ケル強大ナル監督権、解任権ヲ通ジテ監督官庁ノ権力其ノモノ、即チ官吏ノ権力其ノモノ強化ヲ企図」しているとし、「戦力増強生産増大ノ前提ハ、民心ヲ作興シ民意ヲ暢達ナラシメ、国民ノ忠誠心ニ信頼」することであるのに、本案は「官力ノ増強」案になっているとして、「本案ガ真ニ戦力増強ノ為ノ已ムヲ得ザル改正案ナリヤ[82]」と述べたことに表れているように、戦時体制の強化には国民の協力が必要である以上、民間の自主性の発揮を図るべきであるのに、戦時刑事特別法改正案と同様、本案は逆に官僚統制の強化を狙っているという論理から市制、町村制改正案を戦時体制強化に便乗した不要な政策として非難した。反対の動きは表面的には中谷など翼政の非主流派議員によったが、実際には翼政幹部（前田米蔵、大麻唯男など）も、衆議院書記官長の大木操が「前田、大麻等ハ修正ノ肚ヲ若手達ニ洩ラシタルラシ[83]」と日記に記したように、紛糾を機に法案を修正させる意向まで持っており、政府側でも、「今議会でもめて居る案件は、殆ど各省で云はば便乗式に提案したものである、例之、市制町村制も[84]」と、便乗的な面があるとの認識が存在したほどであった。しかし、なおかつ内務省がこの議会に本案を提出した背景の少なくとも一つは、農業団体統合問題の実現であった。すなわち、これまでの叙述から明らかなように、内務省側からすれば、地方制度の改正は、農業団体統合と密接な関係を持つ問題であり、農業団体統合の実現を控えて、ぜひとも実現しておく必要があったのである。

こうして、農業団体法案は貴衆両院で原案が可決され、三月一〇日に農業団体法として公布され、九月一一日に施行され、これに伴い、九月末には、まず中央に中央農業会（指導統制）、中央農業経済会（経済事業）、農林中央金庫

（金融）の三団体が設置され、地方農業会も、一九四四年（昭和一九）一月までにほぼ全国で設置された。ただし、統合の実態は、とりあえず農会、産組の職員、会員が一つの農業会に合同しただけで、職員、会員構成が変わったわけではなかった。(85)なお、このときの組織が戦後の農協組織につながっていく。

このように、農業団体統合問題の政策過程の場合には、省庁対立の調停役を議会勢力が担ったことが特徴的である。そして、それを可能にしたのが、「戦時体制の一環としての包括与党」としての翼政の存在であった。次節では、以後の状況について検討する。

五　第八一議会後の諸問題

第八一議会以後、既にふれた育英制度問題を除くと、議会勢力が政策過程に顕著な影響力を示した事例は食糧増産問題に限られるので、本節もそれらを検討する。

第八一議会終了後の四月二〇日、東条首相は内閣改造を行ない、内閣成立以来初めて衆議院から大臣を迎えた（大臣在任中に翼賛選挙で当選した岸信介商相、井野農相を除く）。すなわち、山崎達之輔を農相に、大麻唯男を無任所相としたのである。二人とも翼政の有力者であり、この措置は、『朝日新聞』が「両氏の第八十一議会における議会運営の功績を買われたもので」「政府、翼政会の表裏一体関係を強化する」(86)と評価したことに表われているように、第八一議会に現れた政府と議会の溝を埋めることを狙っていた。このうち、農相のポストは、政党内閣崩壊後もしばしば有力代議士が歴任していた大臣ポストの一つであったが、「はじめに」で述べた事情と共に、政府が、農業政策に関しては議会勢力の積極的関与を容認していたことがこうした閣僚人事からもうかがえる。

さて、山崎農相は、就任前には翼政の政策責任者として政調会長を務めており、農相というポストも既に林内閣で経験済みであった[87]。そこで、山崎は、早速独自の施策に取り組んだ。それが、九月七日の閣議決定「米穀供出改訂要綱」に基づく部落責任供出制度の実施である。これは、供出システムをこれまでの市町村農会から部落農業団体を通じて個人へ割り当てるシステムから、市町村長が集落に割り当てるシステムに改めた制度であるが[88]、注目すべきは、この制度が山崎農相の発意により立案されたことである。

これまでの叙述から明らかな通り、戦時期に入って以後、議会勢力は、農業団体の意向をうけて、ほぼ一貫して部落農業団体の重視と、農業者の自主性の尊重を主張し、さらに少なくとも太平洋戦争開戦直前からは農業者の生産責任の確立を主張してきた。翼政の政策責任者であった山崎は、当然そのことを承知していたはずである。したがって、農業団体統合によっては十分実現されなかったこれらの点について、何らかの形で政策として実現させることを狙うのは当然であり、その結果がこの部落供出責任制度であったといえる。すなわち、議会勢力出身者が大臣となり、本人のイニシアチブによって、議会勢力の主張を政策として実現させたのである。こうした事例は、少なくとも戦時期に入ってからは極めて珍しい。なお、この制度は直ちに実施され、前年産米までの供出量達成率が常に目標を下回っていたのに対し、目標を上回る実績を挙げた[89]。

一方、翼政は、五月一一日に初めての改組を行ない、新設の総務会長に前田米蔵が、政調会長には金光庸夫が就任した。政調には、従来の各省別委員会の他、改組直後に企業整備、総合食糧、重要産業の三特別委員会が設置された。さらに、九月下旬には大東亜建設、決戦行政刷新、一一月には生活必需品配給整備の各特別委員会が設置された[90]。要するに、戦時体制強化にかかわる主な政策分野について特別委が設置されたわけだが、これらの中で、最も活発な活動を見せたのが、総合食糧特別委員会（委員長松村謙三、副委員長助川啓四郎）であった。すなわち、同年末の段階において、委員会およびその下に設けた小委員会の開催回数、出席者数共に政調のすべての委員会の中で最多だったのである。(91)

総合食糧特別委は、六月一一日に第一回会合を開き、七月には七つの小委員会を設置して政策立案を行なった。(92) その結果、まず、八月一〇日に中間報告として「総合食糧対策基本大綱」を特別委、総務会を経て決定し、実行委員一九名を指名して政府との折衝を開始した。そのメンバーは、政調幹部（金光政調会長と三人の副会長、うち一名は貴族院議員）と総合食糧特別委員会の幹部（松村謙三委員長、助川啓四郎、富小路隆直両副委員長と、村上国吉を含む七小委員会の委員長、富小路と小委員会委員長中二名は貴族院議員）と翼政の総務から五名（うち一名貴族院議員）となっていた。(93) 農政議員中心というより、翼政内の役職や貴族院の会員への配慮が目立つ人選となっており、翼政の「包括政党」的性格がここにも表れている。

さらに、九月一七日には「総合食糧対策大綱」を特別委で決定し、総務会を経て、総裁の統裁を経て政府に「申達」した。その主な内容は九つの大項目からなり、耕地開発、改良、転作の促進、肥料の確保、植民地の増産援助などで、(94) 既に政府が決定していた食糧増産対策(95)（六月四日と八月一七日の閣議決定）と基本的には変わらなかったが、細目中には、政府案には含まれていない事項もあり、その中から、「満洲国」（以下括弧略）における農地造成計画の援助政策が具体化した。すなわち、翼政案（全九項目中の第八「満洲国の食糧増産に対する協力援助」）の六つの小項目の中の二つ目、「満洲国に於ける豊満ダム下流地域の水田造成計画に対し、日本側より資金、資材、技術等有らゆる援助をなし、速に其の実現を期すること」(96) が問題となったのである。

政府は、一一月二二日の閣議で、満洲国の農地造成計画に資材、資金、技術面で協力することを決定した（「満洲国農地造成計画ニ対スル本邦側ノ協力援助ニ関スル件」(97)）が、右に述べたように、この政策はそもそも「総合食糧対策大綱」

の一部であった。そこで翼政では、この政策実現のため総合食糧特別委の委員による調査団を一〇月初めに満洲国に派遣したが[98]、特にこの政策の実現に力を入れたのは、戦時体制の一層の強化をうたった九月二一日の閣議決定「国内態勢強化方策」の中に、「日満ヲ通ズル食糧ノ絶対的自給態勢ヲ確立ス」[99]という項目があったので、その具体策として、この政策の実現の見込みがあると判断できたためであろう。翼政の調査団派遣後、一〇月上旬には日満両国政府の交渉が始まり、同月末には実施の方向で合意に達した[100]。その際、日本の援助対象となる農地造成範囲は豊満ダム下流を中心としながらも他地域も対象範囲となった[101]。

翼政はこの動きに対応し、政策の早期実施を求めて、第八三議会（臨時会）に、「満洲国農地造成計画ニ対スル本邦側ノ協力援助ニ関スル建議案」を提出した。この建議案は同議会唯一の建議案で、建議委員会を通過した後、一〇月二八日に衆院本会議で可決された[102]。このように、翼政の政策案の一部が、翼政の活動によって政府に採用されたのである。翼政自身、閣議決定について、『総合食糧対策』の具体化躍進[103]と評価していた。この政策は実行され、農地造成は一九四五年（昭和二〇）夏にほぼ完了したが、敗戦によって当初の目的を達成することなく終わった[104]。この事例は、農業問題ではあるが、国内の農業団体の利害と直接結び付かないという点で、翼政の「包括与党」としての面が現れた事例の一つである。なお、翼政調査団帰国の際、助川は乗っていた船（関釜連絡船崑崙丸）が撃沈されて殉職している[105]。

さて、翼政の総合食糧特別委は、「総合食糧対策大綱」に続いて、「食糧自給基本対策」を作成し、一二月二一日の常任総務会の承認と、総裁の統裁を経て、二八日に政府に「申達」した。立案時期から見て、次期通常議会（第八四議会）での論議に備えて、翼政としての農業政策を打ち出しておくために立案されたと見られる。その内容は、「総合食糧対策大綱」から、いくつかの項目（おそらくその時点で特に重視すべきと認識された項目）を抜き出して敷衍したもので、「肥料増産確保対策」「食糧増産要員確保対策」「総合農業生産計画確立対策」の三項目からなっていた。[106]このうち、前の二項目は、この時点で既に政府は対策を講じ始めており、最大の焦点は「総合生産計画確立対策」となった。

同案は、「食糧増産」「完遂」のため、「毎年度農業生産の準備に着手する前に各町村農業会をして政府の方針に即して総合農業生産計画を樹立せしむること」「政府は総合農業生産計画中に包含せしむべき〔中略〕各計画中の作物及作業順位を定め之を農業会に示すこと」「農業団体及農家は町村農業会の農業作付計画に基き必需農産物の生産を行ふ責任を負ふものとす」[107]などと、農業について政府が総合的な生産計画を作り、町村農業会はこれに基づいて生産計画を作り、責任をもって実行するという構想を骨子としており、特に新しい点としては、生産計画をその年の農業生産に着手する前に町村農業会に立案させることが示されていた。従来の政府の生産計画は生産目標としての意味しかなく、生産責任といっても、実際には前出の部落責任供出制度に見られるように、収穫後に割り当てられる供出量を達成することを意味していたのであるが、この案では、具体的な生産計画を農作業開始前に町村農業会に立案させることで、責任体制の確立を狙った案となっていた。

計画生産体制に関しては、既に同年七月に農議同が政策案を発表し、[108]中央農業会も一九四四年二月の第一回通常総会で農商相に対して建議を行なっているが、[109]いずれも下位の農業会が、上位の農業会、最終的には政府の計画に基づいて計画を立案するという、農業会中心の立案システムの構想であり、町村農業会の重視と、生産着手前の計画立案という、生産実態に即した責任体制の構想という点は、本案の特徴である。このように、必ずしも農業団体の意向のみにとらわれず、食糧確保という目的そのものを重視した政策立案を行なったところに、翼政の「包括与党」としての性格が現れている。

さて、この「総合生産計画確立対策」についての具体的な検討が、一二月下旬に農商省委員（農商省は、同年一一月に商工省の一部と農林省の大部分を統合して設置）中に設置された小委員会で行なわれた。農商省委員というのは、翼賛選挙直後の一九四二年六月に、政務官の代わりに政府と議会の連携をはかり、民間の意見を行政に反映させるため、内閣及各省委員設置制という勅令に基づいて設置された委員の一つで、(110)両院議員および学識経験者から委員が任命された。小委員会は、委員一一名、世話人五名で構成され、ほとんどが両院議員であったので、事実上翼政政調の別動隊といえる。同小委員会では、特に供出体制の改善、食糧増産と農村問題の関連、食糧増産報奨の問題について、議会の実質開会直前の一九四四年一月中旬まで話し合われた。(111)このうち、この段階で初めて政策課題としてとりあげられたのが、報奨制度という政策である。

この報奨制度は、直接的には同小委員会委員であった黒沢酉蔵が提唱したものである。黒沢は翼賛選挙で初当選した北海道の産業組合の有力者である。黒沢は、地方庁が「責任供出量」を前年末までに決定し、「農業会長は生産責任者（農実組長）を生産担当者に指定して相当権限を与へ農村を挙げて総合生産計画を完遂し引受けたる供出の責任を果たす」「刻苦精励増産に功労ある者に対しては叙勲表彰等国家的恩典に浴せしめ」ることなどを主張した。(112)すなわち、生産者に責任を付与すると共に、反対給付として、責任範囲以上の生産については、超過分を報奨価格で買い上げたり、国家的恩典に浴させるべきだと主張した。この構想は、農議同（二月に農政研と合同して農政会となる）(113)や中央農業会でも支持されていた。それは、衆議院の議会質疑の中で松浦周太郎代議士が「此ニ対シテハ」「黒沢君モ色々述ベテ居リマス、或ハ農村議員同盟、農業中央会（引用者注、中央農業会を指す）ト云フヤウナ団体、何モ意見ガ一致シテ居ル」(114)と述べていることから裏付けられる。こうした発想が現れた背景として、工業分野での報奨制度の実施に留意したい。これは一九四三年四月一六日の閣議決定「緊急物価対策要綱」によって実施された制度で、計画生

産量を越えて増産を行なった場合、割増価格を認めるという制度である。(115)

これらの「総合農業生産計画確立対策」および報奨制度といった諸政策案は、早速第八四議会で論議の対象となり、翼政側はその実行を政府に求めた。しかし、政府は、石黒農商次官が「現ニ御承知ノヤウニ生産統制ノ面ニ於テ町村ノ農業会ガ一種ノ生産責任ヲ負フ訳デアリマスガ、従来是ガ比較的形式的ニ流レマシテ」「兎モスルト実ガ挙ガッテ居ラナイ」「之ニ突然一ツノ非常ニ重イ責任ヲ与ヘテ果テ実行上支障ナクヤレルカドウカ」(116)と述べたことに代表されるように、実行には慎重な姿勢を示した。なお、この間、二月二〇日には、東条の参謀総長、嶋田繁太郎海相の軍令部総長兼任に伴う内閣改造が行なわれ、農商相が山崎（農相から留任）から内田信也に代わった。内田は元来政友会の代議士で、岡田内閣の鉄相を務め、一九四三年七月に宮城県知事に任命された際、議員を辞職して赴任していた。この人事の詳細な事情は不明だが、後任者も議会勢力出身であった点は留意に値する。

さて、政府の消極姿勢に対し、翼政政調は、二月初めに議会の実質審議がほぼ終了し、自然休会となった後、二月末から三月下旬にかけて、米穀供出、食糧増産について実地調査を行なった上、(117)会期末に本会議即決建議案によって政府にこれらの政策の実現を迫った。すなわち、三月二〇日、政調の農商委員会は、決議案の提出を決定、(118)同案は政調の農商委員会委員と翼政幹部の折衝を経て本会議即決建議案に変更された上、三月二四日、第八四議会衆議院の最後の議案として上程された。「戦時食糧非常措置ニ関スル建議」と題されたこの建議案は、本文は「大東亜戦争完遂ノ為戦時食糧増産ノ絶対要件タルニ鑑ミ、官民一体弥々物心両面ニ亙リテ凡ユル方途ニ付、非常措置ヲ講ズルト共ニ速ニ生産並供出ニ関シ責任体制ヲ確立シ、以テ決戦下食糧ノ確保ニ万全ヲ期セラレムコトヲ望ム」となっており、「理由書」では、さらに「供出に於て、責任量以上に達したるものに対しては、国家に於て特別報奨の措置を講ずる」ことなどを求め、金光の趣旨説明では、生産計画の実施に際して「予メ当該年度ノ生産並ニ供出ノ割当ヲ有機的ニ相関連」させることがさらに付け加えられた(119)。すなわち、この決議案の内容は、本文、理由書、金光翼政政調会長による趣旨弁明の内容を総合すると、「総合農業生産計画確立対策」および報奨制度という構想がほぼそのまま主張された内容となっていた。

本建議案は全会一致で可決され、これに対し内田農商相は、「本建議案ガ満場一致ヲ以テ議決ニ相成リマシタノデ、十分ニ之ヲ参酌シテ速カニ成案ヲ得テ、戦時食糧ノ確保ヲ図リ」たいと述べ(120)、これらの政策の早期実施を約束した。その結果、四月二八日、「米穀ノ増産及供出奨励ニ関スル特別措置」が閣議決定され、実施された。その内容は、生産割り当ては集落を単位として、市町村長の指導の下に生産開始前に決定し、供出が一定数量を超えたときは奨励金を、割り当て以上に供出したときには報奨金を集落に交付するというものであった。すなわち、報奨制度については、翼政案がほぼ全面的に実現されたのである。ただし、この制度実施による供出実績は実施前より下がり、翌年からは報奨金は現物給与に切り替えられ、敗戦となった(121)。

以上見てきたように、第八一議会以後も、翼政は、翼政出身閣僚の活動や、政調の政策活動と議会活動のコンビネーションによって、政策過程への積極的な関与を断続的ながら行なっていたこと、その背景には、翼政の「包括与党」的性格があったことが明らかとなった。ただし、第八四議会以後は、こうした政策過程への関与はほとんど見られない。おそらくその原因は、第八四議会以後、政局が流動化したためであろう。すなわち、同議会以後、議会の東条内閣への不信が強まり、こうした議会の動きも一因となって(122)退陣した東条内閣に代わって一九四四年七月登場した小磯内閣では、政務官人事の紛糾、政界再編の動きなどが起こり、一九四五年三月の翼政解散へとつながっていくのである。

なお、第八六議会で成立し、一九四五年四月二日に公布された戦時森林資源造成法は、太平洋戦争期の議会で成立した唯一の議員立法であるが、実際には大日本山林会、全国森林組合連合会という民間団体によって立案されたもので、翼政の政調では全く審議されておらず、実質的には議会勢力の政策過程への積極的関与の事例とは認められない。[123]

おわりに

まず、これまでの検討の結果を要約しておく。前章で明らかにしたように、少なくとも日中戦争勃発後になると、農業、教育など比較的政府の取り組みが消極的なため議会勢力の政策過程への積極的な関与が見られる事例では、利益団体の議員集団の主導力が強まった。このことは、近衛新体制期における全政党解散の政策面における背景となった。以後もこうした面での議員集団の比重の増大は続き、一九四一年九月に衆院の多数会派として結成された翼賛議員同盟には、政務調査会さえ設置されず、本章で扱った第七七議会以後も同様の傾向が続いた。

しかし、一九四二年四月の第二一回総選挙（翼賛選挙）をきっかけに、なかば政府の強制によって、唯一の政治結社として翼賛政治会が同年五月に結成されるとこうした状況が変化した。すなわち、議会勢力の政策過程への積極的な関与のあり方は、翼賛政治会の政務調査会を中心とした形に変化し、政策案や、利害調整の内容も、特定の利益団体の利害に必ずしもとらわれない内容となった。こうした変化は、翼賛政治会が、政府と議会主流の協調によって生まれ、様々な政治勢力を包含し、しかも政府与党的色彩を強く持った、「戦時体制の一環としての包括与党」としての性格を持っていた[124]ことによるのである。

また、議会勢力の主流は、前章でふれた第七六議会での大政翼賛会の骨抜きの動きに見られるように、全体主義的体制「革新」を指向する「革新」政策が議会勢力を軽視する傾向を持っていたことから、その実現に反対したが、日中戦争、太平洋戦争は「聖戦」として容認していたため、戦時体制の形成、強化は肯定していた。したがって、議会勢力の政策的主張もその観点から行なわれたが、民間の自主性の尊重と、その裏返しとしての官権拡大への警戒という点で、政府側の政策的指向と異なった面も見られた。

要するに、昭和戦中期の議会勢力は、政治社会の中での地位は相対的には低下していたものの、政府の積極的な取り組みが見られない政策分野の政策過程には積極的な関与を実現することができた。しかも、それらの政策分野の中に、農業という内政の重要分野が含まれていたことを考えれば、当該期の政策過程において、議会勢力は重要な役割を果たしていたといえる。こうした状況が可能になった要因は、なんといっても、議会勢力が、戦争遂行のための「挙国一致」を名目に体制変革を拒否し、政府に戦時体制を選択させたことに求められる。戦時体制は建前上あくまでも臨時の体制である以上、憲法改正など根本的な政治体制の変革を指向する正統性を生み出さない。つまり、議会勢力は、当時の状況の中で、きわめて限られた政治的選択の中からではあったが、戦時体制を主張することで、自己の政治的地位の保持を図り、ある程度それに成功したのである。

さらに、本章の考察から、三つの問題が提起できる。第一は、戦中期の内務官僚勢力の研究の重要性である。別稿で論じたように、政府内部で軍人、官僚の「革新派」の全体主義的体制「革新」の試みを阻害したのは内務官僚達であった。[125]当然、彼らも、彼らの組織利害に適合した形での戦時体制化を促進し、戦時体制化に関して、議会と競合する形となった。第八一議会の紛糾は、こうした観点からも解釈し得る。つまり、議会の政治的役割の考察に一層説得力を持たせるためにも、内務官僚勢力の研究が必要なのである。本書第二部はこの問題を扱う。

第二は、戦中史と戦後史の連関の考察である。たとえば、政治史について見れば、軍人を除く戦中期の政治指導者が公職追放を経てなぜ戦後も政治的に復活できたかという問題を、戦時体制の政治的特質（政治体制の根本的変革を招来しない）との関係で説明することで、より整合的に解釈できるのではないかと考えられるのである。

第三に、翼政における「包括与党」という経験が、保守合同に至る戦後政界の動きや、政策過程にどのような影響を与え得たかという問題である。本章でも言及した鳩山、船田中、大麻、松村謙三などが戦後政界で有力者として復活したことを考えれば、これは重要な問題である。しかし、これらの問題の具体的な考察には稿を改める必要があろう(126)。

注

（1）　初出時はこの前に前章収録論文の要旨があったが省略した。

（2）　太平洋戦争期に関しても、同様の観点からの研究はほとんどない。春川由美子「二つの戦時立法に見る昭和十八年初期の東条内閣」（『軍事史学』九四、一九八八年）は、管見の限り、当該期の政策過程に関する議会の動向を扱った唯一の研究であるが、問題の背景、特に当該期の政局に関する実証的な検討を欠いているため、説得力に欠けた研究となっている。その他、議会勢力の再編成の様相を詳細に明らかにした研究として横越英一「無党時代の政治力学」一・二（『名古屋大学法政論集』三二、三三、一九六五、六六年）がある。また、翼賛選挙と呼ばれた第二一回総選挙や、政権参加のありかたなどを通して太平洋戦争期の議会勢力の政治的意義について検討した研究として、前掲ドレィ論文、玉井論文、中村論文（前章注（4）参照）がある。史料解題ではあるが、吉見義明・横関至編『資料　日本現代史』五（大月書店、一九八一年）の「解説」（吉見、横関執筆）があり、筆者も第八七回史学会大会における報告（本書第一部第三章）においてこうした観点からの概観を試みた。

（3）　小平忠『農業団体統合論』（大貫書房、一九四二年）第二章、第三章。なお、同書の「第一編　農業団体統合問題の経緯」（一～二五二頁）は、一九四二年夏までの同問題の経緯について新聞記事、パンフレット、機関誌等を主な材料として詳細に記されており、筆者は産組関係者（全国購買販売連合会役員）であるが、たとえば史料の引用についても、筆者が確認した限り、若干の誤記を除けば原文通りであることから、注記の繁を避けるため本章では農業団体統合問題については主に一括して同書に依拠し、引用の出典も同様とした。また、同問題についての先行研究として、長原豊『天皇制国家と農民』（日本経済評論社、一九八九年）第六章があるが、同書は本章と問題意識を異にしているため、この問題と議会の関係についてはほとんどふれられていない。その後、同じ題材を地方行政との関係考察した池田順「ファシズム期の地方支配」三・四（『政治経済史学』三三九・三四〇、一九九四年、のち同『日本ファシズム体制史論』校倉書房、一九九七年に所収）が出た。

（4）系統農会、系統産業組合および「はじめに」でふれた農政研究会、農村振興議員同盟については、農林大臣官房総務課編『農林行政史』第一巻（農林協会、一九五七年）の「農業団体行政」の部による。農会、産組については以後多数の研究があるが、本章は農会、産組の性格、実態そのものの究明を目的としていないので、当面これらについて最もまとまった記述がある『農林行政史』第一巻に依拠した。

（5）前掲『農林行政史』第四巻（一九五九年）、二九〇～二九一頁。

（6）『朝日新聞』（以下『朝日』）一九四〇年二月二三日付朝刊。

（7）前掲『農業団体統合論』八六～八七頁。

（8）同右、八八～一四六頁。

（9）同右、一三七～一四五頁。

（10）帝国農会史稿編纂会編『帝国農会史稿』資料編（農民教育協会、一九七二年）九四九～九五二頁。

（11）以下、同部会の審議過程については、前掲『農業団体統合論』一五二～一八九頁。

（12）同右、一五七～一六四頁。

（13）楠本雅弘・平賀明彦編『戦時農業政策資料集』第一集第一巻（柏書房、一九八八年）二五六～二五七頁。なお、この問題の経緯については前掲長原書第六章にもある。ただし、同書は本質的には農林省と内務省は一九四一年二月段階で妥協していたという見解をとっているが（三六六頁）、団体の性格や権能の具体的な内容については対立の余地が残っていたことは本章で示される通りである。

（14）『朝日』一九四〇年一二月二八日付朝刊。

（15）前掲『農業団体統合論』一七九～一八四頁。

（16）前掲『戦時農業政策資料集』第一集第三巻（一九八八年）二八八頁。

（17）前掲『農業団体統合論』一八九頁。

(18) 同右、二一四〜二一五頁。
(19) 前掲長原書第六章第二節3参照。
(20) 前掲『農業団体統合論』二一五〜二一六頁。
(21) 前掲『農業団体統合論』二一六〜二一七頁。
(22) 同右、二一七〜二一八頁。
(23) 同右、二一八頁。
(24) 同右、二二〇〜二二五頁。
(25) この時期の農政研については前章参照。
(26) この点については、特に断らない限り、前掲横越論文一の第一章ⅢⅣによる。
(27) たとえば、第七九議会における東条首相の施政方針演説を参照。
(28) 「翼賛議員同盟活動記録」（国立国会図書館憲政資料室蔵「浅沼稲次郎文書」目録番号339）。
(29) 「第七十七臨時議会に於ける農政研究会の運動経過」（国立国会図書館憲政資料室蔵「中原謹司文書」目録番号2108）。
(30) 当該の本会議議事録（社会問題資料研究会編『帝国議会誌』東洋文化社、に復刻あり、以下同じ）。理由書は注(28)の文献による。
(31) 長島修『日本戦時鉄鋼統制成立史』（法律文化社、一九八六年）第六章参照。
(32) 前掲『農業団体統合論』二一七頁。
(33) 『第七九回帝国議会衆議院予算委員第二分科会議録（第一回）』一〇頁（勝田永吉議員の発言、一九四二年一月三一日）。なお、前掲長原書三五二頁の表6―12、6―13もこうした実態を示している。
(34) 「農業団体ノ統合ニ関スル経過並意見（昭和一七、三、二　内務省地方局）」（国立公文書館蔵「自治省公文書」中の「農業団体統合問題」目録番号自治省48　3A―13―9―225）。
(35) 右掲の「農業団体統合問題」所収。
(36) 前掲『農業団体統合論』二二六〜二二七頁。
(37) 前掲『資料　日本現代史』五の「解説」の「二　翼賛選挙の準備」（吉見執筆）。

(38)「農政研究会昭和十七年中ノ行動経過報告」(前掲「中原謹司文書」目録番号2109)。
(39) 該当の本会議議事録。
(40) 該当の本会議議事録。
(41)『朝日』一九四一年九月一七日付朝刊。
(42) 前掲『農業団体統合論』二四一～二四四頁。
(43)『永井柳太郎』編纂会編『永井柳太郎』(勁草書房、一九五九年)四八七頁。
(44) 文部省『学制八十年史』(大蔵省印刷局、一九五四年)四四三～四四六頁。
(45) 前掲玉井論文第一章、前掲中村論文二〇頁以下。
(46)「と議会主流」の部分は、『戦時議会』の成果をふまえて今回追加した。
(47) 前掲『資料　日本現代史』五、二九三頁。
(48) 同右「解説」の「七　選挙後の政治情勢」(横関執筆)。なお、初出時にはこの文章のあと「すなわち、様々な支持母体を持った政治家が一つの集団に半ば強制的に統合させられたのである」という一文があったが、注(46)にあるように「強制」ではなく政府と議会主流の協調によるという側面が大きいことが判明したので削除した。
(49) 同右、二九三頁(「翼賛政治会規約」)、三〇二～三〇五頁(「翼賛政治会役員並委員」)。
(50) 同右、二九四頁。
(51) 同右、二八八頁。
(52) 同右、二九〇頁。
(53)「政府と議会主流の協調によるという」という部分は、注(46)と同じ理由で今回追加した。
(54) この定義は注(46)と同じ理由で初出の「強制された包括与党」を修正したものである。四の末尾の定義の記述も同様に修正してある。
(55)『大政翼賛運動資料集成』第一集第三巻、第四巻(柏書房、一九八八年)に復刻。
(56) 下中弥三郎編『翼賛国民運動史』(翼賛運動史刊行会、一九五四年)二七七～二八三頁。
(57) 石川準吉編『国家総動員史』資料編第三(同刊行会、一九七五年)八九～九〇頁。

(58)『朝日』一九四二年八月八日付夕刊。ただし、委員構成については同紙八月一三日付朝刊の解説記事「行政簡素化と待遇改善」下、による。
(59)前掲「行政簡素化と待遇改善」下。
(60)『朝日』一九四二年一一月六日付朝刊。
(61)同右、一二月二日付朝刊。
(62)初出時にはこのあと「『強制された』とはいえ」という部分があったが、注(46)と同じ理由で削除した。
(63)前掲『農業団体統合論』二四四～二五一頁。
(64)『朝日』一九四二年八月二一日付朝刊。
(65)同右、九月一一日付夕刊。
(66)前掲『帝国農会史稿』資料編、九六三頁。
(67)『朝日』一九四二年九月一一日付朝刊。
(68)前掲「農業団体統合問題」所収の懇談会のメモ。
(69)前掲「中原謹司文書」所収（目録番号352）。
(70)『朝日』一九四二年一一月一七日付朝刊。
(71)同右、一一月一一日付朝刊。
(72)「地方長官懇談会席上次官説明要旨　地方局」（前掲「農業団体統合問題」所収）。この史料は日付がないが、町村制改正案を含む地方制度改正案の説明が含まれていることや、一一月一三日に地方長官会議の行事の一つとして行われた内務省関係会議でこれらの話題が話されていること（『朝日新聞』一九四二年一一月一四日付朝刊）から、この文書はこの会議のために用意された文書と断定できる。
(73)前掲『農業会史』五三～五四頁。以後の文献もすべてこの評価を踏襲している。前掲『農林行政史』第一巻、一四五一～一四五二頁、および産業組合史編纂会編『産業組合発達史』第五巻（産業組合史刊行会、一九六六年）四二六頁。
(74)当該期の新聞参照。
(75)農業団体法案審議の議事録（貴衆両院の本会議、委員会）は、前掲『戦時農業政策資料集』第一集第六巻にあり、以下そこから引用する。

(76) 同右、四〇一頁。

(77) 同右。

(78) 同右、五〇〇頁。

(79) 同右、五〇二頁。

(80) 工作の状況については、国立国会図書館蔵「大木操文書」中の「衆議院手帳日記写昭和十八年一月〜二十年二月」(目録番号203—2)、伊藤隆・広橋真光・片島紀男編『東条内閣 総理大臣機密記録』(東京大学出版会、一九九〇年)にある。

(81) 具体的には区議会議長の選出を区長の指名から、従来通り区議会で選出することに修正したのである。

(82) 該当の本会議議事録。

(83) 前掲「衆議院手帳日記写」一九四二年二月二四日条。

(84) 前掲『東条内閣総理大臣機密記録』四九九頁。

(85) 前掲『農林行政史』第一巻、一四五六〜一四七二頁。

(86) 『朝日』一九四三年四月二二日付朝刊。

(87) 山崎の動向とその意義については、拙著『戦時議会』(吉川弘文館、二〇〇一年)刊行後、官田光史「『翼賛政治』体制の形成と政党人——山崎達之輔の場合——」(『史学雑誌』一一三—二、二〇〇四年)が出た。

(88) 前掲『農林行政史』第四巻、三六四〜三六六頁。

(89) 同右、三六六頁。

(90) 「昭和十八年度翼賛政治会の概況」(前掲『大政翼賛運動史料集成』第一集第四巻に収録)。

(91) 『翼賛政治会報』第四二号(一九四三年一一月二五日付、前掲『大政翼賛運動史料集成』第一集第三巻に収録、以下同じ)。

(92) 同右、第一号(同年八月二日付)。

(93) 同右、第三号(同年八月一四日付)。

(94) 同右、第一〇号(同年九月二五日付)。

(95) 前掲『農林行政史』第四巻、三四三頁。

(96) 注(94)に同じ。
(97) 『翼賛政治会報』第二〇号（一九四三年一一月二七日付）。
(98) 同右。
(99) 田中申一『日本戦争経済秘史』（コンピュータエージ社、一九七五年）四七六頁。
(100) 注(97)に同じ。
(101) 満州国史編纂刊行会編『満州国史』各論（満蒙同胞援護会、一九七一年）八七一頁。
(102) 当該議会の建議委員会、本会議議事録。
(103) 注(97)に同じ。
(104) 注(101)『満州国史』に同じ。
(105) 注(97)に同じ。
(106) 『翼賛政治会報』第二五号（一九四四年一月八日付）。
(107) 同右。
(108) 『朝日』一九四三年七月一八日付朝刊。
(109) 前掲『農業会史』七二頁。
(110) 百瀬孝（伊藤隆監修）『事典　昭和戦前期の日本』（吉川弘文館、一九九〇年）三一頁。
(111) 『朝日』一九四四年一月一五日付朝刊。
(112) 黒沢酉蔵「食糧生産に責任体制」（同右掲載）。
(113) 『朝日』一九四四年二月二日付、八日付朝刊。
(114) 『第八四回帝国議会衆議院予算委員第五分科会議録（第二回）』四五頁（松浦周太郎議員の発言、一九四四年一月二八日）。
(115) 前掲『商工政策史』第一一巻、五八〇〜五八三頁。
(116) 注(114)に同じ（松浦の質問に対する答弁）。
(117) 『翼賛政治会報』第三三号（一九四四年三月四日付）。
(118) 『朝日』一九四四年三月二一日付（夕刊は三月六日で廃止）。

(119) 当該本会議議事録。ただし、「理由書」は、『翼賛政治会報』第三七号（一九四四年四月一日付）。
(120) 同右。
(121) 前掲『農林行政史』第四巻、三六六～三六八頁。
(122) たとえば、大木操『大木日記』（朝日新聞社、一九六九年）四二～四三頁、前掲玉井論文、二六～二七頁を参照。
(123) 前掲『農林行政史』第五巻上（一九六三年）九八七～九八九頁。
(124) 以上の一文も注(46)と同じ理由で修正した。
(125) 拙著『昭和戦中期の総合国策機関』（吉川弘文館、一九九二年）三七一～三七二頁。
(126) この問題についてはさしあたり拙著『政治家の生き方』（文芸春秋、二〇〇四年）第六章、拙稿「戦後政治史の中の前田米蔵」（『横浜市立大学論叢』人文科学系列第五六巻一号、二〇〇五年発行掲載予定）を参照。

第六章　大日本政治会と敗戦前後の政治状況

はじめに

大日本政治会（以下日政）は、一九四五年（昭和二〇）三月三〇日に結成され、太平洋戦争敗戦直後の九月一四日に解散した、当時の日本で唯一の合法政党（正確には政事結社）である。日政についての研究は、存在期間の短さや、史料の不足のために少ない。

日政についての先駆的かつまとまった検討を行なっているのは横越英一氏である(1)。横越氏は、一九四〇年（昭和一五）夏の政党解散以後の議会会派の変遷を追った中で、日政については、「政府の圧倒的な支持のもとに結成され、表裏一体の活動を行っていた(2)」、すなわち、事実上の「御用政党」であったと評価している。しかし、一九六五年（昭和四〇）の発表という関係上、史料的制約から史料がほぼ新聞に限られており、また、視点が議会内部の動向にほぼ限られているため、当時の政治状況の中での日政の意義付けは不十分である。

その後、史料の発見、公開が進むにつれ、日政について情報は増えたものの、詳しい研究はなく、戦争に積極的に協力したことを理由として、やはり日政の評価は「御用政党」「御用団体(3)」である。史料の増加にもかかわらず、日政について詳しい研究がないのは、こうした評価から、日政は十分な研究に値しないと考えられているためでもあろう。しかし、少なくとも表面的には当時諸政治勢力間に戦争「完遂」への合意があったことを前提とすれば、こうした評価は内在的なものとはいえない。日政をめぐる動向の歴史的意味をさぐろうとすれば、目的達成への主導権争いという観点から検討する必要があろう。

本章では、こうした研究史の整理をふまえ、日政の結成の経緯、活動状況、解散の経緯について、当時の政局との関連に留意しつつ、再検討を試みる。具体的には、日政をめぐって、関係する各政治勢力(あるいは個人)がどのような政治的認識や見通しの下で行動していたのかという観点から検討する。そして、その作業を通じて、日政についてまとまった歴史像を提供し、その史的評価の再検討を行なうと同時に、これまであまり学問的なメスが入れられていない敗戦前後の政治状況についても若干の知見を提示したい。

一　日政の結成過程

日政結成の遠因は、一九四四年(昭和一九)七月の政変(東条英機内閣退陣、小磯国昭内閣成立)である。小磯は陸軍出身とはいえ、既に現役を離れて六年も経っていた上、首相就任前の二年間朝鮮総督を務めていたので、国内にほとんど政治的基盤を持たず、しかも懸案であった陸相兼任を実現できなかったため、彼の指導力、政治的影響力は東条に比べて著しく低かった。こうした状況を背景に、議会においても二つの政界再編成の動きが表面化しはじめた。

第一は、大政翼賛会、翼賛壮年団(翼壮)、翼賛政治会という国民組織体制の再編成の問題である。この体制は、東条内閣によっていわば押し付けられた体制であり、三者は国民運動の主導権をめぐる対立関係にもあったため、それぞれの団体では不満の声が存在した。議会勢力に関していえば、唯一の合法的政事結社であり、衆議院では唯一の院内会派であった翼政が、地方支部を持つことができないことに対する不満は根強かった。そのため、東条内閣期においても、一九四四年初頭に衆議院を中心に国民運動一元化問題が起きた。そして、三者の中では最も自立性の高い翼政は、政府の弱体化を契機に、自己に有利な形への政治体制の再編に向けて動き出すことになった。

すなわち、小磯内閣成立直後の八月一四日に翼政から小磯首相に「申達」された「施政ニ関スル緊急要望」中の「三、必勝国家体制の確立」(4)に基づき、同年一一月下旬に、政務調査会内に「必勝国内体制確立に関する特別委員会」（委員長勝田永吉）を設置し(5)、さらに、一二月一九日に無任所相として入閣した小林躋造総裁を通じて議会勢力に有利な形での政界再編を政府にはたらきかけようとしていた(6)。その最も徹底した構想は、翼賛会の職掌を精神運動に限り、翼壮は翼政（または新政事結社）に吸収し、翼政は地方支部を設置するというものであった(7)。また、同志的結合を重視する観点（異分子の排除）から、政事結社の複数化の許容も構想に含まれていた。

第二は、こうした状況に影響された形で、議会内部の分派活動が表面化しはじめたことであるが、これは後でふれる(8)。

こうした中で、政界再編本格化の直接の契機となったのは、一九四五年一月四日の閣議における小磯首相の発言であった。小磯は、フィリピン付近の戦闘状況に言及して戦局の悪化を認め、内政における対応として、「行政運営の決戦化」と共に「強力なる政治の具現」をあげた。これは、当時の情勢においては、国民運動一元化、すなわち、従来の国民組織体制の再検討と解釈され得る発言であった(9)。しかも、ほぼ同時期に、小磯が翼政首脳と懇談した際、前述の翼政の構想に賛意を示したと受け取れる発言を行なった(10)。また、戦時期の内政に圧倒的な影響力を保持していた陸軍に関しても、翼政所属の代議士で、陸軍参与官であった依光好秋が、一月中旬になって、陸軍次官（柴山兼四郎）、局長（おそらく陸軍省軍務局長真田穣一郎）から翼賛会、翼壮の解消、翼政地方支部設置の承諾を得たと翼政幹部（常任総務の中で、特に「三奉行」とも呼ばれた山崎達之輔、金光庸夫、大麻唯男と、衆議院部長三好英之[11]に報じた[12]。実際、陸軍首脳は、戦局の一層の悪化による国内混乱抑止の対策の一つとして、政党の地方支部を認めてもよいと考えていた[13]。ただし、後述のように、結社の複数化には否定的であったと思われる。このように、政府、陸軍の承諾をとりつけ得たと認識した翼政幹部は、さっそく具体的行動に乗り出した。

まず、「必勝国内体制確立に関する特別委員会」や、各種役員会などの議を経て、一月二〇日には、「必勝国内体制に関する件」が臨時総務会で決定し、代議士会でも承認された。その内容は、具体的には翼賛会、翼壮、翼政の解消を前提とする構想であったが、その点は当然の含みとして文面には示されず、「必勝国内体制」確立のため「従来の行懸りを一掃し」て、「挙国的政事結社を結成」するとなっていた[14]。つまり、この時点で翼政は、翼政自体の改組、解散を含む政界再編を組織の意思として決定したのである。

翼政では、直ちに三好、小林総裁などによって政府（内務省、首相周辺）へのはたらきかけが開始され、紆余曲折の後に、三月一日、小林が無任所相を辞任した上で、小磯首相と連名の形で声明の発表と、新党招請状を発送すること[15]で、事実上政府公認の下に新党運動が正式にスタートしたのであるが、三月に入ってからの総裁人事問題と共に、新党運動の正式スタートまでの紆余曲折は、日政結成まで二ヵ月以上かかった要因であると共に、当時の政治状況を知る手掛かりともなるので、ここでその実態を確認しておきたい。

紆余曲折の原因は、政府内部の意思の混乱である。小磯の真意は不明だが、田中武雄内閣書記官長は大規模な再編には消極的であり[16]、翼賛会を掌握していた内務省も、おそらくは地方政治への議会勢力の介入を嫌って反対（複数結社も地方支部も認めない）したため[17]、結局政府は翼政の構想より後退した構想を示すことになった。すなわち、小林総裁や翼政幹部のはたらきかけに対して、政府は一月末になって、翼賛会の行政補助機関化の徹底、翼壮本部の廃止

（地方組織は残す）と回答したのである。[18]

当然翼政側ではこれを不満としたが、交渉役であった三好は、首相の真意は翼政案に近いものであると主張し[19]、かつ議会の質疑の中で政府側がこれらの問題について含みのある答弁をしたことで[20]、翼政内部をなだめると共に、支部設置問題や複数結社問題を先送りにしたまま、新党工作を進めた。すなわち、翼政の新党工作は、小磯内閣が弱体であることに起因する政府内部の混乱に乗じて進められた。手腕不足という批判のため二月一〇日に更迭された直後の田中が大木操衆議院書記官長に対して、「既成政党人の小細工、あの手この手には可成苦い経験をなめさせられた」「三好君もズルイものだよ」[21]と述べていることは右の事情を如実に表している。ただし、支部設置については、後出のように、日政の規約に支部設置が明記されていることから、新結社結成準備が正式にスタートした三月初めには、内務省も設置そのものは認めていたと考えられる。

ところで、この過程でみられる現象のうち大変興味深いのは、陸軍内部の内政対策の足並みの乱れである。すなわち、前述のように、陸軍首脳は、支部を持った政事結社の結成という翼政の構想には賛意を示していたが、若手の軍務局員は、翼政の新党工作に反感を持ち、翼壮議員の動きを支援していたのである。すなわち、軍務局軍務課課員で議会関係を担当していた田島俊康少佐は、翼政の工作に関して、旧政党以来の人物が主導権を握っているとして反対し、若手議員を主体とする再編を主張した。そして、若手重視の観点から、翼壮議員の新会派結成への動きを支援した[22]。そして、翼政の工作の中心となっている三好に関しては、一月二一日に至って、「三好代議士の如きは何だ、陸軍を利用して、手練手管で掻き回していることは容赦できぬ、陸軍から厳重に叱り置くことにした」[23]と怒りを爆発させていた。その一方で、同じ日には、依光参与官が、成功はしなかったものの、国内分裂回避（結社の複数化を避けたいという意味であろう）を理由とした陸軍省軍務局長の要請と称して、新党工作と、翼壮議員の院内会派結成の中止を試み[24]、大木が「真に軍務局長の意向が前述の如しとすれば、田島少佐の話と少し違う、陸軍上下一体になって居らぬかと疑義を生ず[25]」と考えるほどであった。

このような陸軍の意思の混乱の原因は、軍務局の人事に求められる。東条内閣期の軍務局長であった佐藤賢了は、豊富な政治的経験と、翼壮を支援していたこと、東条をバックにした絶大な政治的影響力などによって、翼政の支部設置問題や政界再編について拒否し続け得たが[26]、後任の真田（一九四四年一二月一四日就任）は主に作戦畑を歩いてきていた上、作戦指導失敗の責任をとって転任したといわれていたほどで、部下への統制力も疑問視されており[27]、翼政側から見れば、御しやすい人物であったことは想像に難くない。さらに、軍務局の中でも内政を担当する軍務課の課長は、東条の首相秘書官を務めていた赤松貞夫であったが、新党工作の最中であったの二月二〇日にやはり作戦畑から転じた永井八津次に交代した。真田も、懸案の陸海軍統合問題の処理に失敗し、三月二七日に更迭された[28]（後任は吉積正雄）。そして、こうした異動は、当時においても、陸軍の内政対策の足並みの乱れを表しているとみられていた[29]。

要するに、陸軍は、東条内閣期までに比べて、国内における政治的影響力を減少させていた。一九四二年春の段階では、陸軍をバックにした東条内閣の事実上の強制によって地方支部なしの単一の政事結社（翼政）が結成され、大多数の両院議員が加入せざるをえなかったことを考えると、影響力の差は歴然たるものがある。その原因が戦局の悪化であることはいうまでもない。つまり、戦局悪化による陸軍の政治的威信の低下は、政府の弱体化と共に、新結社結成と、次に述べる院内会派の複数化という政界再編の動きを活性化させた二大要因なのである。なお、海軍に関しては、やはり若手の軍務局員は田島と同傾向の意向を有していたが、具体的な対応は、小林総裁や、海軍出身代議士が目立った動きをしないようはたらきかけた程度であった[30]。

こうして、翼政幹部は、政府、軍部の足並みの乱れに乗じて、支部設置、複数結社などの問題を先送りしたまま、新党運動を進めていったが、これに対する翼政内部の動きも単純ではなかった。この動きを支持する人々もいたが、これを幹部の政治的利益（小林総裁留任、幹部自身の新党幹部留任あるいは入閣）のための策動として警戒するもの（親東条であった津雲国利代議士など）や、新党結成には賛成するものの、若手登用を主張する人々もいた。[31]また、こうした翼政幹部の動向に反対して、翼政を脱退し、とりあえず院内会派結成に踏み切った人々もいた。それが、三月一〇日結成の翼壮議員同志会と、翌一一日結成の護国同志会（護同）である。

翼壮議員同志会は、その名の通り、翼壮出身議員の会派で、おそらくは陸軍の支援を見込んでスタートしたが、小人数のため、交渉団体とはなれず、組織としての陸軍は一応日政支持となり、出身母体の翼壮も、国民義勇隊の設置に伴って五月には廃止が決定するという苦しい状況に追込まれていった。[32]護同は、商工官僚出身で、東条内閣退陣への直接のきっかけを作った岸信介前国務相（東条内閣の商相在任中に翼賛選挙で初当選したが、国務相兼軍需次官就任のため議員を辞職していた）を中心とするグループの内、代議士が作った院内会派で、会長は井野碩哉（東条内閣の農相在任中に翼賛選挙で初当選）で、八日会（より積極的な戦時体制化を主張する非主流派代議士の集団）系を中心とした旧小会派出身、旧社会大衆党労農系と一部の新人議員が参加していた。岸を中心とするグループには、その他に筆者が「月曜会グループ」[33]と呼ぶ革新官僚達や、元企画院総裁兼無任所相であった鈴木貞一、満州経済界の大物であった鮎川義介が参加しており、いわば「岸新党」であった。[34]しかし、陸海軍共にこのグループへの反感が強く、組織としての軍部の支持を得るには至らなかった。[35]

さて、こうした紆余曲折はあったものの、三月一日には、前述のように新党運動は正式に動き出した。招請状は新党反対派の一部を除く翼政会員を中心に、各界、地方の有力者など全国の約三〇〇〇人に発送された。[36]さらに、その中から創立準備世話人を委嘱したが、少なくとも二二一名がこれを拒否した。その中には、「岸新党」の関係者や翼壮議員同志会のメンバーが含まれている。また、その半数近くが貴族院議員であることも留意に値する。[37]結局、世話人は貴族院議員一四一名、衆議院議員一七四名、各界一二九名の計四四四名となった。[38]そして、三月八日には世話人会の第一回の会合が開かれ、三つの特別委員会が設置されて、[39]新党作りが始まったが、結成時における最大の課題は総裁および主要人事であった。そこで、次に結成時の状況を、これらの点を中心にみていこう。

二　結成時の日政

当初三月中頃の結成と報じられた[40]新結社の結成が半月近くも遅れた原因は、総裁人事の紛糾であった。その経緯を確認しておくと、翼政幹部、特に三好が運動の主導権を握っていたことから、当初から小林翼政総裁の留任説があった[41]が、翼政内には金光をはじめ留任への反感が強かった。[42]そのため、小林は、三月八日の第一回世話人会で新党総裁に就任しない意向を明らかにした。[43]また、これに並行して、三好、川島正次郎（代議士）らが三月初めに宇垣一成に総裁就任を打診したが、拒否された。[44]その原因は、宇垣と陸軍の関係が依然悪いことにあった。宇垣自身、新党総裁工作について、日記に「健全の子どもが生まれますか」「新党の総裁は陸軍の御指図によりて決定せりとの報あり。不相変也。前途暗澹」[45]と記して暗に推進者達が陸軍の支持を得て動いていることを批判し、陸軍自体も宇垣総裁は認めない意向であった。[46]世話人会に設置された総裁推戴委員会は、こうした状況の中で活動を開始した。同委員会は、金光、大麻、山崎、三好（以上衆議院議員）、伍堂卓雄、水野錬太郎（以上貴族院議員）の六名で構成され、水野が座長となった。[47]

しかし以後、総裁人事問題は難航し、他の小委員会が終了した三月一八日になってもメドがついていなかった。[48]委員会では、南次郎（陸軍出身、枢密顧問官）、平沼騏一郎（元首相、枢密院議長）、野村吉三郎（海軍出身、枢密顧問官）等の名が出たり、小磯首相の兼任説が出た[49]。このうち、平沼と小磯は打診をうけて拒否している。平沼の真意は不明だが、側近の太田耕造は、新党工作が軍部、政府と交渉しつつ進められている点を「官製的」と批判していた[50]。また、小磯の拒否は、金光の翼賛会解散という主張に同意できなかったためと見られる[51]。結局、首相、陸軍三長官（陸相、参謀総長、教育総監）の承諾を得られたため、三月二五日になって、南に決定し、南もこれを承諾した[52]。

南は、第二次若槻内閣の陸相を務め、満州事変（一九三一年九月）の処理にあたった後、関東軍司令官を経て、一九三六年から四二年にかけて朝鮮総督を務めていた。関東軍司令官が、駐満大使や関東州の長官を兼任する事実上の植民地総督的官職であったことを考えれば、軍部出身でありながら、行政の経験も豊富な人物であった。この南を持ち出したのは、金光であった。そもそも金光は、東条内閣退陣に伴って、阿部信行が翼政総裁を辞任した際、後任総裁に南を強く押したことがあった[53]。金光がいつから南を高く評価するに至ったかは不明だが、金光は南の朝鮮総督在任中に拓相を務めたことがある（阿部内閣）ことから、少なくともこの頃から何らかの関係があったと思われる。

しかし、単に金光一人が評価したからといって総裁に推戴されるはずがない。南総裁が実現した原因は、第一に、いざという時首相の座を狙える人物だということである。こうした考え方が議会勢力内に存在したことは、後に（七月一一日）中島知久平が南総裁に対して、「現内閣ハ近ク退却ス次ノ軍内閣ハ不成立結局寄合世帯ハ不可ナリ政治会内閣ナラザル可ラズ[54]」と、日政内閣の実現の可能性を予想していたことから明らかである。たしかに南は国務大臣や植民地総督を経験しており、経歴上首相就任に不足はない。それどころか、広田内閣の更迭時以来、何度か首相候補として名が出ていたのである[55]。しかも、この点で該当者である平沼、宇垣は既に総裁就任を拒否していた。

第二の原因は、陸軍との関係である。前述のように、たしかに陸軍の政治的影響力は低下していたし、東条内閣退陣後の翼政会後任総裁問題で、南か小林かとなった際、小林が選択されたのもその点が考慮されたと推測し得る。しかし、一九四五年三月の時点では状況は変化していた。すなわち、戦局の一層の悪化によって、本土決戦の可能性が現実のものとなりつつあったのである。第八六議会を通過し、三月二八日に公布された軍事特別措置法や、三月二三日に国民義勇隊の設置が閣議決定されたことは、そうした状況を如実に表している。こうした状況では国民動員と陸軍の関係は必然的に強まるので、陸軍の政治的重要性は陸軍自体の政治力と無関係に、高まることはあっても、低下することはない。したがって、陸軍との関係強化は新結社の重要課題であった。そこで、陸軍出身で、しかも三長官の承諾を得られた南はうってつけの人物であったわけである。一方、陸軍がこの人事を承認した事情は不明であるが、これまでの経緯から見て、少なくとも政事結社の一元化（もちろん陸軍の政治力に影響を与えない限りであろうが）を推進する立場から、多少とも当時の陸軍中央部と悪い関係にはない人物がその組織の指導者となることは歓迎されるべきことであったはずである。

こうして新結社はようやく結成の運びとなったが、南は三〇日の結成式を前に、建川美次（陸軍中将・予備役、前翼壮団長）、御手洗辰雄（政治評論家、南の秘書役）らの側近と共に所信を検討したり、議会有力者と会談して議会内の実情把握に務め、首相と会談して支持をとりつけるなど、準備を進めた[56]。南は陸軍では小磯の先輩に当たり、知り合いでもあったので、両者の個人的関係は比較的良好であった。

三〇日の結成式では、南を正式に総裁としたほか（枢密顧問官は辞職）、予め準備してあった名称（大日本政治会）と、規約、宣言、綱領などが決定された[57]。規約は、第一条で都道府県ごとの支部設置を明記し、第二条で会の目的を「宣戦ノ大詔ヲ奉体シ国民ノ赤誠ヲ政治ニ直結シテ国家ノ総力ヲ凝集シ以テ皇国ヲ護持シ聖戦ヲ完遂スルヲ以テ目的トス」とした。すなわち、戦争遂行（「聖戦完遂」）のため、国民と政治を結び付けることを目的に掲げた。当時の状況下で公認の政治団体となろうとすれば当然の主張であろう。宣言、綱領は概ね規約第二条を敷衍したものであった。また、本部の機構は、規約に従って、総務（総務会長）、幹事（幹事長）の他、政務調査会、護国実践本部、組織部、衆議院部が設置された。[58]結成時点での全会員数は不明だが、四月二一日現在で衆議院議員は三五二名であった。第八六議会終了時の衆議院の勢力分布が、翼政三七六、護国同志会三一、翼壮議員同志会二〇、無所属八であったことを考えると、種々の問題があったとはいえ、衆議院に関しては、解散時の翼政会員の大多数が日政に加入したことになる。未加入者の多くは旧同交会系（鳩山系）、旧社会大衆党系の一部だが、東条支持を掲げ、今回の新党に批判的であった津雲も加入しなかった。[59]貴族院側は、政界再編にあたっては、政策を持たない「護国挺身隊」を構想していたため、日政には「著しく消極的」となったので、参加者は少数にとどまったと見られるが、[60]正確な数は今のところ不明である。

次に、総裁就任時の南の所信であるが、結成式の挨拶[61]は抽象的な内容なので、翌三一日の記者会見でみてみよう。[62]政府と日政の関係については、「政府に対しては無論盲従することなく如何なる内閣に対しても断固として国民の要望を貫徹すべく邁進する、この政府に対する態度は軍に対しても同様だ」と述べているが、南はこの日の日記に「記者ニハ与党タラズト言明セリ」と記しており、この「ニハ」という言い回しからは、是々非々主義をとるとはいっても、基本的には与党的立場をとる意図が伺われる。ただし、南は既に総裁就任の際、小林翼政総裁のように入閣することは与党色を鮮明にするとして行わない意向であったので、[63]既に先行きが危ぶまれていた小磯内閣と運命を共にする危険を避けることは考えていたと思われる。また、地方組織の設置については、「国民的政事結社たるためには絶対に必要」なので、「なるたけ早く組織」したいと述べている。

さて、南の最初の仕事は幹部人事であった。幹部人事は、結成式では南に一任とされたが、実際、総務会長と幹事長の人事では、当初総務会長を中島知久平に、幹事長を岸信介に打診するという形で南が自身の構想による人事を行おうとした。中島は政友会中島派総裁をつとめたことからわかるように、政党組織の中での出世街道は一応登りつめ、閣僚経験もある大物政治家である。また、岸は前述のように官僚出身のため従来の議会政党とは無関係で、しかも事実上「岸新党」のリーダーであった。つまり、従来の議会政党、会派の人事（幹部は議会内の中堅有力者から新たに選任する）とは著しく傾向を異にしていた。この人事案について、南は日記に「人心を一新するための新結社であるから」[64]と記しているが、当然人事に南色を出すことで党運営の主導権を握る意図もあったであろう。また、岸に関しては、後述のように護同を日政に吸収しようという意図もあった。しかし、中島は新型大型爆撃機の開発構想で忙しい（中島は中島飛行機の事実上のオーナーであった）ことを理由に、岸も護同メンバーの反対を理由に拒否し、この構想は実現しなかった[65]。結局、四月七日付けで南の総裁就任に力のあった金光が総務会長に、翼政の政調会長であった松村謙三が幹事長に就任した。結局常識的な人事に落ち着いたのである。

それ以外の人事（政調会長、顧問、総務、各部長など）は、貴族院関係は児玉秀雄（貴院議員）が南から任されており[66]、衆議院関係は金光、松村が任されたと考えられる。政調会長は勝田永吉（のち東郷実）、総務は衆議院が一六名、貴族院、各界が各三名の計二二名となった。衆議院勢力が会運営の主導権を握っていたことは、翼政時代と変わらないが[67]、大麻、前田ら翼政幹部は顧問に退き、翼政衆議院部長として、翼政運営の事実上の中心となっていた三好も、総務に就任したものの、翼政時代ほど重用されなくなっていった[68]。

こうして中央組織が成立した日政の活動の実態を次に見ていこう。

三　日政の活動

まず、内閣更迭による日政と新内閣との関係構築が課題となった。日政の幹部人事進行中の四月五日、かねてから前途が危ぶまれていた小磯内閣が総辞職した。後継首班には南の名もあがったが、結局四月七日に鈴木貫太郎内閣が成立した。次は海軍という、小林総裁推戴時の翼政幹部の見通しは的中したわけである。鈴木は侍従長の後、一九四四年八月以後枢密院議長をつとめていた。そのため、鈴木と南の個人的関係は悪くはなかったようで、両者の在任中は以後頻繁に会談を重ねていく(69)。ただし、南は入閣打診に対しては断っている(70)。これは、与党的立場の固定を避ける（次期政権獲得の余地を残す）意図と共に、次に述べるように、国民義勇隊をめぐる主導権争いとの関係があった。結局、日政からは、日政の推薦によって、岡田忠彦が厚相に、桜井兵五郎が無任所国務相に就任した(71)。

さらに、内閣成立直後の四月一一～一二日、南は梅津参謀総長と共に阿南惟幾新陸相と会談し、陸軍（三長官）が南を支持すること、陸軍としては日政以外の政事結社を認めないことを再確認し、国民義勇隊と日政の関係は以後研究することとなった(72)。

そこで次にとりあげなければならないのは、日政と国民義勇隊との関係である。しかし、この問題に関しては、既に照沼康孝氏によって事実関係が明らかにされ、義勇隊サイドからの考察がなされている(73)。この問題は日政の事績を語る上で、後述の支部設置問題、政事結社複数化問題と共に重要な問題であるが、ここでは、詳しいことは照沼論文に譲り、本書の観点から多少ふれておきたい。

照沼論文によれば、小磯内閣期には日政と国民義勇隊の関係は未確定のまま、鈴木内閣となったが、南は入閣を拒否した際、国民義勇隊総司令就任を希望すること、さらに義勇隊が官製団体ではあってはならないという理由で、日政が義勇隊総司令部となることを首相に進言し、首相は承認した（四月八日）。しかし、首相周辺、内務省、陸軍の折衝の結果、四月中旬に至って義勇隊は内務省が管轄し、中央機関を設けないことになり、日政は、義勇隊を「官製」団体として批判する立場に立ち続けた。要するに、日政は翼賛会、翼壮の後身である義勇隊を包摂できなかった。すなわち、新党運動の二大眼目の一つであった国民組織の一元化には失敗したのである。日政に関して、この過程で重要なのは、義勇隊への介入が失敗したため、南が総裁職への意欲を失いかけたことである。南は、そもそも就任当初から「この政事結社の行く方向は何処」[74]などと必ずしも熱心ではなかったが、四月中旬から下旬にかけて、建川に引退声明の作成を依頼したり、津雲や杉山元元陸相に辞意を漏らしたりしているのである[75]。しかし、この件に関して日政内で総裁の進退を問う声はなく、南も辞職を実行することはなかった。そして、南の義勇隊総司令就任問題は、七月八日に最終的に鈴木首相が南に陳謝して白紙撤回となった。義勇隊問題との関連でもう一つ重要なのは、日政の支部と義勇隊との関係である。そこで次に支部の設置経緯と活動実態を見てみよう。

二でもふれたように、日政の地方支部設置は、日政の規約にも明記され、陸軍首脳も承認していたのであるが、設置までには新党工作開始以来様々な紆余曲折があった。すなわち、日政・陸軍と内務省の対立が見られたのである。先にも述べたように、地方支部設置新結社結成の二大眼目の一つであったので、特に義勇隊の包摂に失敗し、国民組織の一元化に事実上失敗してからは、さすがにこの問題が総裁の進退に関わるという声が日政内から出るほどになっていた[76]。前述のように、陸軍は地方支部設置を承認していたが、内務省は消極的であった。内務省側から見れば、これまでは翼賛会、翼壮を掌握し、翼政の地方支部設置を阻止することで、内務省が事実上日常的な地方支配を一元的に掌握し、さらに翼賛会、翼壮にかわって設置される国民義勇隊を掌握することでそれを継続しようとしていたのに、国民組織の一元化を唱えて作られた政事結社（日政）が支部を作ることは、内務省の一元的掌握を脅かすことになりかねない。内務省としては支部設置を阻止し、設置されるとしてもその政治的影響力を極力抑制したいと考えるのは当然のなりゆきである。戦時体制強化（あるいはこの時期でいえば決戦体制の構築）に関して「一元化」は促進されるべき目標であったが、日政の支部設置に関しては、地方支配の一元化と、国民組織の一元化という二つの一元化が対立したのである。この問題に関しては、日政（初期には三好も交渉役となった）、陸軍省、内務省の間で折衝が行なわれた結果、(77) 四月二〇日の閣議での協議を経て、四月二三日の南総裁と鈴木首相の会談で、地方支部は従来の例と違い、独立の政事結社とはせず、「日政の出張所」程度のものとすること、日政支部と義勇隊とは人的連携を保って一体的活動をすることで合意に達した。(78) すなわち、支部は設置されるものの、その独自性を抑制させることで三者が妥協したのである。ただし実際には、管見の各地方庁から内務大臣への支部に関する報告を見る限り、日政の結成要綱の方針と違い、それぞれ政事結社として各地方長官に届け出がなされている。(79) その経緯は不明だが、少なくとも形式上は、日政は以前の党支部とほぼ同格の支部設置に成功したことになる。

かねて支部設置についての準備を進めていた日政はこれをうけて、翌二四日の総務会で地方支部規約と地方支部結成要綱を決定した。支部組織の特徴は、通常の役員、部局の他、実践部、戦時生活部の設置、行政協議会地区ごとに支部連合会の設置であった。また、支部設置の段取りは、四月中に当該地区会員を準備世話人として準備事務局を設置し、五月中旬から末にかけて結成式を挙行するという予定になっていた。そして支部会員に関しては、各地有力者の他、「新鋭有為の青年を吸収」することをうたっていた。(80) では支部設置の実態はどうなっていたのであろうか。

まず概況から見てみると、支部設置は五月中旬から始まり、(81) 七月二五日、第一回支部長会議が開かれるまでに四二都道府県で支部が設置された。結成式の多くには南総裁が臨席した。この時点で支部が設置されていないのは愛知、三重、香川、沖縄の四県で、いずれも結局設置されたか否かは不明である（既に戦場となっていた沖縄ではそもそも不可能）。支部長の人事は、衆議院議員が一九名、貴族院議員が一〇名、各界八名、退役軍人二名、県会議長一名となっている。貴族院議員のほとんどが多額納税議員であること、各界出身者の多くが経済人と考えられることから、支部長人事は代議士と経済人が中心となっていることがわかる。しかし、わずか二名とはいえ、軍人出身者がいることは本土決戦が叫ばれる緊迫した情勢を反映しているといえる。このうち、大物支部長といえるのは、茨城の内田信也、栃木の松村光三、東京の前田米蔵、長野の小平権一、静岡の太田正孝、大阪の津田信吾などである。[82]新潟では本間雅晴（陸軍中将・予備役）の推戴が図られたが、結局本間は辞退し、代議士の増田義一が就任した。[83]また、愛知支部長には徳川義親に交渉していたが、実現しなかったようである。[84]支部連合会は設置された形跡がない。

次に支部の実態を見てみよう。支部の実態については、既に粟屋憲太郎氏によって、宮崎と大分の例が紹介されている。具体的には、宮崎の場合は加入者が少なく、「会員のほとんどが役員となるありさま」で、大分の場合は、県内の有力者を集めた懇談会で、「今頃政党を作ってもやることがないのではないか」という声が出ていた。粟屋氏は、こうした事実認識から、日政は「国民の関心を全く呼ば」なかったと評価している。[85]確かに同様の傾向を表す事例は他にも多く、[86]空襲のため支部結成式が中止されたり（熊本、群馬）、結成式が行われても参加者は少数にとどまっていた。南の日記でみる限り、結成式に一〇〇〇人以上の参列が確認できるのは、長野、岡山、石川、山梨など、結成直後の講演会で同様の聴衆が確認できるのが北海道と岡山である。つまり、管見の史料で見る限り、全体としては日政に対する国民の関心は低調であったといえる。しかも、県史、県会史などでも日政支部についての記事は極めて少ないが、これらの支部は、七月までに結成され、敗戦後の九月には解散したことから、県会の会期（一一月～一二月）にかかることがなかったので、事績も見るべきものがなかったためと考えられる。

さて、このように全体としては、支部の存在意義は小さかったといえるが、例外も存在した。ここでは、地方庁の内務省への報告書が残っている石川県支部と岡山県支部について紹介しておこう。この二つはほぼ同様の様式で作成されており、これからも他県の同様の報告書が発見される可能性は十分ある。石川県支部は七月一六日に結成式を挙行した[87]（報告書では七月二三日付で創立[88]）。事務所は石川県会議事堂内（金沢市）。会員は七月末現在で四〇〇〇人となっている。八月八日現在の役員は、支部長（武谷甚太郎）は実業家で県議（先の分類では「各界」に入る）。幹事長（井村徳二）は実業家で金沢市第一警防団長。顧問（八名）は県選出、出身の貴衆両院議員（貴一、衆五）と実業家一名、金沢市長。石川県は永井柳太郎の選挙区であったが、前年に死去しており、もっとも有力な政治家は、当時無任所相であった桜井兵五郎であった。相談役（九名）、常任総務（一二名）は、ほとんどが経済人兼地方政治家（市長、町長、県議、市議、町議など）で、常任総務中には国民義勇隊県本部常任総務が一名含まれている。これら役員の年齢はすべて四〇歳代以上であるが、四〇歳代の人はほとんどが常任総務となっている（九人中六人が常任総務）。八月八日現在での主な行動としては、戦災者仮設住宅の建設が記されている。

岡山県支部は五月三〇日付で創立[89]。南総裁は六月一三日に岡山を訪れて講演会を開いている[90]。事務所は県商工経済会内（岡山市）。六月末現在の会員数は七五〇〇名。八月一一日現在の役員は、支部長は県商工経済会会頭の星島義兵衛。彼は県選出代議士である星島二郎の兄である[91]。顧問（八名）は、県出身貴族院議員五名と衆議院議員二名（小川郷太郎と岡田厚相）、経済人一名（帝国銀行頭取明石照夫）、相談役（一四名）は、県内主要都市の市長、各種団体の県支部長（会長）、大規模事業所の責任者（工場長）、総務は県選出貴衆両院議員（多額納税議員二名、代議士六名、星島二郎を含む）と県町村長会長、幹事長は県会議長、幹事は県議と各郡町村長会会長、常任幹事は県参事会員とその他二名などとなっていた。これら役員のうち、支部長、幹事長顧問、相談役、総務など名前のわかる人々はほとんど五〇歳代以上である。八月一一日現在の事績は特にない。

これらの実態からわかることは、少なくともこの両県に関しては、県内有力者の参加が見られ、石川県の場合は若手の総務起用が、岡山県の場合は経済人の幅広い参加、政治家では個人ではなく役職による役員就任など、翼賛会支部と同様県の有力者総動員の組織となっていることが特徴的である。両県は前述のように結成式、講演会でも一〇〇〇人以上を動員しており、窮迫した状況下であることを考えれば、かなり組織化が進行していたといえる。活動状況については、平時にあっても結成後二～三ヵ月では大した事績を残せないので、事績の少なさを特徴として指摘するのは無理があるが、もう一つ留意すべきは義勇隊との関係である。支部の規模が比較的大きい両県の場合でも、義勇隊との関係が公式に確認できるのは、石川県支部で義勇隊幹部が一人総務に参加している例のみである。もちろん、義勇隊には地域の有力者が参加しており、実際には重複している例は少なくないと思われるが、一応建前としては分立しており、日政支部の方は、岡山県のように県や県経済界の関与がかなり見られる場合を除いて、代議士、貴族院議員、市長、県議、市議、町村長など中央、地方政治家のクラブ的な性格の強い、以前の党支部の再現となっていた。実際、前出の大分県支部については、まさに議員クラブという批判がなされている。(92)

なお、前述のように七月二五日には日政本部で第一回支部長会議が開かれた。「軍官民一体の絆帯となり、全国民の政治力をいよ〳〵結集し」などという決議を採択し、南は訓辞の中で、勝利に必要な「国民の奮起自覚」は官僚統制ではなく、国民の自発性によらなければならず、「政治の力によつてこれをなすほかはない」として政治会の意義を強調したが、官に対しては「あくまで協力主義でなければならぬ」、作戦と外交には「容喙すべからず」と政府、軍官への協力と服従を主張した。(93)すなわち、南の訓辞は、ほとんど軍部、政府側の意向に沿った内容であった。しかし、日政の行動がすべて政府の意向に沿っていたとは限らないことは行論から明らかな通りである。

次に政事結社複数化の問題をとりあげる。二でふれたように、護同と翼壮議員同志会は複数結社化を望んでおり、陸軍省軍務局の若手将校もこれを支持していた。また、翼政内にも新党運動にあたって同志的結合を主張する人々がいた。ただし、彼らの主張は、第一党の圧倒的多数を前提とした消極的な院内会派の複数化の許容であった。一方、陸軍首脳、内務省は日政以外の政事結社を認めない方針（政事結社の一元化）であった。南は陸軍の支持を得ていたこともあって、一貫してこの一元化の方針を推進した。それが護同の吸収工作である。最初は、二でも述べた岸の日政幹事長招へい工作である。その際、南は護同の船田中や中谷武世などにも会談して日政参加を持ちかけたり[94]、岡田厚相に工作を依頼したりしたが[95]、いずれも失敗した。その後護同は政事結社の届け出を内務省に出すが無視され[96]、第八七議会（六月）の質疑を紛糾させて倒閣を試みるが[97]、南総裁と鈴木首相の議会直前の会談によって日政は与党的態度をとることになっていたため[98]、護同のもくろみを達することができなかった。南は七月二七日の記者会見でも政事結社一元化を主張し[99]、その直後から秘書の御手洗辰雄を通して護同への合同工作を再開した[100]。こうして先の見通しを失った護同は、日政が徹底抗戦論をとることを条件に、八月七日の井野会長と南総裁の会談で日政への合同を決定し[101]、八月一五日付で護同は解散した。一方、支持基盤を失った翼壮議員達も日政合流の方向で協議していたが[102]、その実現を見る前に敗戦となった。特に護同が工作の対象となったのは、陸軍の護同に対する態度や、護同の活動実態から考えて、護同所属の代議士や、護同と関連の強い「岸新党」のメンバーの言動には過激な点があり、陸軍首脳部がめざす政治的な一元化を妨げるという認識があったためであろう。

ここで注意すべきは、護同の合同に熱心だったのは南総裁であって、他の幹部は特に積極的ではないことである。そもそも護同のメンバーの多くは議会主流派とは相いれない人々であり、一の記述から明らかなように、新党工作においては、むしろこうした人々を切り捨ててもよいという判断があった[103]。こうしたことからも、この護同の合同は、陸軍の意向を体した南の主導によるものであることが改めて確認できる。

最後に、その他の事績について述べる。日政は、五月四日、政務調査会に戦災善後処理委員会、軍需生産増強委員会、国土防衛委員会、食料増産並に国民生活確保委員会の四特別委員会を設置し[104]、六月二二日には本部内に綱紀粛正部を設置した[105]。いずれもどの程度活動したかは明らかではないが、七月に日政の意見によって政府内で生鮮食品の条件付自由価格制が議論されたことがあるので[106]、恐らく食料増産並に国民生活確保委員会の活動の結果と推測される。また、第八七議会では、政府提出法案の中に戦時緊急措置法案が含まれていた。同法案は、本土決戦にあたって、政府や地方総監部が超法規的措置をとることを許容した法律である。陸軍は戒厳令布告を緊急勅令でやる意向を持っていたが、岡田厚相など政府内で立法化の声が現れ[107]、法律案となったのである。六月七日の鈴木首相との会談で南は政府原案の支持を約束したが[108]、実際の審議では重大法案に対して会期が短いという批判が現れた上、諮問機関である戦時緊急措置委員会（貴衆両院議員で構成）の権限（政府原案は事後報告が原則）に対して修正論が大勢を占めたため、会期を一日延長した上、衆議院で戦時緊急措置委員会の権限を事前諮問と修正して可決した[109]。すなわち、いくら総裁が首相と合意していたとはいえ、議会権限に関わる問題については、議会勢力は政府に譲歩を迫ったのである。それから、五月一五日に政務官が発令されたが、人選の過程では旧政友、旧民政の勢力争いが起き、それが、岡田議長の厚相就任に伴う衆議院の新正副議長人事に影響を及ぼすなど、政民対立の残存が見られた[110]。

四　敗戦後の日政とその解散

八月一五日の敗戦と共に日政はその結成の目的（「聖戦完遂」）を喪失した。当然日政は急速に解散の方向に向かった。翌一六日には南総裁が敗戦責任を痛感して辞意を表明すると共に、同日の幹部懇談会でも解散論が大勢を占めた。[111]しかし、即時解散か否かについては議論があり、二〇日の総務会では「時局の推移に即応」してできるだけ早く解散するという含みのある決定に落ち着いた。[112]

二一日の幹部と政調役員の連合会では、「既ニ解体ノ意思表示ヲナシタル以上最早国民ハ日政会ヲ相手ニセヌ」として即時解散論が再び出たが、東郷政調会長は、新結社設立の見通しなしで解散すると「不統制」になるとして即時解散を否定し、逆に解散までの間でも戦後対策の検討が必要であると主張し、結局、第一（食料其他国民生活）、第二（インフレ・失業対策・産業転換）、第三（都市復興・戦災対策・統制ノ整理改廃・国内治安問題）、第四（戦時法令改廃）の四特別委員会が政調に設置された。[113]これらは活動を開始したが、日政解散までには、八月三一日の代議士会で第三、第四委員会から選挙法改正についての中間報告があったのみである。その内容は、大規模羅災地の大選挙区制採用、選挙運動の主体は政治団体に限る、投票所の増設、罰則の緩和など、どちらかというと議会政党に有利な案となっていたが、[114]その後進展した形跡はない。

その後、敗戦経緯の説明と、東久邇内閣の施政方針表明のため開かれた第八八議会（九月四、五日）が終了すると、政界再編の動きは一気に加速し（翼壮議員同志会は六日に解散）、日政内でも各種の動きがあったが、[115]結局、首脳部の以後の見通しをつけてから解散という議論より、中堅、若手代議士の解散が先決という議論が力を得て、七日の代議士会と支部長会議での決定に基づき、[116]一四日に解散総会を開いて解散した。地方支部はこのあと九月末にかけて解散していった。[117]その後旧日政代議士の新党運動は旧政民対立もからんで難航し、第八九議会を目前に控えた一一月一六日になってようやく日本進歩党が結成されたのである。[118]

このように、敗戦から解散に至る日政において最大の問題は解散の時期であった。首脳部は形勢観望を主張し、中堅、若手は即時解散を主張したが、これは、政界再編成をめぐる主導権争いの現れであった。首脳部の主張は、一九四一年九月に翼賛議員同盟（翼同）が結成された時の状況を思わせる。すなわち、唯一の院内会派であった衆議院議員倶楽部を解散せずに翼同の準備を進め、衆議院議員倶楽部の実質上の幹部（前田米蔵、大麻唯男）が実権を掌握し続けたのである。これに対し、中堅、若手はこの機会に一気に議会幹部の若返りをもくろんだ。しかし、結局は旧幹部が再び表舞台に現れる結果となった。

おわりに

以上、日政の結成経緯から解散までを概観した。一九四五年一月、陸軍首脳の承認の獲得を背景に、小磯内閣の脆弱性につけこんで、政事結社の一元化、新結社の地方支部設置、や院内会派の複数化（同志的結合の主張）などをもくろむ翼政幹部によって新党工作が始まった。その過程では、政府内部および陸軍内部の足並みの乱れもあって、紆余曲折があったが、大物総裁として陸軍出身の南次郎を総裁に推戴して、三月末に大日本政治会として新党が結成された。政府との関係については、当初は是々非々主義を表明したが、基本的には政府与党を指向していた。しかし、支部設置や義勇隊との関係、戦時緊急措置法案の審議などでは政府との対立関係が現出した。

南は、幹部人事で自分の構想を実現できず、日政の国民義勇隊乗っ取りも失敗し、戦時緊急措置法も政府原案を通す事はできなかったが、支部設置や、政事結社の一元化には一応成功した。つまり、陸軍の要望にはほぼ応えたが、その他の点では内務省や、日政内部の意向に引きずられた。こうした過程において、南と日政内部との間で意識のずれがしばしば見られた点は留意に値する。敗戦後の日政は「聖戦完遂」という存続目的を失ったため、もっぱら解散のタイミングが問題となり、九月一四日には本部が、地方支部も九月末には解散した。
以上の検討をもとに日政の意義づけを考えると、新党工作が政府・陸軍の弱みにつけこんだ形で行なわれていること、日政は概ね与党的立場をとっていたものの、大物総裁の衰退と関連して次期内閣が日政内閣となるという見通しが会内に存在したことや、総裁と会内との意識のずれに関連して、組織形成や議会審議の面では政府との対立関係がしばしば見られたことから、むしろ、政府の威信低下を背景にした潜在的野党と評価できる。

注

（1）横越英一「無党時代の政治力学」一・二（『名古屋大学法制論集』三二・三三）。日政については二の八二〜九三頁。以後、一九四〇年八月の政党解散以後、敗戦までの政治情勢については、特に断らない限り同論文による。このほか、本章の初出とほぼ同時に公刊された矢野信幸「翼賛政治体制下の議会勢力と新党運動」（伊藤隆編『日本近代史の再構築』山川出版社、一九九三年）は同じ題材を扱った論文で、本章と内容的に補完的関係にあり、結論もおおむね同じである。また、沢田次郎「終戦前後における大麻唯男の動向」（『慶応義塾大学大学院法学研究科論文集』第三一号（平成二年度）、のち大麻唯男伝記研究会編『大麻唯男』論文編〔桜田会、一九九六年〕に収録）の「二　大日本政治会と大麻唯男」も、内容的には本論文と補完的関係にあるといえる。
（2）同右二、九二頁。
（3）粟屋憲太郎編集・解説『資料日本現代史』三（大月書店、一九八一年）「解説」四一七頁、同『昭和の歴史』第六巻（小学館、一九八三年）三二七〜三二八頁。
（4）『翼賛政治会報』一九四四年八月一九日付（『大政翼賛運動資料集成』第四巻、柏書房一九八八年）。
（5）同右、同年一一月二五日付。
（6）『朝日新聞』一九四五年一月五日付（以下『朝日』、年は略す）。
（7）同右。
（8）前掲横越論文二、八六〜八七頁。また、大木操『大木日記』（朝日新聞社、一九六九年）六四、八六、一四三頁も参照。
（9）注（6）に同じ。

(10)『大木日記』二一六頁。
(11)同右、一五八頁など。
(12)同右、一五五頁。
(13)同右、一七五頁。
(14)『朝日』一月一八日付。
(15)『翼賛政治会報』一九四五年三月三日付。
(16)『大木日記』一七一頁。
(17)同右、一六五頁。
(18)同右、一六八頁。
(19)同右、一六九頁。
(20)同右、一八〇頁。
(21)同右、二一七頁。
(22)同右、一七八、一八一、二一三頁。
(23)同右、一八一、二一七、二四七頁。
(24)同右、二一四頁。
(25)同右。
(26)『大木日記』、二一五頁。
(27)注(12)に同じ。
(28)『大木日記』、一九五頁。
(29)種村佐孝『大本営機密日誌』(芙蓉書房、一九七九年)二七六頁。
(30)『大木日記』一九七〜一九八、二〇〇頁。
(31)同右、一七三、一七九頁。
(32)護国同志会については、その後東中野多聞「岸信介と護国同志会」(『史学雑誌』一〇八—九、一九九九年)が出ているが、同会の概要や意義づけについて本章や矢野論文を超えるような業績とは言いがたい。
(33) 拙著『昭和戦中期の総合国策機関』(吉川弘文館、一九九二年)序章第三節参照。
(34) 中谷武世『戦時議会史』(民族と政治社、一九七五年)二七五～三〇〇頁。
(35) 『大木日記』一八三、一八四、一九〇、二五四頁。
(36) 『朝日』三月四日付。
(37) 『大木日記』二三九頁。
(38) 『朝日』三月六日付。
(39) 同右、三月九日付。
(40) 注(39)に同じ。
(41) 『大木日記』二三六頁。
(42) 注(41)に同じ。
(43) 注(39)に同じ。
(44) 『大木日記』二三五頁。
(45) 角田順校訂『宇垣一成日記』三(みすず書房、一九七一年)一六三〇、一六三四頁。
(46) 『大木日記』二四八頁。
(47) 『朝日』三月二七日付。
(48) 同右、三月一八日付。
(49) 『大木日記』二七四頁。
(50) 同右、二五〇頁。
(51) 注(49)に同じ。
(52) 「南次郎日記」(以下「南日記」、南重義氏所蔵、伊藤隆教授所蔵のコピーを利用)一九四五年三月二五日条(以下年は略す)。
(53) 『大木日記』七七、八三頁。初出時は本文の次の文章のように南と金光の関係を阿部内閣期からと推定したが、二人は同郷(大分県)なので、それ以前から知り合っていたことは確実である。

(54)「南日記」七月一一日条。
(55)御手洗辰雄編『南次郎』(南次郎伝記刊行会、一九五七年)四八一～四八四頁。
(56)「南日記」三月二五日～三月三〇日条。
(57)『朝日』三月三一日付。
(58)規約、宣言、綱領は、国立国会図書館憲政資料室蔵「旧陸海軍関係文書」(マイクロフィルム)中の警視庁「大日本政治会関係」(リールR225)所収。
(59)『朝日』四月二六日付。
(60)同右、四月一三日付。
(61)注(57)に同じ。
(62)『朝日』四月一日付。
(63)「南日記」三月二八日条。
(64)『大木日記』二七七頁。
(65)「南日記」四月二日、三日条。
(66)同右、四月四日条。
(67)『朝日』四月一一日付。
(68)『大木日記』「南日記」を見る限り、五月以降、三好の名が現れる頻度は激減する。
(69)当該期の『朝日』「南日記」を参照。
(70)「南日記」四月八日条。
(71)同右。
(72)「南日記」四月一一、一二日条。
(73)照沼康孝「国民義勇隊に関する一考察」(『年報・近代日本研究一　昭和期の軍部』山川出版社、一九七九年)。
(74)『大木日記』二七四頁。
(75)「南日記」四月一九日条、『大木日記』三〇七頁。

(76)『大木日記』二九八頁。
(77)『大木日記』二九八〜二九九頁、「南日記」四月一六日〜四月二三日条。
(78)『大木日記』三〇四頁。
(79)前掲「旧陸海軍文書」中の内務省警保局「各種情報並びに民心への動向」（リールR２２０）所収の宮崎県知事谷口明三より内務大臣その他宛の「政治《ママ》結社許可処分ニ関スル件」（一九四五年七月五日付、日政宮崎県支部について）、石川県「政事結社名簿」（同年八月八日付、日政石川県支部について）、岡山県「政事結社名簿」（同年八月一一日付）。
(80)『朝日』四月二五日付。
(81)「南日記」に支部結成式出席の記事が初めて現れるのは五月一二日である。
(82)『朝日』七月二五日付。
(83)「南日記」五月一四日〜二〇日分の予備欄。
(84)同右、五月一〇日条。
(85)前掲粟屋『昭和の歴史』六、三三八頁。
(86)「南日記」の各地の支部訪問の記事を参照。
(87)同右、七月一六日条。
(88)前掲石川県「政事結社名簿」。
(89)前掲岡山県「政事結社名簿」。
(90)「南日記」六月一三日付。
(91)同右、五月三日付。
(92)大分県支部「日政会県支部結成後ノ動向ニ関スル件」（一九四五年七月二三日付、前掲『資料日本現代史』三、五頁）。
(93)『朝日』七月二六日付。
(94)『大木日記』二七八頁。
(95)「南日記」五月七日〜一三日分の予備欄。
(96)『大木日記』三〇〇〜三〇二頁。

(97) 前掲『戦時議会史』三四四頁。
(98) 「南日記」六月七日条。
(99) 『朝日』七月二八日付。
(100) 前掲『戦時議会史』四九〇頁。
(101) 『朝日』八月九日付。
(102) 同右。
(103) その根拠については拙著『戦時議会』二一七～二一八頁参照。初出時には根拠を示す注が抜けていたので今回ここに追加した。
(104) 同右、五月五日付。
(105) 同右、六月二四日、七月二五日付。
(106) 同右、一〇月九日付（松村謙三が幣原内閣の農相に就任の際の紹介記事）。
(107) 『大木日記』三一九頁。
(108) 注(99)に同じ。
(109) 議会の議事録や前掲拙著三四三～三四六頁を参照。
(110) 『大木日記』三一八、三二八頁。
(111) 『朝日』八月一七日付。
(112) 同右、八月二一日付。
(113) 警視庁情報課長「大日本政治会幹部会並連合役員会開催ノ件」（一九四五年八月二一日付、前掲『資料日本現代史』三、六～七頁）。
(114) 前掲「大日本政治会」所収の警視庁情報課長「大日本政治会代議士会開催ノ件」と「選挙法改正問題ニ対スル日政ノ態度ニ就テ」。
(115) この間の動向については、伊藤隆「戦後政治の形成過程」（伊藤隆『昭和期の政治』山川出版社、一九八三年）。
(116) 『朝日新聞』九月八日付。
(117) 前掲『資料日本現代史』三、一六～一八頁（鳥取県、愛媛県支部の解散についての警察の報告）、前掲「各種情報並びに民心への動向」中の高知県、山形県、岩手県支部の解散についての警察の報告。

(118) 初出時はここに「町田忠治を総裁とする」という文言があったが、進歩党の総裁人事は紛糾し、町田が総裁に就任するのは一二月一八日のことなので削除した。

第七章　昭和戦時期の衆議院における請願

はじめに

大日本帝国憲法第三〇条は国民に請願権を認め、第五〇条では帝国議会は請願を受けつけることができると定めていた。これに基づき、貴衆両院には貴族院規則および衆議院規則に基づいて、常任委員会の一つとして、四五人の委員からなる請願委員会が設けられていた。(1) 貴族院の常任委員会は五つ、衆議院は四つ（昭和期には建議委員会を含めて五つ）しかないことを考えると、請願の審査は帝国議会の重要な職務の一つであった。当然、議会を主な舞台とする政治過程史研究において、政策実現のための手段としての請願活動がとりあげられることは珍しくない。しかし、請願活動の全体像に関する研究は、時期や議院を限定したものに限っても明治期の貴族院に関する小林和幸氏の研究(2)しかなく、そもそも『議会制度七十年史』の「帝国議会議案等件数表」にも請願の項目すらない。(3)

しかし、請願の審査は議会の通常の活動として量的には無視し得ない比重を占めていることは言うまでもない。以上の研究状況をふまえ、本章では、この第一部が昭和戦時期の衆議院を対象としていることに鑑み、当該期の衆議院における請願の審査状況を概観することで、当該期の衆議院の歴史的位置付けについての考察を深める一助とする。

検討にあたっては原則として昭和の戦時議会期の通常会を対象とする。戦時下の臨時会、特別会は日中戦争期はほとんどない上、あっても会期が短く、請願審査はほとんど行なわれなかったためである。ただし、通常会が開かれなかったり開会直後に解散となったりして事実上なかった場合は直近の臨時会、特別会をとりあげる場合がある。また、戦時期の請願審査状況の意味を考える手がかりとして、その前後、すなわち昭和初期の政党内閣期から日中戦争直前まで、一九四五年（昭和二〇）八月の敗戦後、四七年（昭和二二）の新憲法施行までの期間の状況にもふれる。

一　請願審査の流れ

まず、審査の流れを法令と実例で確認しておこう。議会あての請願書は議員の紹介を要し、哀願の礼式を用いることになっていた（議院法六二、六七条）。形式に問題がなく、受理された請願は請願委員会に回される。ここで規定に合わないと判断された場合は却下もあり得る（同六三条）。そうでない場合は個々の請願の表題、要旨、請願者の氏名住所、紹介議員名が記載された請願文書表に記載される。これは毎週一回議院に報告される（同六四条）。議院で採択された場合は意見書を付して政府に送付し、その後の処理について報告を受けることができた（同六五条）。改憲の要求、皇室や議院を侮辱するような言葉を使ったもの、裁判に関する請願は受理できない（同六七、六九、七〇条）。

審査にあたっては、紹介議員が委員会に出席して説明と請願委員との質疑を行ない、日程が許せば関係の大臣や政府委員が出席して請願委員会として政府側の意見を聴取したり質疑を交わして議決の参考とした。

審査結果は採択、不採択、政府への参考送付という三種があった。採択とは請願の趣旨を正しいと議院が認めて、その旨の意見書（特別報告意見書）をつけて政府に送付し、政府にその実現を要請する処理、不採択とはその請願の趣旨は正しくないとして否決する処理、参考送付とは、趣旨は正しいと認めるが、内容上議院から政府に実現を要求する筋合いのものではない、あるいはその必要がない場合の処理である。また、請願提出後、審査までに問題が解決した場合などは自発的に取り下げられることもあった。さらに、一件の請願に複数の内容が含まれている場合は二件に分割して審査することもあったので、別表は数字が合わないところがある。分割した場合、一件は採択、一件は不採択という場合もあった。

表3は、昭和期の衆議院の請願の審査状況である。(4) 受理数は通常会では戦前期には二〇〇〇件から四〇〇〇件で、

表3　昭和期の帝国議会衆議院通常会の請願処理状況一覧表（第51議会以降）

議会	受理数	採択	不採択	参考送付	取消・却下	未了
51	1274	954	3	203	0	114
52	1058	812	53	176	3	14
56	1043	762	45	174	0	63
59	2270	1891	185	184	4	9
64	2395	1461	675	97	2	176
65	3475	3215	36	167	1	96
67	4007	1814	42	2143	5	11
70	2335	2126	2	107	1	102
73	941	819	89	31	1	4
74	1367	1192	72	54	4	48
75	1266	1100	1	160	4	1
76	676	538	1	133	1	4
79	575	446	0	127	2	0
81	411	348	1	56	6	0
84	379	339	0	38	2	0
86	393	307	0	82	0	4
90	878	746	1	127	1	3
92	268	215	0	53	0	0

凡例
(1)出典は，第81議会までは衆議院編『第81回帝国議会衆議院報告』(国立国会図書館法令議会資料室蔵)，第84議会以後は本会議での請願委員長の報告．
(2)原則として会期を満了した通常会のみ．したがって開会されても会期中に解散された通常会は含まない．ただし，第70議会は会期最終日に解散されたが，会期満了に準ずるものとみなして表に含めた．また，第90議会は臨時会であるが,，通常会に準ずるものとみなして表に含めた(理由は本文参照)．さらに，第51，52議会は大正期であるが，第50議会までは小林和幸『明治立憲制と貴族院』333頁に類似の表があるので，それとの連続性を考えて加えた．
(3)採択には，同内容の法律案の成立などにより採択とみなされたものも含む．
(4)請願委員会で1つの請願を分割して審議した場合もあるので，受理数とその他の数の合計が合わない場合がある．

この規模は明治からほぼ変わらない(5)。戦時期では日中戦争期は一〇〇〇件前後、太平洋戦争期では四〇〇件前後である。そして会期の最終日まで予定通り開会された場合、ほぼすべてが処理されている。実質会期二ヵ月半で数千件の処理は一見信じられないが、分科会を設ける上、同趣旨の請願が多数出た場合は一括審査となるし、同内容の請願が実現するまで何度もくりかえし出される場合は、一度採択したものはすでに採択されていることを理由にほとんど時間をかけずに採択された。さらに、ある請願の審査中にその請願の内容を含む法律が衆議院を通過した場合は審議を経ずに採択されたと見なされた。以上のような事例が多いので、ほぼすべてを審査することができたのである。

以下、日中戦争期最初の通常会である七三議会（三七年一二月二四日～三八年三月二六日）を例に審査の実態を確認しておこう(6)。委員会の委員は本会議で選出され、委員長は委員会で互選されるが、事前に各会派同士で協議の上内定しているのが通例であった。請願委員会の場合、委員はおおむね当選五回以下の中堅議員が選出され(7)、委員長は政府与党または衆院第一党から出ていた。七三議会の場合、民政党の当選四回の中堅議員信太儀右衛門が請願委員長となった。予算委員会では委員長は大臣あるいは政務次官級の人物がつとめることを考えると、やや軽い位置づけであることは否めない。なお、七三議会の請願委員会は、関係省庁別に四つの分科会が設けられた。分科会と区別しやすくするため、以下必要に応じ、当時の慣例に従い、親委員会にあたる委員会を総会と記す。

まず採択の例を見てみよう。三八年（昭和一三）一月三一日の第一分科（内閣、大蔵省、他の分科に属しないものを所管）第一回で審査された「戦公病死者遺族並傷痍軍人優遇ニ関スル件」（同趣旨七件一括）は、遺族扶助料と傷痍年金の増額などのため恩給法の改正を求めるもので、福島県農業添田常太郎ほか一四名（紹介議員林平馬、以下同じ）、同坂本文八ほか二四名（山田六郎）、同大槻孝次郎ほか一六名（宮脇長吉）、同県福島市商業関勘兵衛ほか一八名（同）、以下略、などとなっていた(8)。

審査では請願委員の坂東幸太郎（民）が代理で説明し、七〇議会でも採択されていること、政府委員（内閣恩給局長高木三郎）から、同趣旨の恩給法改正名を今議会に提出中という説明があって採択となった。すでに採択され、政府も同意していることを理由に採択されたのである。なお、林や山田は地元選出の民政党議員で、通例通り地元選出議員を紹介議員としているが、宮脇は香川県選出の政友会議員で、退役軍人（陸軍大佐）であることから紹介議員となったと思われる。請願が多数出ていることや超党派で取り組まれていることから、遺家族や傷痍軍人からの強い要望による組織的な行動と思われる。

また、三月二四日の第一一回総会は交通関係の路線や駅の新設や改良を求めるものばかりが審査されたが、そのうちの一つ「石見益田駅、本郷間鉄道敷設ノ件」（紹介議員島田俊雄ほか一名）は、島根県の山陰線益田駅から広島県の山陽線本郷駅までの新線建設を求めるもので、もう一人の紹介議員沖島鎌三が説明に立ち、益田地方と広島県との商工業連絡と、沿線地域の開発に役立つと述べたが、政府委員（金井正夫参与官）は沿線の地形が峻険であることを理由に「今後地形其他ニ付キマシテ考究シテ見タイ」と、消極的な意見を述べた。しかし、委員会側は「御調査ヲ願フト云フ意味デ」（坂東委員の発言）で採択した。多少とも実現の可能性のあるものは採択されたのである。

さらに、前出の第一分科第一回で審査された「恩給金融業者救済ニ関スル件」（同趣旨三件一括、紹介議員坂東幸太郎）は、要旨ではやや趣旨が分りにくいが、政府委員の高木（前出）は、これは恩給を担保に金を貸す民間金融業者に関して、恩給証書の再交付を認める勅令が出ているため借金の踏み倒しが増えているので救済するというものであるが、そもそも従来恩給を担保にすること事態が違法なので救済には値しないと否定的見解を述べた。これに対し紹介議員の坂東は「社会上非常ニ不公平」として採択を求め、採択された。政府が反対しても趣旨に一理あり、委員会として法的措置が必要だと認められれば採択されたのである。(9)

参考送付の例であるが、同じ会議で審査された「皇室経費増額ニ関スル件」（紹介議員田中耕）で、皇室費からの災害への救恤金（見舞金）支出が増えていることを理由に皇室経費を増額することを求めるもので、紹介議員の田中が説明した。出願者田中沢二は立憲養正会という諸派政党の総裁で、田中耕が出願者田中沢二のことを「私ノ恩師」と述べており、彼は諸派の集まる院内会派第二控室の所属なので、同会会員であることは間違いない。小高長三郎第一分科主査は、委員会としては趣旨は賛成だが、皇室費の問題であるという理由で参考送付を求め、その通り決した。一般に、皇室の問題は議会の権限外であるとして参考送付とされていた。

また、三月一七日の第八回総会で審査された「酒類醸造販売及輸入禁止ノ件」は、飲酒は体に悪く、風俗を乱し、犯罪を誘発するので非常時だから禁止せよというもので、趣旨説明に立った紹介議員の坂東幸太郎は、これはある人物の「宗教的ノ信念」で「一生ノ事業トシテ斯ウ云フ運動ヲヤッテ居リ」、今回の出願者は死亡したその人物の後継者であるという事情を明らかにした上で、「此事柄ノ実行ハ私モ困難ト存ジマスルガ、其趣意ニ於キマシテ政府ニ参考送付ヲ希望致シマス」と述べ、参考送付と決した。趣旨には一理あるから不採択にするわけにはいかないが、政府に実行を求めるほどでもないとみなされた場合も参考送付となったのである。

次に不採択の例。二月二一日の第二分科（外務、内務、厚生、農林、商工の各省関係）第三回で審査された「二十五歳未満飲酒禁止法制定反対ノ件」（同趣旨一四件一括）は、二一歳以上二五歳未満の飲酒を禁止する法律制定の動きに反対するものであるが、坂東委員は、「議院ノ立法権ニ対スル一ツノ掣肘デアル」し、「政府並ニ議院ノ発案権ニ対シテ侮辱ヲ加ヘル」ので議院法六七条、六九条に違反するとして不採択を求め、不採択と決した。

また、二月二三日の第四分科（司法、文部、鉄道の各省関係）第三回で審査された「指名土木建築請負業者ニ無賃乗車証交付ノ件」（紹介議員野中徹也）は、一九二六年以前のように指名土木建築請負業者に無賃乗車証を交付せよというものであるが、野溝勝委員は、業者より地方議員や新聞記者に優先的に交付すべきであるとして反対し、政府委員（鉄道参与官金井正夫）も、これを認めるとその他すべての関係業者にも交付せざるを得なくなるが、鉄道省としては「鉄道業務ノ遂行上ニ必要已ムヲ得ザルモノ以外ハ無賃乗車券ヲ発行シナイト云フ方針ヲ執ッテ居ル」として反対した。野中は鉄道省職員には消費組合などがあって優遇されているのに不公平だと反論したが、結局不採択となった。理のない内容と判断されたための不採択であったわけである。

以上の事例から、請願委員会の審査は、効率化は図られながらも、きちんと行なわれていたことがわかる。

二　戦前期における請願審査の傾向

各議会の会期末には本会議で請願委員長が審査状況を報告し、委員会での採択議案の最終的な採択を採決していた。この委員長報告は、個々の議会での請願の審査状況を知ることができる点で有益である。そこで、昭和戦前期、戦時期、敗戦後に分けて、通常会（戦後は臨時会を含む）の委員長報告の内容を見てみたい。

田中義一政友会内閣下の第五六議会、一九二九年（昭和四）三月二三日の本会議での岡田伊太郎委員長の報告では、五五特別議会での採択件数五〇五件のうち、実行済一八三件、実行不可能八一件、調査中二四三件で、実行率三割六分という政府からの報告を紹介している。二五日に報告の続きがあり、今議会で採択した請願の傾向について、予定線の敷設速成、新線建設、施設改良など鉄道省関係が一番多く百数十件にのぼっていると指摘し、さらに郵便局の増設や昇格、補助航路（政府の補助金対象となる航路）の新設、裁判所の増設要求も多いと述べている。

浜口雄幸民政党内閣（ただし狙撃事件のため幣原外相が臨時首相代理）下の第五九議会、一九三一年（昭和六）三月二五日の本会議での菅村太事委員長の報告には、今議会の請願者数は七五万九七九人となり、「如何ニ多数国民ガ議会請願ニ対シテ熱心デアリ、国民ノ声ヲ議会ニ反映セシメント努メテ居ルカヲ察知スルコトガ出来ル」とある。

五・一五事件で政党内閣が中断したあとの斎藤実内閣下の第六五議会、一九三四年（昭和九）三月二五日の本会議での宮川貫一委員長の報告では、今議会の請願の傾向として、港湾修築二五件、河川改修一一五件、鉄道敷設と鉄道省営自動車（バス）開設一〇一件、電信電話郵便局開設八七件の他、裁判所増設、教育機関の新設や制度改善、産業事業や商工業発達に関する制度の新設や改善、航空路や日満連絡船航路の増設があげられ、特に農村救済関係は一九六七件、請願者数三五万九三五名にのぼったことが紹介され、宮川はこの状況について、「国民ハ如何ニ我ガ帝国議会ノ力ニ信頼シテ、疲弊セル農漁山村、困憊セル都市商工業ヲ復興シテ不安ヲ除去シ、以テ国民生活ノ安定ヲ期セント致シテ居ルカヲ、想像スルニ余リアル」と述べている。

実際、この時期は都市部は恐慌から脱し始めていたが、農村部はまだどん底状態であり、政府に救済を求める運動が広範に行なわれた(10)。しかし政府は農村は自力救済を方針とした。三六年（昭和一一）の二・二六事件でこの斎藤内閣の高橋是清蔵相が暗殺対象となったのも、高橋がこの方針を打ち出したことが主な要因であることはよく知られている。

林銑十郎内閣下の第七〇議会、一九三七年（昭和一二）三月二九日の本会議では、中亥歳男委員長が報告の中で、「請願ノ多クハ何レモ国民生活ニ直接緊密ナル関係ヲ有ツ案件ガ多イ」とし「如何ニ国民多数ノ要望ガ、直接帝国議会ニ反映致シテ居ルカト云フコトヲ窺イ知ルコトガ出来ル」とし、特に重要なものとして地方財政調整交付金制度の制定を求める請願が多かったと述べている。実際この趣旨の請願は九四件あり、請願者の住所や紹介議員の所属会派から判断して、九州から東北まで、超党派で取り組まれていることがわかる。

以上のように、案件数の多さも含め、戦前期の請願活動は非常に活発であり、国民生活に直結するものを中心に多岐にわたる内容となっていたこと、議員たちは案件数の多さを国民の議会政治への期待や信頼の反映ととらえていたことがわかる。

三　戦時期における請願審査の傾向

次に戦時期について見ていこう。

前出の第七三議会は第一次近衛文麿内閣下に開かれたが、一九三八年（昭和一三）三月二五日の本会議で信太儀右衛門委員長は、請願の傾向について、「其大半ハ非常時議会ニ於キマスル、最モ相応シイ所ノ九千万同胞ノ叫ビデアッタノデアリマス、其多クハ銃後ノ対策ニ付テデアッタ」と述べている。

平沼騏一郎内閣下で開かれた第七四議会、一九三九年（昭和一四）三月二五日の本会議での佐保終畢雄委員長の報告では、今議会で特に多かった請願として、国民負担不均衡の是正が二四八件、農村部落団体活動助成金交付の要求が二五三件あったとし、他に鉄道敷設や鉄道省営バスの運行、港湾建設など交通関係が多かったとしている。国民負担不均衡の是正というのは、特別報告の意見書によると、「国民負担ノ不均衡ヲ是正スルハ非常時局下銃後農村生活ヲ安定セシムル上ニ於テ最必要ナリ」として地方税の戸数割の廃止、臨時地方財政調整交付金制度の確立を求めるもので、戦時対策という意義付けを除けば第七〇議会でも多数見られたのと同趣旨のものである。また農村部落団体活動助成の請願は、やはり特別報告の意見書によると「非常時下銃後ニ於ル農業生産ヲ確保セムガ為」というものであった。

さらに佐保は、「民意ヲ知ラントスルナラバ、請願ニ依ツテ初メテ知ルコトガ出来ル」「随テ此ノ請願ガ全部実現スルナラバ、是コソ真ニ輿論政治ノ実現」であるが、請願の実現率は二割五分に過ぎず、このままでは「請願者ノ期待ヲ裏切リ」「延イテハ議会ノ威信ヲ失墜スル」と危惧を表明した。そこで佐保は、自身の経験から、例外はあるものの、「三年乃至五年努力致スナラバ、必ズ請願ナルモノハ実現スル」ので、「紹介議員諸君ハ、其ノ採択サレタ千数件ニ付テ、ヨリ以上ニ政府当局ト折衝シテ、実現ニ努メテ戴キタイ」と述べた。採択請願の実現率を高めるために、採択後の議員の政府への働きかけを促したのである。

米内光政内閣下の第七五議会、一九四〇年（昭和一五）三月二四日の本会議での清寛委員長の報告では、紀元二千六百年にあたる年のため、その慶賀事業や神社の昇格、銃後対策として配給統制や公定価格の是正、旱害被害への救済を求めるものが多かったとし、銃後対策の請願が多かったことについて、「政府ノ所謂統制経済ニ対スル運用方法並ニ其ノ状態ガ不完全不円滑デアルト云フコトガ認メラレタ」と、旱害救済請願が多かったことについて、「如何ニ其ノ旱害ガ西日本ノ農村ニ打撃ヲ与ヘタカト云フコトヲ物語ル」と評価した。政府の統制に対する不満が高まり、それが、陸軍や官僚色の強い阿部信行内閣から、既成政党色の強い米内内閣への交代の背景になっていたのであるが、請願にもこうした状況が反映されていたのである。(11)

第二次近衛内閣期、新体制運動下の第七六議会、一九四一年（昭和一六）三月二五日の本会議における加藤知正委員長の報告では、下情上通という意義をうたった中央協力会議を持つ大政翼賛会がこの議会での議論を通じて政治性を排除する改組が行なわれる見込みであることをふまえ、「民意上通ノ機関ハ帝国議会ヲ措イテ他ニナシ」とした上で、多かった案件が離農防止、企業合同、生産資材確保など「戦時下最モ切実ナル民ノ声ガ請願トナツテ現ハレテ来タ」が、災害補助関係は一件もなかったのは良かったと述べている。例年より請願件数が少ないのは、翼賛会創立の影響だけでなく、大災害がなかったためでもあったのである。

なお、翼賛会の協力会議は、あくまで政府の施策をいかに遂行するかという点への意見を吸い上げる役割を担っており、地域利害に関することは取り上げられていない(12)。

太平洋戦争期最初の通常会で、東条英機内閣下で開かれた第七九議会、一九四二年(昭和一七)三月二五日の本会議での青木精一委員長の報告では、二月五日の委員会に東条首相が出席し、「国民ヨリノ請願ハ憲法ニ依リ与ヘラレマシタル所ノ重要ナル権利であり、且又下意上達ノ大キナ途デアル」として「今後一層請願ヲ尊重シテ参リタイ」と述べたことが披露されたが、七六〜七八議会での採択請願の政府の実行率は二割にとどまっており、「斯クノ如キ請願ニ対スル所ノ馬耳東風ノ扱ヒ方ヲ以テシテハ、取リモ直サズ請願者ノ期待ヲ裏切リ、地方民ヲシテ失望セシムルコトトモナリ、延イテハ議会ノ威信ニモ関スル」と、政府の対応の冷たさを批判している。

また、請願の内容については、南方経営関係、軍需工場の地方分散、農村労力の確保、人造石油増産などの銃後経営関係、神社創建など敬神思想関係、物資の配給統制関係など「時局性ヲ帯ビタル請願モ相当多数ニ上ツテ居」る一方、鉄道敷設、鉄道省営バスの運行、港湾修築、通信施設の改善などが主であったことを紹介している。

第八一議会、一九四三年(昭和一八)三月二五日の本会議での平川松太郎委員長の報告では、四二年一二月二七日の第一回会議に安藤紀三郎無任所相(翼賛会副総裁)が出席し、「請願委員会ノ意見ヲ十分尊重スル」などと述べたことを披露しながらも、その他の大臣や次官は、「民意上達ノ役目」としては「請願ノ如ク法的根拠ヲ有スルモノデハアリマセヌ」翼賛会の中央協力会議には出席するのに、鉄道大臣以外は請願委員会が要請しても出席がなかったことを「洵に遺憾」とし、さらに請願委員や紹介議員の出席率が悪かったことも遺憾とした。請願内容の傾向の紹介はないが、特別報告意見書をみると、七九議会とほぼ同様の傾向であったことがわかる。

戦局の悪化が誰の目にも明らかとなり、国内統制もますます引き締めが強まっていた一九四四年（昭和一九）三月二四日の第八四議会本会議での清水留三郎委員長の報告では、二月二日の委員会で、政府の請願処理方針に関して後藤文夫無任所相（翼賛会副総裁）と坂東委員の問答があったことを紹介している。極めて異例のことであるので、同日の委員会議事録で詳細を確認しておきたい。

まず清水委員長が、「時局ハ極メテ重大」なので「政府モ国民モ一億一心トナツテ難局ニ対処セネバナラヌ」が、そのためには下情上通が必要である。その場合翼賛会民情部や政府への陳情という方法もあるが「憲法上明瞭ニ認メラレテ居ルノハ請願」なので「政府ハ請願ニ依ツテ国民ノ要望ヲ知リ、下情上通ノ本旨ニ副ハレンコトヲ希望」するとし、さらに「世人動モスレバ請願ヲ軽視スル傾向ナキニシモアラズデアリマスガ、此ノ際、従来ノ迷夢ヲ打破シ、請願ヲシテ飽クマデ権威アルモノタラシメネバナラヌ」と述べた上で後藤無任所相の発言を許した。

後藤は、政府の請願処理方針について、「請願ハ国民ニ与ヘラレテ居リマスル、其ノ心持ヲ上通スル重大ナル方途」なので「採択サレマシタ請願ニ付テハ十分親切ナ心持ヲ以テ慎重ナル措置ヲ講ジ」るなどと述べた。権利と言わず「方途」と述べたり、尊重すると言わず「慎重ナル措置」と述べるなど、二年前の東条首相の言明や前年の安藤無任所相の言明より明らかに後退した発言である。

これに対し坂東幸太郎委員は、「請願者圧迫ニ関スル重大問題」について後藤に対し質疑を行なった。極めて異例の事態である。坂東は、「極端ナル民意ノ抑圧ハ徒ラニ国民ノ溌剌タル精神的活力ヲ傷害シ、延イテ増産行為、戦力増強ヲ阻害スル」が、言論や集会への統制が強まる中で、法的に認められている、「天下唯一ノ政党デアル翼賛政治会ヘノ陳情嘆願」や議会や官庁への請願にあたって、地元警察署に喚問されたり、議会への請願書提出に警察が干渉したりする事実があるのは「下情上通権ノ抹殺」であるとして「叙上ノ如キ不都合ナル事実ニ対シテノ御見解」を後藤に質した。

これに対し後藤は、言論統制について「米英撃滅、国内結集、内外ニ向ツテ民心一体トナツテ進ンデ居ル姿ヲ美事ニ現ハシテ行クト云フコトニ留意致サナケレバナラヌ」として正当化する一方、警察の請願への妨害や干渉について、「国内ノ民心ノ結束統一ヲ図リマス見地カラ、官憲ガ色々心配ヲシ、留意ヲ致ス」が、「其ノ実情ニ応ジテ改ムベキハ改メ、親切ナ又慎重ナ態度ヲ以テ臨ム」と述べた。一応改善の意思を示しているものの、消極的な姿勢であることは否めない。

清水委員長は本会議では坂東委員の質問内容にはふれず、後藤の答弁を引用した上で政府に請願の尊重を求めるにとどまった。東条内閣への議会の不満は高まっているが、まだ表面化しきれない状況がうかがえる。しかしその後次第に重臣の倒閣工作に議会側も参加し、ついに七月の倒閣に至るのである(13)。

小磯国昭内閣下で言論統制は緩和されたものの、戦局挽回はならず、本土空襲が本格化していた一九四五年(昭和二〇)三月二五日の第八六議会本会議での清寛委員長の報告では、請願内容について、戦力増強や食糧増産関係が多いことが披露されるとともに、請願への官憲の干渉問題が本会議で言及された。すなわち、

遺憾ナル点ハ国民ガ憲法ノ規定ニ基キ議会ニ呈出シマスル請願ニ対シ、官憲ガ、其ノ大御心ヲ知ラズ、直訴ノ如ク誤リ考へ、又事勿レ主義ヨリ之ヲ阻止シ、圧迫シタル事実ガ各所ニアリトノコトデアリマス、此ノ事ニ付キマシテ清水委員ヨリ、大達国務大臣ニ具体的事実ヲ挙ゲテ政府ノ所信ヲ質シタノニ対シマシテ、大達国務大臣ハ、御説ノ通リ請願ハ国民ニ与ヘラレタル重要ナル権利デアリマシテ、之ニ対シテ官憲ガ圧迫阻止スルガ如キコトガアリマスナラバ実ニ遺憾ナコトデアリマス、サウ云フ間違ツタコトノ今後再ビナイヤウニ注意スルト申サレタノデゴザイマス。

というもので、八四議会と比較すると、本会議で委員会の質疑について踏み込んだ紹介がなされ、政府側も明確に非を認めて改善を約束した点で大きく異なっている。政府の言論統制緩和方針が実現していることがわかる。

清水留三郎委員と大達茂雄内相の問答は二月一日の第三回の会議で行なわれた。清水は請願への官憲の圧迫の実例として、自宅がある東京都滝野川区で、警防団員への配給等の優遇を警防団幹部や町会長らが議会に請願しようとしたところ、地元の警察署が、議会への請願は政治的行動であるとして阻止しようとしたことを例に質問したのである。

なお、請願内容の傾向は委員長報告で言及されていたが、実例を見ると、報道内容の改善は図られつつあるが、なお「冗語余語又ハ漫然敵ヲ侮ルガ如キ語句ヲ散見スルハ国民ノ心ニ油断ヲ生ゼシムル」として一層の改善を求める「報道用語ノ改善ニ関スル請願」や、戦力増強のため政府に虚礼や形式的行事の廃止を求める「虚礼並形式的行事廃止ニ関スル請願」などが出てきたことに東条内閣との違いがうかがえる。また、交通機関の新設、改良など、戦争への言及がない、つまり、平時でもありえる、あるいは平時から請願され続けてきた問題が半分程度を占めている。その中には石川県の尾小屋鉱山の鉱毒被害の救済を求めるものまであった。

以上のように、戦時期の請願状況は、次第に数が減少し、内容も戦時色を有するものが現れてその比率が増大していったが政府の実行率は減少傾向にあった。ただし、交通機関の新設や改良など地元開発にかかわる請願は敗戦まで絶えることがなかった。また、東条内閣末期には戦況悪化を背景に、請願行動自体が官憲に妨害されるに至ったが、小磯内閣期にやや持ち直し、敗戦に至ったのである。

四　敗戦後

敗戦後最初の通常会は本来ならば一九四五年の年末から開会されるはずであったが、第八九臨時会の会期末の一二月一八日に衆議院が解散となり、しかも占領軍の公職追放指令のため総選挙が延期となり、結局開会されなかった。そのかわり、五月一六日から一〇月一一日まで開かれた第九〇臨時議会は、新憲法案の審議のため通常会以上に長いという異例の議会となったので、通常会にかわる議会としてとりあげる。

その前に、敗戦後はじめて請願委員会が開かれた八九臨時会について一言触れておきたい。敗戦を前提とした衆院の請願に対する方針がうかがえるからである。

第八九議会は一一月二六日から一二月一八日まで開かれたが、請願委員会は九一件の請願を受理し、採択八二件、参考送付九件となった。一二月一八日の本会議での永田良吉委員長の報告では、吉田松陰、佐倉宗五郎、田中正造、リンカーン、ワシントンなどを引き合いに出し、「斯カル先賢ノ遺訓ニ目覚メマシテ我等ハ今後立上ツテ新日本建設ノ為ニ、請願ノ方面ヲ民意ノ現ハレトシテ猪突猛進スベキ」とした上で、請願の数について「最近ハ悪政ノ祟リデ甚ダ減少シタノハ遺憾」として「此ノ民意尊重ノ時代、真ニ自由ニ目覚メナケレバナラヌ時代ニ各種ノ請願ガ山ノ如ク続出スルコトヲ念ジテ已マナイ」と述べた。再び議会政治の時代が来るという期待を請願の側面から述べたのである。

しかし、永田は大半の議員と同様、四二年の総選挙での推薦候補であったことなどから公職追放の対象となり、議会に復帰するのは再独立後のことになる。なお、採択された請願の内容を見ると、政治制度の民主化、戦後復興などの問題が中心で、交通機関の新設、改良の問題もあったが、戦後復興に関連づけられていた。

第九〇議会の話に戻ると、一〇月一一日の本会議での小笠原八十美委員長の報告では、請願委員会で植原悦二郎内相が政府の請願処理方針を明らかにしたことが紹介された。植原は、犬養内閣以来始めての代議士出身内相である。植原が言明したのは七月一二日の第二回会議で、新憲法下では国会が国権の最高機関となることをふまえて請願権は尊重されることを言明した。

小笠原の報告には請願内容についての言及はないが、特別報告の意見書を見ると、戦後復興と、一般的な地域問題という構成になっていた。八九議会で永田が期待したほどには請願の数は増えなかった。その原因について委員長報告はふれていないが、当時の状況を考えると、占領軍が実権を握っているため、議会への請願の実効性に疑問があったのではないかと思われる。

新憲法施行を控え、旧憲法下最後の通常議会となった第九二議会、一九四七年（昭和二二）三月三一日の本会議での大塚甚之助委員長の報告では、「戦争中いろ〳〵の都合で遅れておりました運輸交通関係の整備拡充」が全体の三分の一の八三件にのぼったこと、次に学校の昇格など教育と観光関係（国立公園の指定など）が多かったことが披露され、「民主主義、合理主義に基き、平和国家、文化国家を建設いたしまするには、まず教育制度の根本的再建を行うことが第一」、観光に関しては、「わが国の将来を考えまして、まことに意義深い」と評価された。さらに農地法関係の請願が数通あったことが目新しいと指摘された。

特別報告の意見書を見る限り、大部分の請願にはなお復興や再建という言葉が意義づけに使われていたが、委員長報告の論調を踏まえれば、復興からさらなる発展への方向性がうかがえるところで旧憲法下の請願活動は終焉を迎えたのである。

新憲法下では、議会の委員会制度が所管省別に常任委員会を設ける形となり、請願も各委員会で処理することとなったため、請願委員会はなくなった(14)。

おわりに

以上、昭和戦時期の衆議院における請願の全体像について素描を試みた。全体を通していえるのは、戦前の地域問題中心から戦時期の戦時対策中心、そして戦後の復興対策中心と傾向が変化し、件数は戦時期に大きく減少した一方で、地域問題に関する請願は太平洋戦争末期に至っても少なからぬ数があったことである。

なお念のために一言すれば、請願者は直接担当官庁に陳情することもできたし、実際それも並行して行なわれたであろう。しかし、帝国議会への請願は、大臣、次官、局長といった幹部の答弁が期待できるし、採択されれば実施状況の報告を政府に求めることができた。議会を通した方が重みがあったわけである。

請願が時代状況を写す一方で、自分が生活する地域の発展を願うという、いつの時代でも見られる庶民の動向も請願からうかがうことができた。つまり、代々の請願委員長がしばしば述べたように、議会政治への民意の反映が端的に現れるのが請願であり、請願の研究は、日本近代の政治・経済・社会を考える上で不可欠の作業なのである。

注

(1) 参議院・衆議院編『議会制度百年史』議会制度編(大蔵省印刷局、一九九〇年)四三~四四、六五~六六頁。以下、帝国議会の制度については同書による。

(2) 小林和幸『明治立憲政治と貴族院』(吉川弘文館、二〇〇二年)第四章「明治期の貴族院と請願」。なお、初期議会における地租関係に請願書を翻刻紹介した黒田展之「初期(帝国)議会の請願書」(『愛知学院大学論叢 法学研究』一五—三、一九七二年)にも、請願制度と初期議会の請願状況に関する簡単な解説がある。

（3）この表は参議院・衆議院編『議会制度七十年史』帝国議会議案件名録（大蔵省印刷局、一九六一年）に所収。ただし、前掲小林書三二三頁には一〜五〇議会の貴衆両院の請願処理状況（受理数と採択数）の表（表六）がある。

（4）各議会の衆院本会議での請願委員長の報告による。出典表記は煩雑となるので、各期ごとの本会議議事録に付された索引を参照されたい。

（5）前掲小林書の表六参照。

（6）以下、議事録の引用に当たっては煩雑さを避けるため、会議名と会議日、発言者名などを明記することで出典にかえる。また、昭和期の請願文書表は、昭和期の帝国議会の両院の本会議議事録と索引を復刻し、解説を付した、社会問題資料研究会編『帝国議会誌』全五四巻（東洋文化社、一九七五〜七九）の各巻末に収録されている。

（7）議員の経歴は、前掲『議会制度百年史』衆議院議員名鑑、同院内会派衆議院の部による。

（8）以下請願の内容紹介は請願文書表または請願特別報告（採択されたものの報告書、本会議議事録に掲載）によるが、請願者の住所は道府県名以外は省略する。

（9）踏み倒して担保の恩給証書が金融業者から返してもらえなくても新たに証書を再交付してもらえるので、踏み倒しても支障がないのである。

（10）田崎宣義「『救農議会』と非常時」（内田健三・金原左門・古屋哲夫編『日本議会史録』三、第一法規出版、一九九〇年）。

（11）拙著『戦時議会』（吉川弘文館、二〇〇一年）七二〜八六頁。

（12）須崎慎一編『大政翼賛運動資料集成』第二集（柏書房、一九八八年）所収の協力会議の諸記録参照。

（13）前掲拙著二〇五〜二一八頁。

（14）前掲『議会制度百年史』議会制度編、三九一頁（国会法第八〇条の「理由」）。

第二部　昭和期の内務官僚

第一章　内務官僚研究の視角

はじめに

一八七一年（明治六）一一月に設置された内務省は、太平洋戦争敗戦直後の一九四七年（昭和二二）六月に解体されるまで、日本における国内行政の中心的官庁として、地方行政、警察、土木、社会衛生、神社など幅広い権限を持っただけでなく、地方庁の幹部職員（高等官たる地方官、具体的には主に府県知事、北海道長官、すなわち地方長官、以下主に知事と記す、および道府県部長）の人事権を持ち、多くの場合高等官たる地方官には内務省で採用された有資格者（文官高等試験合格者）が任命された。すなわち、政権担当者が国内統治を遂行するにあたっては内務省の掌握が必須であり、少なくとも政党内閣崩壊までは、内務大臣は一、二を争う重要ポストといわれたのである。(1)当然、日本近代政治史の考察にあたっても内務省あるいは内務官僚、すなわち、当該期にあっては、原則として文官高等試験に合格し、内務省および地方庁に勤務する奏任官以上の官吏、植民地や他省庁に出向中の者や退職後も内務官僚としての自己認識を維持している者を含む人々、(2)の動向は重要な研究テーマの一つであるはずである。そして、昭和史に限ってみても、特に一九三二年（昭和七）の五・一五事件で政党内閣が崩壊して以後、内務大臣の重要性は薄れたとは言われるものの、内務省あるいは内務官僚が政治史の上でしばしば重要な役割を果たしている。

たとえば一九三二年（昭和九）の文官分限令改正の目的は地方官の人事に政党の介入を防ぐためであったといわれるし、一九三四年以後の選挙粛正運動の主役は内務官僚およびその出身者であり、同時期に新しい政治勢力の一つとして注目を浴びた「新官僚」グループの主力も同じである。(3)また、内務省も、一九四〇年（昭和一五）の新体制運動の過程において、大政翼賛会の「骨抜き」に一役買ったし、(4)言論・思想統制や、事実上の推薦制度を導入したことで知られる一九四二年（昭和一七）のいわゆる推薦選挙などで重要な役割を果たした組織の一つは内務省および道府県の警察部門であり、隣組の整備など地方制度の整備ももちろん内務省の職務であり、社会衛生の専管官庁として一九三八年（昭和一五）に設置された厚生省も事実上内務省の出先官庁としての性格が強かった。(5)

また、筆者の従来の研究に照らしても、一九四一年（昭和一六）に企画院が内務省解体案を作成し、閣議で検討される直前までいったこと、一九四三年（昭和一八）の地方制度改正関係法案の議会審議が紛糾したこと、一九四五年（昭和二〇）の大日本政治会結成時、同会の地方支部設置に内務省が激しく反対したことなど、内務省あるいは内務官僚は内政に関する重要な場面で必ずといっていいほど主要な政治勢力の一つとして登場することから、内務官僚研究の重要性を指摘してきた。(6)

そして、こうした経緯の結果として、敗戦後、占領軍によって「日本人民抑圧のための中央集権的統制の機関」とみなされ、明治以来の官庁としては軍事関係以外では唯一解体の運命をたどり、知事（官選知事）も地方分権の一環として公選知事となるのである。(7)

ところが、そもそも従来内務省あるいは内務官僚の全体像に関する研究は、対象の大きさゆえか存在しない。(8)わずかにそれに類するものとしては、内務官僚経験者たちが内務省解体後に編纂した『内務省史』があるに過ぎない。また、個別研究も決して多いとはいえず、昭和期に限っていえば、その多くが五・一五事件から二・二六事件の時期に集中している。(9) しかも、内務官僚の一部（新官僚や、革新官僚に分類される人々）に関する場合を除けば、内務省なり内務官僚なりを昭和期の政治構造の中に有機的に位置付けることに成功した研究は見当らないといってよい。

そこで内務省あるいは内務官僚研究を推進する必要があるわけであるが、まず本章では研究対象を昭和期の内務官僚と限定する。その理由は、内務省と地方庁（道府県、一九四三年以後は東京都も）の関係を人的に支えているのは内務官僚であり、また、内務官僚が自立した政治勢力となるのは政党内閣崩壊後であると予想されるからである。そして、本章では以後の一連の研究の準備作業として、内務官僚の政治史的位置付けに用いる枠組みを考えたい。

その際、この図式は現実をよりわかりやすく整理し、内務官僚の歴史的位置付けにより有意義なものとする必要があるので、あくまでも歴史的事実に即した図式でなければならない。ここではその図式を新体制運動という事例に即して考察してみたい。その理由は、新体制運動が、昭和初期にほぼ壊滅した日本共産党を除くほぼすべての政治勢力が関与した政治的事象であるからである。新体制運動については一定の研究蓄積があるので、(10) ここではそれらの成果を利用しつつ、新体制運動期の各政治勢力の相互関係を考察する中で内務官僚の位置付けについて考えてみたい。もちろん内務官僚について、こうした観点からの先行研究は存在せず、従来は内務省の新体制運動への関わり方が官庁セクショナリズムに基づくとされているか、(11) ファシズム論の枠組みでは先験的にファシズム化の担い手の一つとされているに過ぎない。

その際ポイントとなるのはこの運動で当面の目標とされた「国民組織」の創設過程である。なぜなら、そのあり方いかんによっては、既成の政治制度の変革や、既成の政治勢力の政治過程からの退場、つまり無血革命が起こる可能性を秘めており、こうした動きに対しては、内務官僚も重大な関心を寄せざるをえなかったのである。その理由は、内務官僚の多くが知事就任を入省後の目標としていたことや、当時知事の理想像を示す言葉として内務官僚の中で

「牧民官」という言葉がしばしば使われていたことからもわかるように、内務官僚の内務官僚たるアイデンティティーは、知事あるいは広く地方官として地方行政の幅広い分野で仕事をすることにあったが[12]、政治制度の変革の範囲が中央の政治機構にとどまらない場合には、当然こうした内務官僚の政治的領分にも変革の波が押し寄せることになるからである。

一 新しい対抗図式の設定

一九四〇年六月二四日、近衛文麿は新体制運動の推進を声明して枢密院議長を辞任し、既に準備工作を進めていた側近グループと共に運動を開始した。そして諸政党が運動参加のため次々に解散しはじめる一方、陸軍はこの動きを促進する意図から米内内閣を倒し、七月二二日、第二次近衛内閣が成立した[13]。内閣は八月一日に「基本国策要綱」を閣議決定したが、その中には「強力なる新政治体制を確立し国政の総合統一を図る」とあり、具体的には「新国民組織の確立」「議会翼賛体制の確立」「官界新体制の確立」の三項目が掲げられた[14]。まさにこの方針は、前述のようにこの運動が中央にとどまらず地方も含めた政治のあり方全体が変革の対象となることを示している。そしてこの方針に基づいて政府は同月二三日に新体制準備会の委員（準備委員、二六名に閣僚が加わる）と常任幹事（八名、うち官職による任命六名）の名簿を発表した[15]。準備委員は各界の有力者を網羅しており、挙国一致型の組織を作ることがめざされていたことがわかるが、もちろん準備委員にも常任幹事にも内務官僚出身者あるいは内務省幹部が参加していた。すなわち、準備委員では堀切善次郎（貴族院議員、元神奈川県知事、斎藤実内閣の法制局長官）と安井英二内相（元大阪府知事、第一次近衛内閣の文相）、常任幹事では富田健治内閣書記官長（前長野県知事）と挾間茂内務次官である。そして同二八日に首相官邸で第一回会議が開かれ、九月一七日まで、六回の会議と一回の特別審議会が開かれた。
そして既に知られているように、その後も種々の紆余曲折を経て一〇月一二日に「高度の政治性」を持った国民組織として大政翼賛会が生まれるが、その後もさまざまな紆余曲折の末、翌年四月二日の翼賛会の大規模な改組と人事更迭で政策立案部門が廃止され、新体制運動の推進勢力が翼賛会中央本部から去り、懸案であった地方支部長人事を知事兼任とすることによっていわゆる翼賛会が「精動化」し、新体制運動は終息した。(16) 本章ではまず準備会での議論(17)からみていこう。

第一回会議の冒頭で読み上げた声明の中で近衛首相は、準備会の目的を「国民組織の一般的構成」「国民運動の中核体の組織」「現在諸団体との調整」「国家機構との連携」についての「協議協力」とし、「国民組織」の性格に関連しては、「国民組織の運動」は「高度の政治性」を持つが、「所謂政党運動」や「一国一党運動」ではないと述べた。(18) そして九月三日の第二回会議では幹事側から議論の材料として「新体制建設国民協力組織」と題する組織案が提示された。その要点は各種の職業別団体を組織させて各省の支配下におき、これとは別に中央本部と地方支部（道府県レベル、郡市レベル、町村レベル）からなる中核体と「新体制促進中央協力会議」以下道府県、郡市、町村の各レベルに至る合議体の下に隣組という二本立てによる国民組織を創設するという形になっていた。そして、次にみる各委員の発言内容からみて、中核体は運動完成後は廃止または改組する方針となっていたと推定できる。

準備会での最大の問題点は国民組織の機構や性格をめぐる議論であり、具体的には国民組織を政党または政党的性格の強い組織にするか否かという点であった。これについて、内務官僚出身委員である堀切は、第二回会議で「中央会議ノ総務ニハ各省大臣モ加ハリ、大臣タル総務ト然ラザルモノトガ一緒ニヤツタラ如何」「道府県支部ハ道府県庁以外ニ設ケルノカ。左右スルト二元的トナル。現在中心ハ何トイツテモ道府県庁デアルカラ、支部ハ道府県トシ、支部長ハ知事ヲ以テ之ニ充テ度イ」「協力会議ハ道府県ニ早ク設ケテ、今日ノ道府県会ニ代ヘテ頂キ度イ」、九月一三日の第五回会議で「私ハ会ヲ作リ会員ヲ作ルト国民ヲ二分スルト云フコトデ疑問ヲ抱イテ居ッタ」と述べている。

すなわち、中央会議に政府側の人物を参加させること、道府県支部長は知事兼任とすること、会員制度を設けることは国内分裂を招くとして反対であることを主張している。これは国民組織の自立性を大幅に否定している発言であり、国民組織の政党的性格を否定していると断ぜざるを得ない。これらの発言の背景の詳細な論証は別稿に譲らざるをえないが、地方長官の権限維持を主張しており、かつ国内分裂防止など国内統治の安定をめざしていること、中央会議に政府側も参加させるとしていることに関しても、当時新体制運動の積極推進派の中には左翼転向者がいるとして警察部門が警戒していたことと関連があると考えられることから、いずれの発言も当時の内務官僚一般の利益に沿っているとみなすことができる。[19]

これに対し、国民組織を政党または政党的性格の強い組織にすることを主張したのは、岡田忠彦（旧政友会久原派）、小川郷太郎（旧民政党の主流）、永井柳太郎（旧民政党の革新派）、金光庸夫（旧政友会中立派）などの政民両党の有力代議士と、橋本欣五郎（大日本青年党党首）、中野正剛（東方会党首）、松岡洋右外相など在野の「革新右翼」、全国町村長会会長の岡崎勉（岡山県西大寺町長）である。[20]

しかし、これらの人々は従来の研究では政治的に相容れない人々であるとされてきた。その点を最も的確かつ簡潔に表したのが伊藤隆教授の「革新」派論であり、筆者もこの「革新」派論を用いて企画院に代表される総合国策機関（内閣の政策立案、調整機関）や日中戦争勃発以後の議会の政治史的分析を行なってきた。[21]伊藤教授の論は、各政治勢力の相互関係やその変化を探る際に用いることのできる対抗図式として、明治維新以来「復古」対「欧化」の図式があったが、第一次大戦後「革新」対「現状維持」という対立図式も登場し、以後この二つの図式を組み合わせた枠

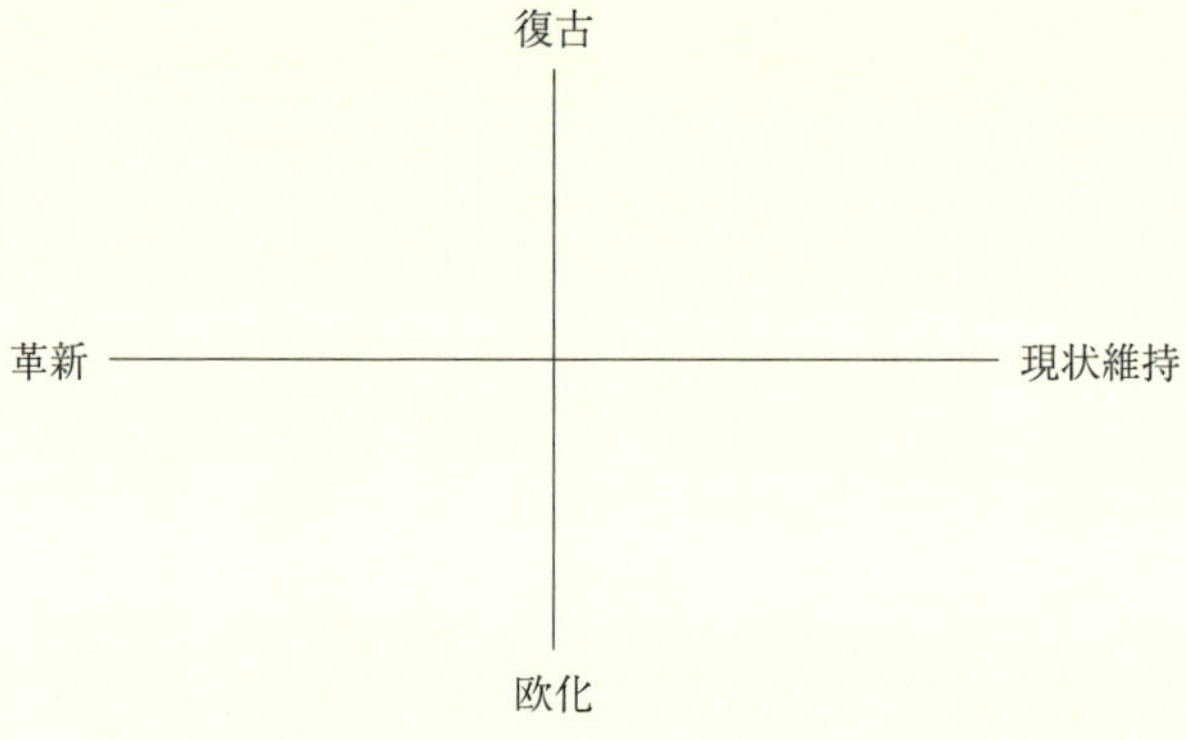

図　A

図　B

組み（図A）によって政治史分析を行なおうという主張であるが、二・二六事件以後、新体制運動期には「革新」対「復古」と「革新─復古」対「現状維持」という二つの対抗図式（図B）に変化するとされる。ここでいう「革新」「現状維持」が何を対象としているかは時期によって、あるいは各勢力ごとに違いや変化がありえるが、少なくとも新体制運動期には大日本帝国憲法によって規定された国家体制を政治的には全体主義、経済的には計画経済に変化させることが「革新」派の目標であり、それに対しそれぞれ別の論理から反対の立場をとるのが、どちらかというと近代化に否定的立場をとる「復古」派と、政治的には自由主義、経済的には資本主義的立場をとる「現状維持」派とされる。(22)

そしてこの「革新」派論をさきほどの人々が代表する勢力に適用すれば、橋本、松岡、中野ら、政友会、民政党を

「現状維持」的な「既成政党」とみなし、「既成政党排撃」を主張してきた人々は、社会大衆党の一部、昭和研究会の有力メンバーを含め「革新」派（「革新右翼」と呼ばれることもある）であり、政友会、民政党の人々は「現状維持」派となるわけであるが、永井、岡田らの代表するグループは二・二六事件以後近衛新党運動に関わっていたことから、彼らも「革新」派に分類される。なお、岡崎が代表する地方勢力は「革新」派論の射程には含まれていない。

このように「革新」派論においては基本的に対立し合うはずの彼らがなぜ、どのような点で国民組織の機構や性格について一致した見解を持つに至ったのだろうか。その点を考えるために、第二回、第三回（九月六日）会議における各人の発言の重要部分を発言順にみておこう。

岡田「コノ中央部ニハ役人ガ多スギテアマリニモ官製ノ組織ト思ハレ易イ。官トモ民トモイハヌ国民的組織トスル工夫ガナイカ」「将来ハ総理ト総裁ハ別ノ方ガ良イ」、小川「中核体ハ国民組織完成後モ必要ト思フ」、永井「従来ノ政党結社ノ解散後国民運動ヲ指導スベキ中核体トシテ中央本部ヲ恒久化シ、次ニ中央本部ニ上意下達下意上達ノ機関ヲ統合シコ、デ政策ノ大本ヲ決定シ、ソレヲ内閣ニ実行セシメレバ楽ニ動ケル」「地方制度ヲ改正スレバ協力会議ハ不要」、橋本「ムシロ中央本部ヲ実態トスベキデアツテ、協力会議ハ必要ナイ」「知事ヲ地方支部ノ親方ニスルコトハ国民的意気ガ出ナイ」、金光「小川、永井両君トモ同感」「橋本サンノ御説ニモ同感」、中野「組織ノ根本観念ニ就テハ、私モ永井、橋本両君ニ全面的ニ同感」「地方支部長ヲ知事ナドニシテ誰ガツイテ来ルカ」、松岡「地方支部長ヲ知事ニスルナドトハ以テノ外デアル」、岡崎（第三回会議で）「道府県支部長ハ地方長官ヲ以テ充ツルトイフ話ガアツタガ、（中略）近衛公爵ト憂ヲ一ニシ、志ヲ同ジクスル国士的人物ヲ以テ当ラシメ度イ」、金光（岡崎に同じ）「元来国民的組織タルベキモノ故、官吏ハ中核体ニ入ラヌコトトシタ方ガ良イ」。

すなわち、中央組織（「中核体」）の恒久化、中央組織の官製的色彩の嫌悪、地方支部長知事兼任の否定などはほぼ全員が一致しており、自発的に運動に参加する人々を中心とすべきだとしている点で、建前はどうあれ、実態としては国民組織を政党的なものとすることを主張しているのである。そして特に内務省が国内の政治関係行政一般を取り扱っていることを考えれば、中央組織の官製的色彩の嫌悪において主に標的とされているのは内務官僚であると推定できることから、これらの発言において主に敵として想定されている政治勢力の少なくとも一つが内務官僚であることは明らかである（もう一つは後に述べる日本主義者である）。

さて、国民組織を政党的なものとすることを主張した人々は、代議士、あるいは在野で政治団体を組織している政治家、町村長（当時にあっても公選制をとっていた）の親睦団体の代表など、建前上なんらかの形で国民全体、あるいはその一部を代表することを自認しており、彼らの多くは当時あるいは過去に政党を組織したり、政党に参加したりしていた人々であった。よって彼らは仮に既成政党を否定しているとしても、政党一般は否定しておらず、ほとんどの場合、政治基盤が政党あるいはそれに類する政治団体に限られる人々であり、自分たちが政治参加していく上で政党あるいはそれに類する団体が不可欠と考えていたことは間違いない。このように、彼らは、政党化された国民組織による国家統治を主張する点で一致しているので、彼らを「党治」派と呼ぶことができる。

とすれば、内務官僚は相対的に国民組織の政党化を阻止し、国民組織を自分たちの統制下に置こうとしていることは明らかであるから、「官治」(23)派と呼ぶことができる。そして、準備会幹事に入っていた挟間内務次官は準備会の全過程を通じて地方支部長知事兼任を強く主張し、とりあえず一〇月末には地方支部常務委員に知事を必ず含め、かつ常務委員会は知事たる常務委員が主宰すること、常務委員の中央本部への推薦は知事が行なうことなどの成果を獲得し、翌年四月の改組時に正式に支部長知事兼任を実現するのである(24)。

以上の検討から、新体制運動の過程で、従来言われてきた「革新」対「現状維持」、「革新」対「復古」とは違う対抗図式、すなわち「官治」対「党治」という新たな対抗図式が成立し得ることが明らかとなった。

しかし、新体制運動に登場する有力な政治勢力としてまだ軍部と日本主義者（精神右翼）が残っている。そこで次にこの二つの勢力がこの図式ではどこに位置付けられるかを検討し、その上でこの図式の学問上の意義について考えたい。

二　新しい対抗図式の検討

まず、「革新」派論で「革新」派に位置付けられる陸軍の態度であるが、閣僚として準備委員となっていた東条英機陸相は、第二回会議で「新政治体制ニハ部外ヨリ積極的ニ協力シテユク」と局外協力の立場を表明している。これは軍人勅諭にある軍人の政治不関与条項に配慮したものであるが、既に知られているように、陸軍組織の中で唯一政務を担当することとされていた陸軍省軍務局では、国民組織として全体主義的一国一党制を主張する武藤章局長や同局軍務課課員の牧達夫中佐らが主導権を握っていた。(25) ただし、その国民組織は、実質的には、満州国協和会のように陸軍の統制（当時の言葉で「内面指導」）に服することが予定されていたことは間違いない。(26) つまり、国民組織を政党的なものにすることを目指していたといっても、その国民組織の政治組織としての自律性には一定の留保が科せられていた。したがって陸軍は「官治」派に分類することができる。当然、武藤らとほぼ同様の国民組織を構想していた革新官僚も同様に「官治」派に含まれる。(27)

次に「革新」派論で「復古」派とされる日本主義者たちであるが、これも準備会での発言からみていくと、準備委員中の日本主義者の一人である井田磐楠（貴族院議員、陸軍出身の日本主義団体である瑞穂倶楽部の会員）(28) が、九月一七日の第六回会議（最終回）で、「国民全体ノ運動ニ綱領ハ存在シ得ヌ。ソレヲ能ク成シ得ルノハ詔勅ノミ」「帝国議会スラ協賛シタモノハ〔引用者注、天皇の〕御裁可ヲ経ルノデアル。云ハンヤ国民組織ガ国家体制ヲ完成スナドト大権行使ノ如キ誤解アル表現ヲスルコトハ許サル可キデハ無イ」と述べた。要するに、いわゆる国体明徴論の立場から、国民組織が独自の政策や構成員を持つことなど、国民組織の政党的性格と国民組織による国家統治を否定しており、必然的に官僚勢力を中心とした「超然主義」をとっているといわざるをえない。したがって国民組織の性格問題については「官治」派に位置付けられる。

ところで、この「官治」対「党治」図式に類似した図式としては、既に宮崎隆次氏の「選出諸勢力」（政党）対「非選出諸勢力」（軍部、官僚、貴族院）の図式がある。(29) これは政党政治の進展過程を説明するために、いわゆる大正デモクラシー期の分析概念として氏が提案し、氏は政党内閣崩壊期まで有効であるとしている。しかし、氏も認めているようにこの図式は政党内閣崩壊後の時期にそのまま使えるわけではない。なぜなら当該期において政治の政党化を主張する主要な政治勢力には、選出諸勢力たる議会政党（政友会と民政党）の他に、大衆運動を基盤とした政治団体（大衆政党、橋本欣五郎の大日本青年党など）や、議会政党と大衆政党の折衷的な政治団体（中野正剛の東方会など）が含まれるからである。そこで政治の政党化を主張する諸政治勢力を「党治」派と名付け、政治の政党化を否定する諸政治勢力を「官治」派としたのである。

そして、五・一五事件～二・二六事件の時期の内務省を検討した黒沢良氏の論文(30)や、本章の「はじめに」や前節での検討から明らかなように、政治勢力としての内務官僚の大きな特徴が政治の非政党化にあると予想できることから、内務官僚分析においてこの図式は必要不可欠な道具である。

なお、類似の図式が成立可能であるということは、とりもなおさず大日本帝国憲法が議院内閣制を採用していないことによるわけで、新しい図式は、内務官僚の政治史的位置付けの手段にとどまらず、研究史上従来あまり重視されていなかった政党内閣崩壊前後の政治制度や政治的慣行の継続面を考察するヒントともなり得ると考えられる。

ところで、内務官僚の政治史的位置付けのために、この図式は必要であっても十分ではない。なぜなら、新体制運動の政治過程には「革新」派論でなければ説明できない事態も多々あるからである。そこで次に、「革新」派論と新たな図式の関係を考察しなければならない。

三　新たな分析枠組の設定

内務官僚に関連して、「革新」派論でなければ分析できない問題は、地方支部長の知事兼任問題をめぐる陸軍と内務省の対立であるが、陸軍が知事兼任に反対した理由は、国民組織の政党的性格保持のためであることは明らかなので、「官治」派内部で「革新」対「現状維持」という対抗図式が成立していたと考えれば問題はない。

同時に、「党治」派内部を考えてみると、政党としての指向性についてはそれぞれ認識の違いがあった。岡田、小川、金光、永井など旧既成政党出身者は、近衛を党首とし、旧既成政党を中心とした、いわば政民合同による挙国的大政党を結成し、近衛の国民的人気を利用して政党内閣を組織するというシナリオを描いていたとみられるが[31]、反既成政党的「革新」派の人々は年来旧既成政党排撃を主張しており、旧既成政党勢力に主導権を握られることに賛成するはずはなく、その一部（昭和研究会の中心メンバーら）は取りあえず挙国的組織を樹立したあと、旧勢力とみなせる政治勢力を粛清して全体主義的な一国一党制の実現を目論んでいたのである[32]。すなわち、「党治」派内部においても「革新」対「現状維持」の対抗図式が成立していたことは間違いない。

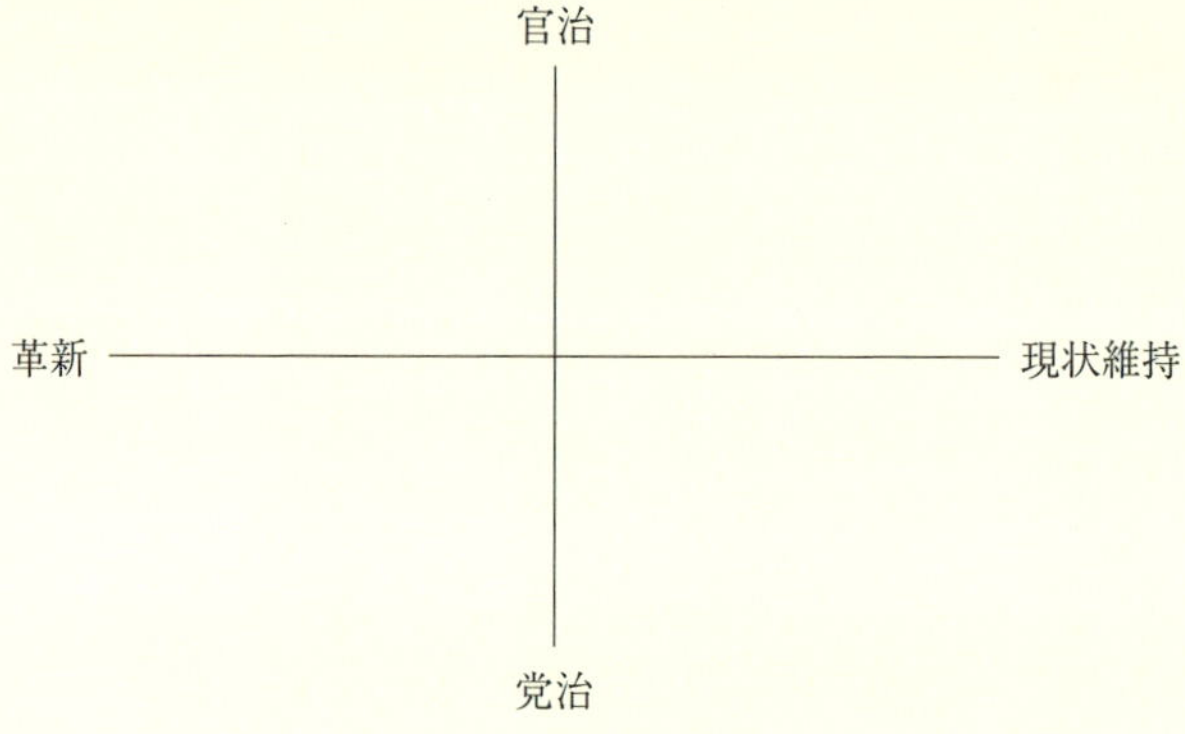

図　C

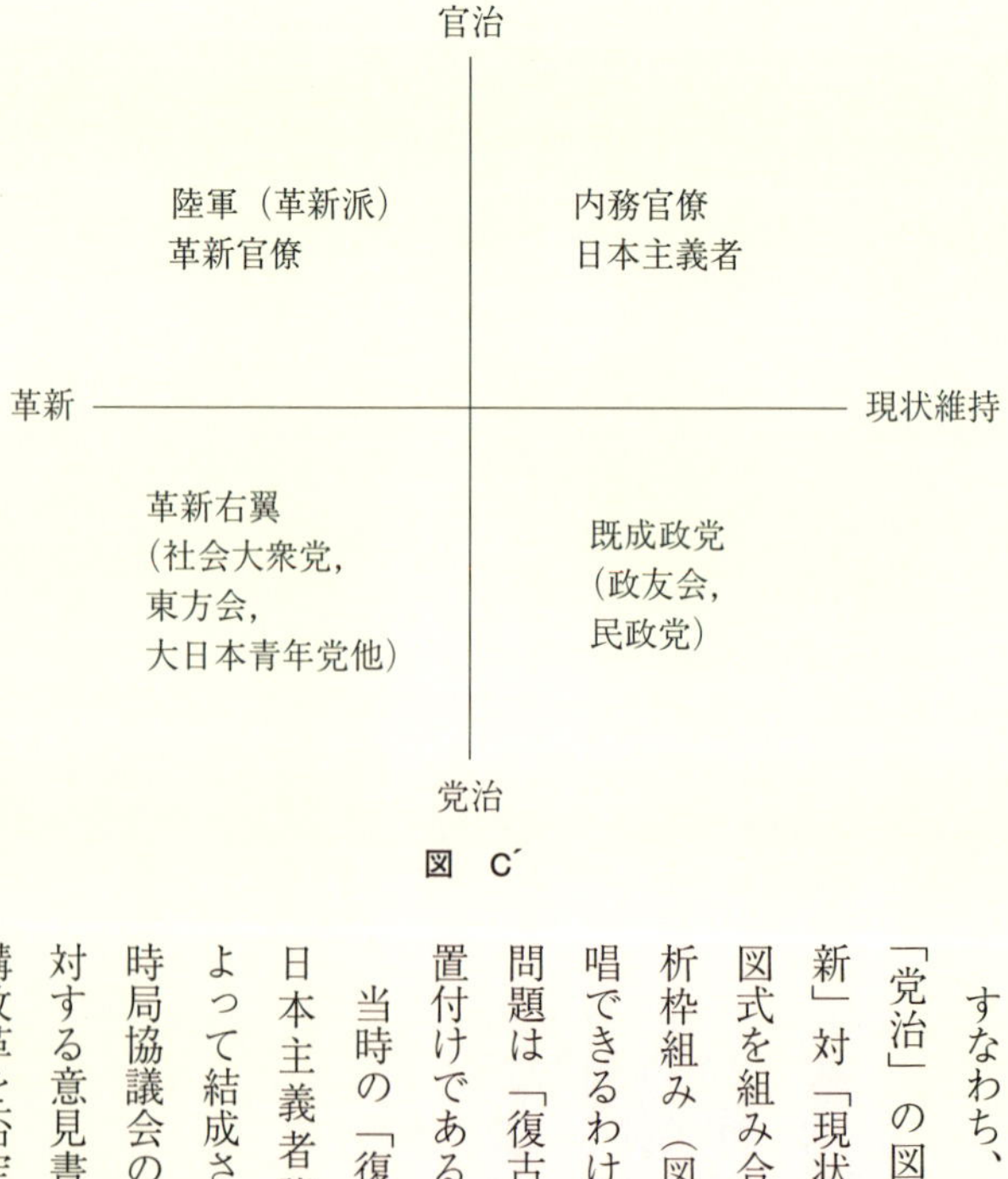

図　C′

すなわち、「官治」対「党治」の図式と「革新」対「現状維持」の図式を組み合わせた分析枠組み（図C）が提唱できるわけであるが、問題は「復古」派の位置付けである。

当時の「復古」派は、日本主義者諸勢力によって結成されていた時局協議会の新体制に対する意見書が政治機構改革を否定し、国民教化のみを主張していること[33]から考えて、彼らが当時の大日本帝国憲法を変更することを意図していないことは明らかなので、彼らは国家体制に関しては「現状維持」派に位置付けることができる。

言葉をかえていえば、「革新」と「現状維持」の対象を国家体制（政治の面では大日本帝国憲法、経済面では資本主義自由経済）に限定することができれば、「革新」派論を「革新」対「現状維持」の図式に収斂させることができるが、少なくとも新体制運動期の政治過程においてはそれが可能なのである。

以上の検討から、政党内閣崩壊後の内務官僚の政治史的意義付けの検討に必要な分析枠組みとして、「官治」対「党治」と「革新」対「現状維持」の対立図式を組み合わせた枠組みが適しているといえる。この場合、注意すべきことは、この場合「革新」とは当時の政治経済体制の根本的な変革を求める立場を意味し、「現状維持」とは当時の政治経済体制の原則を維持する立場を表現していることである。この枠組みによれば新体制運動期の各政治勢力の相互関係は図C′のように表現でき、内務官僚は「官治—現状維持」、すなわち、当時の政治経済体制の原則は保持しつつ、政治の非政党化を進める立場をとっていたという仮説を立てることができる。

おわりに

おわりにかえて、今後の課題と展望を記しておこう。当然ながら最大の課題は、この枠組みによって内務官僚が関与する政治問題に関する政治過程を分析してみることでこの枠組の有効性を検証し、内務官僚を当該期の政治構造の中に有機的に位置付けることである。

そして有効性の検証と共に欠かせないのがこの枠組みの有効期間の検討である。究極の非政党化の表現が非政党内閣であることから考えて、政治制度として議院内閣制が確立していないことが「官治」対「党治」図式成立の必要条件なので、終期は、太平洋戦争敗戦から日本国憲法の公布(一九四七年一一月三日)の間に設定されると考えられる。[34]しかし、その後も知事官選論や事実上の内務省復活論が現われることや、戦後体制下においても政党に対する官僚の政治的優位を説く学説があることを考えると、[35]有効期間を延長することも可能かもしれない。始期については、宮崎氏の図式が有効性を失い、かつ内務官僚が独自の政治勢力となったと予想され、かつ「革新」派論が「革新」対「現状維持」の対抗図式に収斂していく時期が、二・二六事件以後とされているから、二・二六事件前後の時期からと考えられるが、なお実証的な検討が必要であろう。

右の二つの作業の結果予想されることは、昭和期の内務官僚研究は少なくとも二つの時期区分が可能であるということである。すなわち、内務官僚が政治的自立を遂げていく時期（分析枠組の成立過程）と、政治的自立を果たした後、諸政治勢力の一つとして行動する時期（分析枠組みの有効期間）の二つである。もちろん、必要に応じてそれぞれの時期をさらに時期区分することはありえるであろう。

また、いささか細部にわたる課題であるが、内務官僚あるいはその系列の属するとされる人々の中にも「革新」派とされる人々がいた。たとえば、新体制準備会に関して言えば、安井内相、富田書記官長などがこれに該当し、かれらが「新官僚」と呼ばれたし、萱太郎、栗原美能留など革新官僚に分類すべき人々もいた[36]。こうした人々をどう位置付けるかも内務官僚論としては欠かせない課題である。

展望としては、既に述べたように、内務官僚は内務省と地方庁を主な活動の場としていたことから、内務官僚を軸とする政治史分析によって、中央、地方を通ずる政治史像の構築が可能であり、その結果、従来相互の関係が比較的希薄であった、中央レベルの政治史研究と、大衆レベルあるいは地域レベルの政治史研究の有機的な結合が図れ、昭和戦前・戦中期の歴史の全体像構築の一助となり得るのではないかと考えている。

注

（1）伊藤隆監修・百瀬孝『事典　昭和戦前期の日本』（吉川弘文館、一九九〇年）一〇二～一〇六頁。

（2）初出時は「内務省所属の有資格者。出向者や一時休職、退職後復帰の可能性のある場合も含む）としたが、大霞会編『内務省史』

第一巻（地方財務協会、一九七一年）四二七頁にある内務官僚の定義や、研究史上、退職後も内務官僚としてグルーピングすることが妥当とされる人物が複数いることなどを勘案し、かつより定義に正確を期すため、第二部第二章の初出時にこのように改定した。煩雑を避けるため、著書にまとめるにあたり、最初から改定した定義を用いることにした。なお、現職を離れている者については、現職者との区別が有用な場合が多いので、適宜「内務官僚出身者」という言葉も用いる。

（3）以上の諸問題に関する先行研究については、さしあたり黒澤良「政党政治転換過程における内務省」（『東京都立大学法学会雑誌』三五―一、一九九四年）三七一～三七二頁と注（1）～（5）を参照。ただし、内務省の新官僚については黒沢論文に取り上げられている研究の他、林博史「日本ファシズム形成期の警保局官僚」（『歴史学研究』五四一、一九八五年）を追加しておく。その後の関連の研究については本書第二部第五章の注を参照のこと。

（4）伊藤隆『近衛新体制』（中央公論社、一九八三年）、赤木須留喜『近衛新体制と大政翼賛会』（岩波書店、一九八四年）。

（5）大霞会編『内務省史』第一～四巻（地方財務協会、一九七一年）。

（6）拙著『昭和戦中期の総合国策機関』（吉川弘文館、一九九二年）、拙稿「太平洋戦争期の議会勢力と政策過程」（『史学雑誌』一〇二―四、一九九三年）、拙稿「大日本政治会覚書」（有馬学・三谷博編『近代日本の政治構造』吉川弘文館、一九九三年）参照。

（7）平野孝『内務省解体史論』（法律文化社、一九九〇年）二頁。

（8）ただし、研究者による簡単な概観として、前掲平野書三二～五六、一五四～一六〇頁がある。初出後、百瀬孝『内務省』（PHP研究所、二〇〇一年）が研究者による簡潔な通史として出た。

（9）とりあえず注（3）参照。

（10）主な業績として、前掲伊藤書、赤木書。そのうち各政治勢力の相互関係に着目しているのは伊藤書なので、以下、本論文では政治過程については主に伊藤書に依拠する。

（11）前掲伊藤書、赤木書。

（12）前掲『内務省史』第一巻、四三〇頁。

（13）前掲伊藤書一二八～一三三頁。

（14）下中弥三郎編『翼賛国民運動史』（翼賛運動史刊行会、一九五四年）八一一頁。

（15）前掲伊藤書一四〇頁。

(16)　同右二一一～二一三頁。
(17)　以下、新体制準備会での発言内容の引用は、国立公文書館蔵「内閣官房総務課資料」所収の「新体制準備に関する件」(2A—40—資10)による。同史料は新体制準備会の議事録である(ただし特別審議会の分はない)。なお、この史料は既に伊藤書でも赤木書でもかなり詳しく紹介されている。
(18)　前掲『翼賛国民運動史』、八三～八六頁。
(19)　前掲伊藤書一六八頁。
(20)　岡崎については、今吉敏雄編『全国町村会史』(全国町村会、一九五八年)九七頁。
(21)　前掲拙著および同書に引用した諸論文。
(22)　前掲伊藤書一六～一八頁。
(23)　この「官治」という用語は、一九三八年六月二八日付『東京朝日新聞』朝刊の内務省の東京都制案を報じる記事の見出しの一部「官治主義の色彩濃厚」から借用した。
(24)　内政史研究会編刊『挾間茂氏談話速記録』(一九六六年)一三一～一三五頁、前掲赤木書一九一～一九六頁。
(25)　木戸日記研究会『牧達夫氏談話速記録』(日本近代史料研究会、一九七九年)一三六～一三九頁。
(26)　この点について、これまで明確に指摘した研究がないので根拠を示しておく。牧は陸軍が主張する国民組織について、「軍の指導者ははいっておらんですけれども、軍の考えておる国策なり軍の考えておる方針というものは直ちにこれが国民に理解を与え、国民からこれが協力を得、そしてこれが政治となって行なわれる組織だ」と回想しているが(前掲『牧達夫氏談話速記録』八八頁)、これは婉曲な表現ながら、陸軍(といっても実際は武藤、牧ら軍務局)の意志を実現する組織として国民組織をとらえていたことを示していることからこのように判断できるのである。
(27)　前掲拙著一一三～一二五頁。
(28)　荒原朴水『大右翼史』(大日本国民党、一九六六年)三八〇～三八一頁。
(29)　宮崎隆次「日本政治史におけるいくつかの概念」(『千葉大学法学論集』五—一)。
(30)　前掲黒沢論文。
(31)　この点についてはこれまで十分な研究がなされていないので今後の課題とするが、さしあたりこのように断言できる根拠を示しておこう。

まず、新体制運動初期において既成政党サイドで新体制が既成政党を基盤とした新党運動となるとみていたことである。すなわち、一九四〇年七月九日付の警察情報の中で、政友会久原派の久原房之助総裁の秘書木村義兵衛は「新党ヲ如何ニ作ルカト云フ問題ハ種々アルデアラウガ結局政党ノ合同ニ次イデ各種団体ガ加入スルヨリ他ニ途ガナイデハナイカ、既成政党ノ離合集散云々ト非難シテ見テモ尚有力ナル一勢力タルヲ失ハヌ、之ヲ全国的ニ見レバ政友、民政ノ地盤ハ八割ヲ占メテヰル事実ハ無視シ得ナイ」と述べ、政友会中立派（金光派）の金光庸夫は「国民待望ノ新党結成モ既ニ時局問題トナッテイル、此ノ母体ハ何ト云ッテモ事実ハ結局既成政党デア」ると述べている（吉見義明・吉田裕・伊香俊哉編『資料日本現代史』一一、大月書店、一九八四年、八八頁）。

さらに、旧社会大衆党系、旧小会派系、旧政友会中島派など議会内の「革新派」と目される勢力が解党後に結成した新体制促進同志会の新体制案は新体制の推進団体のことを政党としており（前掲『翼賛国民運動史』五七〜五八頁）、政党結成を目標としていることは明らかである。

さらに、中央本部の主要ポストを政友会、民政党出身者以外の「革新派」が独占した状況の中で、同年末に院内交渉団体として衆議院議員倶楽部が結成される経緯について、旧政友会中島派の島田俊雄が「実はこの際、旧政党関係の者だけでも一度集まってもらって、議員クラブのようなものでつくりたいと思うんだ。そうしなければ、だんだん旧政党員以外の連中がノサバッて来て、しまいにはどうにも動きがとれなくなって来ることは必定だ」と述べたという木舎幾三郎（雑誌『政界往来』を主宰する政治評論家）の回想（木舎『政界五十年の舞台裏』政界往来社、一九六五年、一八三頁）も、新体制運動の主導権を議会外の「革新派」にとられたことへの反感の表れとみなせる。
(32) 前掲伊藤書一一一〜一一三、一二六〜一二七頁。
(33) 前掲『翼賛国民運動史』七六〜七七頁。
(34) 前掲平野書終章。
(35) 村松岐夫『日本の行政』（中央公論社、一九九四年）二〇一〜二〇二頁。ただし、筆者としては村松氏の政党優位論に賛成である。この点については前掲拙著『昭和戦中期の総合国策機関』三六八頁を参照。
(36) こうした人物の位置付けについては同右一八頁参照。

第二章　政党内閣期の内務官僚

はじめに

政党内閣期（一九二四年六月～一九三二年五月）の内務官僚をどのように政治史的に位置付けるかは、五・一五事件後の内務官僚の脱政党化や政治的台頭の意味を考察する前提として検討しておくべき課題である。

ところが、この課題に関しては、一般的に既成政党の従属下にあったことは周知に属するものの、その意味を掘り下げた最近のみるべき研究としては、河島真氏の研究が挙げられる程度である。(1)その中で氏は、内務官僚出身者で政治教育家であった田沢義鏞の国家構想を内務官僚の国家構想を代表するものとし、その論説の分析を通して、彼の「三党鼎立型政党政治構想」は、「第一次世界大戦後の政治的社会的混乱」への危機感から、社会問題解決の手段として「議会政治の合理性・正当性を高く評価」した上で、「政党と有権者との関係を政策レベルに限定」し、「立法権力と行政権力の権限を相互に自律的確定的に措定し」た構想とし、「これは、左右の直接行動主義からの明治憲法体制の護持と、かつ国家公共性の発現としての『公共政策』の推進を、国民政治参加の拡大を前提として推進して行こうとする際に登場する歴史的構想」と評価している。

これに対して、内務官僚の考え方を田沢の議論で代表させてよいかという批判、(2)あるいは安田浩氏による、この構想は「政党政治が政権運営の正統とされつつある状況の中で、それに適応しながらも、国家的見地に立つ国家＝官僚エリートの自立性と優越を確保しようとする政治構想」ではないかなどという批判がなされている。(3)

このように評価がゆれる原因としては、未だ事例研究が十分でないためとも考えられるが、当該期に内務官僚が残した史料（各種雑誌所載の論文、座談会など）の中で利用できるものは決して多いとはいえず、戦後彼らが残した多数の回想談は、(4)内務省に対するマイナスイメージが強い中で作られた史料であることを考えると利用には十分な注意が必要である。

そのため研究の成否は、少ない史料をいかに有効に使うかにかかってくるわけであるが、その際筆者が注目したいのは、内務官僚達は何をよりどころに内務官僚としてのアイデンティティーを維持していたのかという心性の問題である。それを確認できれば、彼らの言説の解釈に対してより説得力を与えることができる。そこで、まずその点を確認し、それをふまえて、当時の政治社会における、他の政治勢力の内務官僚や地方政治社会に関する動向と、それに対する内務官僚の対応を検討することで課題の解明を試みることとする。

一　内務官僚の心性

内務官僚の心性に関してまとまった考察なり記述を行なっているのは、旧内務官僚達が戦後に作成した『内務省史』(5)のみである。当然史料としては前にふれた、戦後の彼らの回想談と同じ問題をはらんでいるが、逆にいえば彼らの心性を探るには絶好の史料といえる。

同書では、「内務官僚の平均的な心構え」として、ある元内務官僚の戦後の回想談の中の、「要するに内務官僚は、牧民官として、見習から知事になるまで、みな知事を目当てにしていたのだから、それをめがけて修業させられて、先輩が後輩を導いた。自分たちも地方庁に行って、県会では課長くらいの若いときから答弁をして、そういう修業をしてきた。〔中略〕そういう意味の内務官僚であり、知事でありするのだから、だから知事というものは結局、政治的というか、そういう意味で、みな修業してきておるから、他の官僚と違うのだと思います」という発言を引用している。(6)このことから、内務官僚にとって、知事（地方長官ともいう。右の史料ではこれに当然北海道庁長官も含んでいると考えられるので、以下これも含めて知事と記す）になることが、少なくとも大正から昭和にかけて官吏生活の上で大きな目標となっていたこと、知事の理想像を示す言葉として「牧民官」という言葉が使われていたことがわかる。そこで、この二つの点に留意しながら内務官僚の心性を考察する。

内務官僚の多くは地方官（知事、府県および北海道庁部長など道府県の幹部職員）となっていたのであるが、その地方官制度を含む地方制度が、明治中期に時の藩閥政府によって、中央集権の徹底と民権派政党の地方政治社会への浸透を防ぐ意図で整備されたことは周知に属する。具体的には、市町村は純粋の自治団体とされ、市町村長は原則として市町村議会における選挙によることになっていたが、道府県は国の行政機関としての面と自治団体としての面の両面を持つとされた。そして内務省は地方行政全体を統括する官庁であると共に、知事の人事権は内務省が事実上持ち（官選知事）、道府県部長や一部の課長などの幹部職員も同様であった。

その地方官の内務官僚にとっての理想像を示すのが前出の「牧民官」という言葉であったわけだが、『内務省史』はその由来として、一八七三年（明治六）の地方官会議の際の地方官に対して明治天皇が下した勅諭の中の「夫レ善ク斯民ヲ誘導シ各其所ニ安ンセシムル固ヨリ是牧民タル者ノ職ニシテ」という部分をあげている。(7)つまり、地方官は、中央の政争が持ち込まれないことによって安定するはずの（現実にはそうはならなかったが）地方政治社会を維持発展させる指導的立場に立つことが要請され、内務官僚自身も地方官の理想像としてそのように認識していたのである。これは常識的な意味での権威主義（日本近代史特有の言葉で言えば超然主義）的な発想といえる。こうした彼らの自己認識を仮に「牧民官」意識と呼んでおこう。従って、同書の中で、内務官僚の特徴として列挙された項目の中に「進歩的」であるとか、「民意の尊重」「民意の代弁者」といった、一見現代的な意味での民主的とも解釈しえる項目があるのも、実はこうした意識の裏返しなのである。

そして、明治末期に採用制度が整備されて以後、毎年三〇～四〇名が採用された文官高等試験合格者（当時は有資格者と呼ばれた）の大部分がとりあえず立身栄達の目標としたのは知事の椅子であった。理由は明白で、本省の大臣、次官、局長（政党内閣期は五局と外局の社会局長官）は計八つの席しかないが、道府県は計四七あり、内務官僚が出向せずに就任できる世間的にも権威あるポストの中では、誰でもが到達可能な最も高いポストが知事だったのである。その知事になる条件であるが、『内務省史』によれば、一般論として、昇進は能力、人格と行政実績によるとされており[8]、地方庁勤務の場合に、実績をあげるためには地方の政治社会に中央の他の政治勢力（政党や他官庁）ができるだけ介入しない方が望ましいことになるし、知事になっても、より官位の高い知事や中央の要職に栄転する条件が同様であったことは言うまでもない（もちろん実際には人脈や党派による場合もあった）。

要するに、内務官僚の心性とは、自己の栄達の当面の目標として、地方政治社会の指導者としての知事を設定する、「牧民官」意識と呼ぶべきものであった。

さて、こうした意識は、政権が「万国対峙」の一刻も早い実現の手段の一つとして超然主義を公然と掲げることができた間は一定の正当性を持っていた。しかし、日露戦争の勝利によって一応「万国対峙」が達成されたという認識が広まりはじめた時、事態は変化しはじめる。

二　政党政治の拡大と内務官僚

ここでは、政党内閣期の考察に必要な範囲で以後の推移を検討する。

日清戦争後、政権に関与しはじめた政党勢力は、内務行政機構（内務省および地方庁）への影響力の獲得と増大に努めた。それは、両者が警察をはじめ地方行政一般を統括し、特に知事は原案執行権によって府県会に対しても強い力を持っていたため、選挙対策や利益誘導など、党勢拡張のための地方政治社会の掌握の手段の一つとして、内務行政機構の掌握が必要だったからである。そして、周知のように日露戦後、第一次西園寺内閣の内相に政友会の原敬が就任して以後、そうした傾向は一層拡大した。

これに対して官僚閥（山県閥）側も、一八九九年に文官任用令や文官分限令を制定したり官吏制度改正を枢密院の諮詢事項にするなど対抗したが、政党側は内相に党員をつけ、休職要件を定めた文官分限令第一一条第一項第四号の「官庁事務ノ都合ニ依ルトキ」を内相の裁量で行使することで同令を事実上骨抜きとし、本省幹部や地方官の人事に関しては党に忠誠を誓う人物を優遇しようとし（いわゆる党色人事）、警視総監や本省警保局長を任用令の適用外とするなど、内務行政機構内部の政党化を進めていっただけでなく、一九二六年（昭和元）の郡制廃止のように内務行政機構自体を縮小したり、府県会にも勢力扶植をはかっていった。

こうした事態が進行した背景には、政党政治の拡大が、近代化の必然的結果としての政治参加の拡大への最良の対応策として、公選制の拡大と共に政界や言論界の中で広く認められるようになっていったことがあった。そして、一九二四年（大正一三）六月の護憲三派内閣の成立以後、政党が政治の中心（政党内閣）となる政党政治が「憲政の常道」

といわれ、男子普通選挙制度が成立するに至ったのである。

ただし、中央政界の対立図式が、当初の政友会対官僚閥（山県閥）から、第一次大正政変時に官僚閥を主体として非政友系が立憲同志会を組織して以後、次第に政友会対非政友会（同志会―憲政会―民政党）の対立に変化していく過程で、党色人事や府県会の党派対立の拡大が、行政の公平性の減少や地方開発の遅れの原因として批判される余地（いわゆる「党弊」批判）を生んでいった結果、そうした事態を生んだ二大政党を既成政党と呼び、既成政党中心の政治を「革新」しようという動きが一九一〇年代後半から起こった。(9) その動きの一つとして、内務官僚出身の後藤文夫や田沢義鏑らが中心となって一九二四年三月に結成された新日本同盟があったことはすでに知られている。(10)

さて、こうした政党政治の拡大に対して、内務官僚はどのように対応したのだろうか。たとえば、政党政治の積極的に関与していった人々もいた。総選挙当選者中文官出身者の割合が原内閣期に増加し、政党内閣期（田中内閣～犬養内閣）に最も多かった（二六～四〇名が当選）(11)ことや、少なくとも官僚出身の両院議員中、内務官僚出身者が最も多かったことはそれを示している。(12)

その理由は、政党政治の拡大が、建前上誰も否定できない論理となっていたことと共に、実態としての政党政治の拡大に伴って、立身栄達のコースとして官僚より議会政治家の方が魅力的となっていたことにも留意する必要がある。すなわち、桂園時代以後、閣僚中政党出身閣僚の割合が増え、一九二四年に政務次官、参与官制度ができたことによって、大臣、次官を目指すならば政党政治家となった方が早道であると認識されるようになり、内務官僚の場合も例外ではなかったのである。(13)

ただし、議会政治家となって栄達をめざす道は決して広いわけではなかったから、このコースを選択するために政党に積極的に関与していった人々は内務官僚全体の中では少数にとどまったし、二大政党の図式の中でうまく保身をはかって栄達することも決して簡単ではなかったから、内務官僚の多くは、政党化の波に翻弄されていたというのが実態であった。

もちろん、内務官僚とて既成政党の攻勢に全く手をこまねいていたわけではない。郡制廃止の際には同時に府県に学務部を設置することによってポストの減少を防いだ（郡長廃止の代わりに部長増設）りしただけではなく、一九二〇年の社会局設置に象徴されるように社会政策という新たな所管分野を開拓した。しかも、普通選挙の実現にも積極的であったが[14]、これを単に内務官僚が、政党政治の拡大、あるいは現代的な意味での民主化を支持した動きと考えることは無理がある。なぜなら、そうした方向の先には、公選制の拡大という議論があるので、当然彼ら（といっても政党に入った人々は別として）のよりどころとなっている官選知事制度を公選に改めるという彼らに不利な議論が現われうるし、実際既に出現していたのである[15]。

そこで、この時期、内務官僚は何を考えていたかを知る手がかりになるのが、田沢が普通選挙制度による選挙実施を間近に控えた一九二七年（昭和二）はじめに発表した論文「普選後に於る政界の分野を論じて地方議会に及ぶ」[16]である。その理由を説明する前にまず概要を見ておこう。

まず田沢は、政界の現状について、「既成政党同志の」「党略によつて政局の推移が決せらる丶」とした上で、普通選挙実施の意義について、「二回三回と総選挙が行はれるにつれて」「無産政党は兎に角議会の交渉団体として活発なる行動を議場に演ずる一勢力となるであらうし、新自由主義の新団体も之と並んで既成政党を悩ます」結果、「既成政党」の「意義実質に於ては、恐らく今日とかなりの変化を来」たすとしている。つまり、普通選挙制度実施によって、新興勢力が議会に進出する結果、既成政党中心の政治状況が変化すると考えているのである。では、どのように変化することが望ましいと考えていたかというと、「政党対立の合理的根拠はその国その時代に於ける最も重大なる問題に関する意見の相違でなければなら」ないとする。つまり、政党の存在意義を基本政策に関する政策論争の面に限定している。

そして議論は地方政治の分野に移る。すなわち、「その重大なる問題が、自治行政の実際の運用とは殆んど無関係か、又は極めて些少なる関係しか有せざる場合に於ては、自治行政に於ける地方議会は、国政に関する政党と全然無関係でなければならぬ」とする。つまり、理論的に中央の政党が地方政治に関与できる範囲を極めて限定している。その上で、「既成政党」は「たゞ政権争奪の集団」なので「自治行政に於ける地方議会は、既成政党の党争の外に超然として立たなければならぬ」が、「今日までの実情を見れば、理論の上からは許されない筈の地方議会の政党化が、至る所で行われ」「円満に進行すべき地方自治が常に党争によつて混乱せらる、こと極めて多」いとする。つまり、既成政党は、理論上地方政治への関与は許されないのに、実際には関与して地方政治を混乱させているという。そして、無産政党の地方議会進出については、「社会問題を捲き起しつ、ある無産者」階級が「地方議会に対してその代表を送」ることは、「あまりに深刻なる階級闘争となるが如きことなきやう」注意する必要はあるものの、「社会問題と自治行政とは、相当に密接なる関係を有するが故に」、「理論の上にも許されるべき」で「実際に於ても、地方自治政を刷新する一つの機会ともなる」と述べている。つまり、無産政党の地方議会進出は、地方政治の現状改善の手段として承認している。

この田沢の議論は、普通選挙制度を肯定的に評価しているために、一見少なくとも原則としての議会政治、あるいは知事公選論に関連していえば、公選制の拡大を肯定しているかのようにも見えるが、仮に田沢が内務官僚特有の「牧民官」意識を維持しているとすれば、彼の真意は別にあると考えざるをえない。つまり、国家構想の前提は、議会政治の肯定ではなく、「牧民官」意識を国家構想に敷衍した発想、すなわち、政治参加の拡大傾向の中で社会の安定をはかるためには、政党の権能を限定する必要があり、そのために議会制度を利用するという、議会政治必要悪論だったのではないか。そう考えれば、地方政治に関する考え方の説明がつくし（知事の問題についていえば当然官選知事肯定論につながることになる）、中央の政治体制についても、普通選挙制度実施によって多党制の拡大を望む一方、政党内閣肯定論を述べていないことの説明もつくわけである。そして、田沢が「牧民官」意識を持っていたか否かについては、彼が、政治教育家としては、政党から自立的な有権者の創出に努めたことや、既成政党との関係を一切断っていたことから、持っていたことが明らかである。[17]

そして、注目すべきは、厳しい既成政党批判は、まさに彼が既成政党と無関係だったからこそできたということである。つまり、田沢のこの論文は、既成政党とのしがらみの中で翻弄される多くの内務官僚の深層心理（「牧民官」意識」）を、公選制の拡大という主張が圧倒的な正当性を持っている状況に対応した形で代弁したものだったのである。

以上の検討から、河島氏が、田沢の言説を分析にあたって、議会政治イコール政党政治ととらえたことは不適切であったことがわかるし、田沢らの三党鼎立構想（「新自由主義の新団体」と二大政党）も、前出の安田氏の指摘のように官僚の利益擁護をめざした超然主義的考え方と解釈せざるをえないし、田沢自体についても、すでに伊藤隆氏が下している「開明的超然主義者」という評価の方が説得力があると言わざるをえない。[18][19][20]

さて、一九二七年五月、政友会の田中義一内閣は、政権安定のため、同年秋の普通選挙制度制定後初の地方議会選挙や、衆議院で過半数を獲得する準備として総選挙を行なうため地方官大異動を行なったが、その際、文官分限令の休職規定を初めて大規模に適用し、知事の休職一七（その他免官二）、政友系休職者の復活一六、部長級の休職も一八と史上空前の異動規模となり、以後犬養内閣まで政党内閣による地方官の党色人事が激化していく。その結果、内務官僚の人事権はほぼ政権与党の手中に帰すところとなり、内務官僚は現職層、出身者層ともども内部を政友系と民政[21]

系に二分され、政治勢力としての自律性を完全に失った。

さらに、政友会は、六月一五日、内閣に行政制度審議会（以下行審）を設置し、選挙対策の一環として唱えていた地方分権の実現の検討に入った。[22]その中には府県会の権限強化（議案発議権付与）、知事の府県会に対する権限の減少（原案執行権の制限）、中央官庁の許認可権の削減など、一見内務行政機構の権限削減につながるかのような項目ばかりが並んでいるが、内務官僚にとってはこれらはしのぐことが可能な問題であった。実際、知事の原案執行権減少は巧みに抜け穴が設けられ、許認可権の問題は、かえって内務省や知事の権限強化につながる形で決着がついていくことになるし、[23]同じく地方分権策の一つとしてとりあげられた「地方自治の経済化」も、内務省では、府県の権限強化の方向で検討された。[24]

しかし、このとき「府県の自治権拡張」の「中心問題」として政界や言論界で注目された知事公選[25]は、上にみた政友会案とは趣を異にしていた。すなわち、内務官僚のよりどころである官選知事制度を根本的に変更する構想であり、しかも二者択一的な内容（官選か公選か）であるため、中途半端な妥協が困難な性質の問題であったからである。そこで、以下節をあらため、田中内閣期の知事公選問題を検討しよう。

三　知事公選論と内務官僚

知事公選論は少なくとも一九二〇年（大正九）には存在していたが、[26]政治勢力がはじめて正式に政策としてとりあげたのは政友会で、一九二五年（大正一四）一〇月、護憲三派内閣から離脱し、野党となった直後、行政制度改革の一つとしてのことである。[27]そして以後遊説などでも主張され、「政友会多年の主張」[28]といわれるに至った。その背景として、政権を狙うために、当時の政治的風潮（たとえばこの場合は公選制の拡大）に適合し、かつ政権与党が掲げていない政策を掲げる必要があったことが当然考えられるが、知事公選論が政友会の重要な政治的基盤であった地方名望家層からも出ていたことも留意に値する。

すなわち、一九二〇年にある地方名望家が発表した知事公選論（郡長公選を含む）は、「自治の実績の如きは、十年二十年の歳月を積まなければ成し得るものではない」のに、「地方長官は内閣の更迭する毎に必ず幾多の移動があるため、「管内の視察によつて」「漸く地方色を識別して之を施政の上に施さんとする時、早くも任地の転換に遇ふ」というのは「地方行政を弄ぶもの」とし、公選にすれば、「県知事や郡長が其郡県より公選せらるゝ者であるから「視察も無用」「内閣の雲行を観測する心配も入らず、心長閑かに郡県百年の大策を立てゝ、年と共に理想郷の開拓に従事することが出来る」となっていた。[29] つまり、官選知事は更迭が頻繁すぎて地域に適合した施策を十分に行なうことができないので、公選にすれば地域の有力者が当選するから、その弊害を解決できると主張したのだが、こうした地方の側からの要望が政友会の知事公選論にとり入れられていることは、政友会の岡田忠彦（内務官僚出身の代議士）が、一九二七年（昭和二）九月に知事公選を主張した際、地方分権の目標として、「地方自治体をして其の風土人情に応じ各々特異の発達を遂げ、特異の文化の中心を築き上げしめん事を欲する」と述べていることから明らかである。[30]

さて、知事公選が政界、言論界の話題で注目されるに至った直接のきっかけは、管見の限り、一九二七年五月下旬、『東京朝日新聞』が、知事公選について計六人の「各方面の意見」を連載したことである。[31] 連載を行なった理由は、先の地方官大異動をきっかけに「『地方官を何とかせねばならぬ』といふことは各方面で真面目に考へられるやうになつた、知事公選論の起るのもその一つの現れで」、つまり地方官党色化への対応策として位置付けたいということであった。

政友会側では、大口喜六（代議士）が、「国民政治の基礎であり地盤であるところの地方自治を確立して中央政界の変動に超然として動かざる地方それ自身の行政を持たねばならぬ」、つまり知事公選は「党弊」防止策であるとして賛成しているが、「然し知事公選制度は一大変革を伴ふものであるからその時期方法等については慎重なる考慮を要し警察権との関係についても十分研究しなければならぬ」と具体案の検討からはじめなければならないことを指摘しており、水野錬太郎（文相、貴族院議員、内務官僚出身、元内相）も、大口と同じ理由で知事公選は「当然来たるべき制度」と述べているものの、「然し一口に公選といつても」方法によって「利害得失」は様々なので、個人的には「賛否の意見を決定するまでに至つてゐない」と慎重な態度を示している。

すなわち、二人とも知事公選の利点として、政党政治の拡大をはかりつつ当時の地方官の頻繁な更迭を防止できるとしている。これは当時の政界や言論界における公選制拡大をよしとする風潮を考えれば、当時としては十分説得力のある議論である。

しかし、注意すべきことは、政友会が知事公選の内容や実現の手順についてなんら具体案をまとめていないことが二人の議論からわかることである。しかも、田中首相が、六月一八日の第一回の会議で最初の議題を地方分権とすることを示す[32]一方、六月二五日に開かれた行審の第一回幹事会において前田米蔵幹事長（政友会代議士、法制局長官）が、「総理大臣ノ地方分権ノ意味ハ政友会デハ知事公選ヲ唱へ居ルモ其レハ理想デアツテ先ヅ地方ノ権限ヲ広メテ訓練ノ出来タ所デ理想ニ進マントスルモノナルベシ故ニ今回ハ知事公選迄研究シナクトモヨイ[33]」と述べていることから、政友会としては当面知事公選を先送りする意向であったことは間違いない。つまり、事実上知事公選は選挙向けの名目的な政策となっていたのである。

野党民政党からは二人が意見を載せているが、小橋一太（代議士、同党総務、内務官僚出身）は、「公選に伴ふ弊害が必ず百出するに相違ない。それを防止するのが実際問題としてはなかなか困難である。そこで折中説が起る。法令をもつて知事に一定の任期を付すべしとの事である」とし、斎藤隆夫（代議士、同党総務）も、アメリカで州知事公選の「党弊」が問題化していることにも言及した上で、「公選にした場合には知事はより以上に党派的勢力によつて動かされ」るので「自治制は却つて破壊されるかも知れぬ」としていた。つまり、知事公選は「党弊」を激化させるとして反対していた。なお、官選知事の任期制導入説は、おそらくは頻繁な更迭防止策としてであろう。

こうした知事公選反対が党の方針であったことは、民政党が党の政策に知事公選を掲げていないことから明らかであるが、原則的に反対しているわけではなかった。すなわち、若槻礼次郎総裁は、「知事公選は現在の地方自治体が中央の手を離れて充分独り歩きが出来るやうになれば格別だが、今の所一片の理想論であり」(34)と述べているし、民政党内にも公然と知事公選を主張する者がいた。すなわち、末松偕一郎（内務官僚出身の代議士）が、「党弊」防止策として知事公選論を主張していた(35)。また、同党が政権与党となった一九三〇年夏には、党の政務調査会で市町村長公選案（住民による直接選挙）の検討を開始している(36)。つまり、民政党も政党である以上、公選制の拡大という風潮を否定できないので、知事公選反対は、この政策が政友会内閣で実現することによって政友会の地方掌握が進むことへの警戒感によるといえる。

学界からは、商法の権威として知られた松本烝治が、現在の制度では地方産業の発達に支障があるなどとして賛成しているが、天皇機関説を唱える憲法学者として、官界に一定の影響力を持っていた美濃部達吉は、アメリカの市長公選の弊害を例にあげて、「地方における政争の激発、選挙費用の激増となつて新たなる弊害を誘発することは到底免れない」などとして「容易に公選制度に賛成し兼ると同時にこの際知事の地位を確保するため文官分限令の徹底的改正を提唱したい」と反対論を述べている。すなわち、「党弊」が知事公選によって激化するとして批判し、知事の頻繁な更迭をさけるために文官分限令改正によって身分保障制度を強化すべきであるという主張となっている。

ちなみに、一定の制限付きとはいえ、当時新たに公認の政治勢力として登場してきた無産政党は、複雑な離合集散を繰り返していたものの、地方政治に関しては、概ね地方自治の拡大を原則とし、知事、市町村長公選を掲げていた。しかし、彼らの主張の重点は、部分的な制度改編よりも無産政党が政権あるいは地方自治体を「占拠」すること、あるいはそのために大衆を動員することにあった点(37)は留意しておきたい。

では、こうした中で、内務官僚はどのように対応しようとしていたのだろうか。それをうかがうことができるのが、行審設置直後の六月二三日から開かれた地方長官会議において、内相の「地方行政の刷新に関する件」という諮問に関しておこった知事公選論議(38)である。賛成論を述べたのはわずか六名で、大多数は反対であった。その中で、賛成の論拠は、「自治権拡充は必然の趨勢」である、官選知事が自治行政にも関与しているのは本来おかしい、知事の頻繁な更迭を防止するためなど、政友会員と同様の賛成理由であった。これに対し、反対の論拠は、知事公選のためには国の行政と地方自治行政を区分する必要があるが、区分は事実上困難であり、強行しても経費増となる、あるいは「官選知事は多年の沿革あり」とか、「更迭頻々を理由として公選を唱へるものもあるが、従来の事実に徴すれば相当長期間同一地位に居つた者もある。要するに之は政局が安定すれば問題はない筈」といったものであった。

要するに、現職内務官僚の反対論は、他の政治勢力や学者の議論に比べると大義名分がなく、技術的な議論に終始している点で著しく説得力に欠けていることがわかる。その理由は明白で、当時にあっては反対のための唯一の大義名分は「党弊」激化の懸念であったが、それは民政党が主張しており、政友会によって登用されたり昇進したばかりの人々が主張するのは極めて困難だったのである。つまり、政友系の内務官僚は、もはや「牧民官」意識を正当化するすべをほぼ失っていた。ここに、自分たちの存在意義をかけた問題においても既成政党による政党政治に翻弄される現職内務官僚の姿が示されている。

しかし、このように地方長官会議で知事公選反対論が大勢を占めたことに対して政友会内では、「我党内閣の主張として確定せるものに対し、兎や角反対する如きは相当戒飾に値する」という見解が多数を占めるに至った[39]。その結果、前田は消極的であったにもかかわらず、政友会代議士を幹事会に招いて意見聴取も行ないながら、第一回幹事会で山岡万之助幹事（内務省警保局長）が提案した州庁制に、知事公選（間接選挙）を組み合わせた幹事案「州庁設置ニ関スル件」が作成された。これは、国の地方事務や府県監督は国の機関として全国を六分割して設けられる州庁が扱い、府県は純粋の自治体として知事公選という内容であった。このうち、州庁設置論はすでに内務省内部にもあったことから[40]、幹事案は内務省と政友会の意向の折衷案であったといえる。

しかし、この案に対して政友会内部では、府県知事を公選にしても、府県の上に国の機関としての州庁が設置されることは「知事公選の趣旨を骨抜きにする」として反対の声が強かった[41]。

その結果、この州庁設置案は、他の案（自治権拡充、自治体経済化）と共に八月三日の第二回会議[42]の議題となったものの、自治権拡充案（府県会の権限拡大と知事の原案執行権縮小が中心）が答申案として議決されるにとどまった。すなわち、州庁案は先送りとなったが、その際の各委員（ほとんどが政友会員）の発言には、高橋光威の「知事公選ハ完全ナル府県自治ヲ作ル上デ当然ニ来ル問題デハアルガ、重大ナル最高政策デアル内閣ノ運命ニモ拘ハルモノデアル容易ニ決セラルベキコトデハアルマイ」という発言にみられるように、果たしてこの政策が政権の安定維持に資するか否かの判断が困難であったことがうかがわれる。

要するに、政友会は知事公選を積極的に推進する意図はなかったのに、公選制の拡大という当時の政治的風潮に内務官僚が過敏に反応してなかば一人相撲を演じたわけで、当時の内務官僚が、既得権の維持とその正当化について、いかに危機感を持っていたかが浮き彫りとなった事例といえる。しかし、知事公選問題はこれで終わったわけではない。

その後、知事公選問題が再び問題となるのは、九月の地方選挙や一九二八年二月の総選挙を経た同年六月以後のことである。すなわち、六月二〇日に政友会政務調査会内閣拓殖部会の会合が前田や島田俊雄党幹事長や各総務も出席して開かれた際、党側は、知事公選について政府（つまり前田）に対し次の通常議会での実現を強く求めた。[43]その原因は、総選挙の敗北にあった。すなわち、選挙直前の一月一〇日にも小規模な地方官異動を行なって選挙干渉を徹底したにもかかわらず、二月の総選挙で政友会は第一党とはなったものの過半数を大きく割り込む（定数四六六のうち二一七）結果となり、しかも、総選挙後の特別議会で野党が共同で事実上の内相不信任案である「政治的国難ニ関スル決議案」を提出し、政府側の工作や鈴木内相の辞任にもかかわらず可決されたのである。そこでは、地方政治について、利権政治や地方官の選挙干渉、党色人事など「党弊」が列挙され、直接の責任者として内相が弾劾された。[44]ここで知事公選が浮上したのは、後出の中島の発言にもうかがえるように、決議に対応しつつ有権者の支持を得やすい政策を主張することで、再解散による過半数確保をねらう動きがあったためであろう。しかし、これに対し前田が、知事公選は「地方自治体の完全なる発達」を待つべきと発言したため紛糾し、前田が会議の席を逃げ出すという事態となった。そのため前田はやむなく六月二三日の行審第三一回幹事会で知事公選の検討を再開した。

ところが政友会では前田の消極姿勢を危惧したのか、内閣拓殖部会に設置した知事公選に関する特別委員会で七月一八日に再び知事公選即行を決議し、幹部に進言した。[45]そこで前田は、佐上信一幹事（内務省地方局長）に知事公選論の欠点を調査させる一方、八月二二日の行審第三七回幹事会に政友会政務調査会のメンバー（堀切善兵衛会長、清水銀蔵、中島鵬六、藤沼庄平）を招いて議論を行なった。

その際まず堀切が、「聊カ驚キタリ、田中内閣ノ下ノ本会ナラバ公選ニスルコトヲ前提トシテ進行スルニ非ザリシヤ」と前田を批判し、中島も「現今ノ如ク民衆政治ノ高潮セラルル時ハ必然本問題ハ実行スベキ」で「世論モ公選ヲ要求シオレリ」と述べ、清水も同様に主張したが、前田は技術的な問題点を多数指摘するなど平行線をたどり、結論の出ないまま前田が強引に散会させてしまった。これに対し政友会では閣僚の一部に至るまで不満が広がったが[46]、前田は結局八月二九日の行審第三八回幹事会で、「知事公選ノ問題ニツイテノ党ノ方ノ意見ハ今直ニ実行セラレタキ意味ニアラズ、遊説シテ政友会トシテモ主張シタル干係〔ママ〕モアリ知事公選準備委員会デモ作ツタラトイフコトナリ」と宣言して再び先送りとし、結果的にはこれで立ち消えとなった。要するに、今回は政友会の一人相撲におわり、結果的に内務官僚は既得権の防衛に成功したわけである。

従来、知事公選立ち消えの原因については、①「政友会上層と守旧派官僚の結合」による[47]、②そもそも政友会は知事公選を実現する気がなかった[48]、③政友会幹部は最初から反対していた[49]などの説がある。このうち、①は「守旧派官僚」が主体的な政治勢力としては登場しない以上成り立たず、②③は前年の事例には該当するが、今回の事例には該当しない。当然別の原因があるのだが、それは第五節で扱う。

むしろ、内務官僚に関してここで注目すべきは、八月一五日の行審第三七回幹事会の席で、佐上が、「趨勢ハ知事公選ニアルト思フガ実行ノ時期トシテハモ少シ政党ガ健全ナル発達ヲシタトキデナクテハイカヌ」と発言したことである。すなわち、現職の内務官僚が公然と既成政党批判を行なったのである。この一年間に何が起こったのであろうか。

四　内務官僚の「党弊」批判の表面化

実は、現職の内務官僚が公然と既成政党を批判したのは、行審における佐上が最初ではない。管見の限りでは、一九二七年（昭和二）一二月に中央報徳会が行ない、翌年一月に同会の機関誌『斯民』に「地方自治と政党に就て」と題して掲載された座談会（現職およびOBの内務官僚と地方有力者が出席）で、安井英二（内務省地方局行政課長）が、「一体今日の政党」は「利権第一主義で動いて居るので」「立派なものとは考へられませぬ」とした上で、「純然たる地方問題に対して中央政党が喙を容れると云ふ事は理由の無い事で、寧しろ悪い傾向」なので、「地方自治に対して中央の政党は非常に害毒を流して居ると思ひます」と述べたのが最初である。その趣旨といい、「党弊」の解決策として、無産政党の地方議会進出を期待する旨を述べている点といい、前出の田沢の議論の影響が明らかである。

さて、安井の発言も佐上の発言も、批判の対象として政権与党たる政友会も含んでいることは明白である。つまり、内務官僚は、現職の人々も含めた、広く内務官僚一般の既得権益確保（地方行政の要としての地位の確保）のための大義名分として「党弊」批判という根拠を獲得した。すなわち、「牧民官」意識が再び正当化されたわけで、理念的には既成政党による政党政治の拡大に対抗する立場を獲得したことになる。

その背景としては、この一年間の政治状況を考える必要がある。すなわち、一九二七年秋には地方議会選挙が行なわれ、地方官により与党に有利な選挙取締まりが行なわれたにもかかわらず、全体としては政友会系が優勢となったものの圧勝とはいかず、無産勢力の当選者も現われた。さらに、翌年二月の総選挙では、前述のように政友会は辛うじて第一党となったものの過半数を割る一方、結局失敗したものの、選挙前には新日本同盟の三党鼎立構想に基づく新党創立の動きがあり[50]、同じ意図で選挙後に明政会という会派が作られたり、やはり無産政党勢力が少数ながら当選して、両者がキャスティングボートを握るという事態となった[51]。つまり、内務官僚が内心期待した、既成政党の専横を抑制しえる状況が現出した（といってもそうした状況は政友会の多数派工作によってほどなく解消するが）。しかも、前述のように地方官にかかわる「党弊」批判は高まる一方であった。

それと関連して留意すべきは、町村長層、つまり地方有力者層からも「党弊」批判が表面化してきたことである。すなわち、前出の一九二七年末の座談会の中で東京府荏原町長高木亥三郎は、「政党が地方自治に害があると云ふ事は皆様御認めの事」という前提のもとで、「中央の状態は政党内閣に非ざれば時代逆行と云ふ事になつて居る」が「町村は政党町村治、政党町村長たるべからず」とし、その理由として、「舞台が小さうございますから、余りに敵味方に分れてやり合いますと、一町村内の共存共栄を図らなければならぬと云ふ町村の制度が、殆ど自殺になります」と述べている。そして、これ以後、地方名望家、あるいは役職名望家たちの間から次第に既成政党批判の発言が増加していく[52]。

このように理念的には既成政党の従属化から脱しはじめたかに見える内務官僚であったが、それは政界や言論界の動向という外的状況に助けられてのことであった。しかも、人事権は相変わらず政権与党が握っていたことを考えれば、内務官僚は「牧民官」意識と政治勢力としての実力のなさとの軋轢の中にいたといえる。こうした状況を如実に示すのが、一九三〇年末に後藤文夫（元内務省警保局長、当時大日本連合青年団長）が発表した「地方自治と政党」[53]と題する論文である。

後藤はその中で、まず地方自治体への政党の進出は、「可否善悪を論ずるを不可能ならしむる程の進出」であると、消極的ながら実態を承認した上で、その結果起こっている弊害として、府県幹部、吏員の人事の党色化、府県財政の放漫化、府県会の議論が地域本位でなく党派感情に左右されるなどのため「地方民一般の利益」が阻害されているとし、その対策として、まず政党人の自制心をあげるが、「良心の強い人ならば良いけれども、さうで無い人だと駄目である」とされ、次に制度改革案として、府県知事、部長の任期制導入などの身分保障、地方官公選をあげているが、身分保障は「現在の特殊の事情に対する一時的の匡救策ではあらうが」「地方自治行政に溌剌さがない」し、公選は「公平なる行政を行ふ人を選」ぶことができればよいが、「今日迄地方長官公選制が主張せられ来つた理由を見ると、地方自治体に於ける政党の進出を当然の事とし、地方自治体を自分の意のまゝに動かさんとする利己主義的政党員の要求と、その党の為めの地盤獲得、勢力拡張のために言われる事が多い」ので「直ちにいゝ結果を齎すであらうとは想像出来ない」としている。次に世論の力をとりあげているが、「一般には組織の無いものであるから具体的な力」には「なり得ない」し、「特に我国の世論の力は精練され、訓練されてはゐない」とし、いずれについても改革案としては否定的な評価を下している。そして、代案としては、東京市や大阪市での市会議員選挙の「市政浄化」運動(54)の実績を例示して、「純正なる自治行政を擁護」するため「地方的の集団、乃至政党を組織」することを提唱しているが、全国的にこうした動きを拡大するための具体的方策は示されていない。つまり、内務官僚は、地方政治や政党政治の現状を批判しながらも、有効と自覚できる独自の解決策を提示するには至っていなかったのである。

五　政党内閣期の官吏身分保障制度制定問題

さて、地方官党色化による弊害の防止策として、文官分限令の改正による官吏身分保障という構想もあったことはすでに見たが、これも田中内閣期以後具体的な政治課題となる。しかし、その経緯については、史料や研究によって

事実経過に多少のくい違いがあるので、当該期の内務官僚に関連する事項としてやや詳しく見ていこう。(55)

田中内閣で最初に問題となったのは、一九二七年九月二二日、行審第一九回幹事会でのことであった。すなわち、文官任用令や高等試験令など官吏制度改革が行審の次の課題となったが、その際前田が「文官分限令ノ改正ハ出来サルヤ任用令トハ平行シテ改正スヘキモノトノ世論モアル」と述べたのに対し、潮恵之輔幹事（内務省地方局長）が、おそらくは文官懲戒令にならって、「休職ヲ命スル場合ニ文限委員会ニカケル様ニシテハ如何」と提案したことに始まる。次の九月二七日の幹事会で原案が作られ、一二月二〇日の第六回の会議でさしたる議論もなく議決され、政府に報告された。その内容は、文官分限令第一一条第一項第四号による休職は文官分限委員会（高等官とそれ以下には別に設置）の諮問を経ることとし、文官分限高等委員会の構成員は、会長が国務大臣、委員は内閣書記官長、法制局長官、各省次官二名となっていた。すなわち、この案は委員の過半数を政党員が任命され得る官職によって占められており、田中内閣が、官僚人事に対する与党の影響力保持をねらっていたことは明らかである。しかし、この案は先送りとなった。年明けの一月一〇日に総選挙を控えた地方官異動が行なわれたことから、理由は明らかであろう。

ついで、総選挙後の特別議会が終了してまもない六月二三日、前出の行審第三一回幹事会で再び前田が「文官任用制度、高等試験制度、文官分限令ノ改正ニ付テハ会長モ相当急ギオレリ」として検討をはじめ、高等分限委員会の権限を諮問機関から審査機関（強制力を伴う）に、高等分限委員会の委員に勅任行政裁判所評定官または勅任判事二人を追加した案が七月一七日の第七回の会議に提出された。これは前の案より委員会の内閣からの独立性が著しく高まった案である。田中が急いだ理由は、その際の「此ノ間ノ議会ニ於テモ此ノ点ニ付決議ガ議決セラレテヰルシ」という発言が手がかりとなる。

すなわち、前述の内相不信任決議の対応としては、知事公選と共に、決議案の中に官吏の身分保障を求める文言もあったことから、身分保障制度制定という選択肢もあった。田中としては、すでに一度行審で成案を得たことがあるため知事公選よりは早く実現できるとして後者を選択したと考えられる。ただし、鈴木内相時代の案そのままでは到底支持を得られないので、より内閣からの独立性を高めた案としたのである。

しかし、この案は委員の賛同を得られず議決保留となってしまう。理由は明白で、これでは大臣と高等分限委員会の意志が食い違う可能性があり、「大臣ノ責任政治ガ制セラルル」（小川平吉鉄相の発言）というものであった。それでも一〇月一日の第九回の会議で議決されるが、このころには議会の多数派工作も進展しており、立ち消えとなった。

一九二九年（昭和四）七月に成立した民政党の浜口雄幸内閣も、成立直後に休職一二、免官一六、復活一四にのぼる知事の大異動を行なって地方官を民政党化し[56]、総選挙で過半数を獲得した上で身分保障制度の検討に乗り出した。具体的には地方官の党色化に伴う選挙干渉の激化批判への対応策の一つとして、選挙革正審議会（一九三〇年一月二〇日内閣に設置）の第二回総会（五月二六日）において伊沢多喜男（貴族院議員、内務官僚出身で民政党系内務官僚のリーダー）の提案で議題となり[57]、第一特別委員会およびその小委員会で審議された。

その案の内容は、休職の諮問機関として「文官考査委員会」を設置し、その高等委員会（高等官を対象）の構成員は、会長が首相、委員は内閣書記官長、各省次官二名、会計検査院長、行政裁判所長官、「十年以上勅任官又ハ奏任官タリシ者二人」（つまり一〇年以上高等官であった経験がある者）とされ、政党内閣期に休職や復活した経験のある現職者には本規定を適用せず、退官者の再任用や休職者の復職時にも委員会の諮問を必要とするなどの経過規定が盛り込まれた。これは民政党内閣下で任命された人々の身分まで保障するのは不公平という政友会の意見を取り入れたものである。これに対して枢密院が、総理大臣が会長では内閣からの独立性がそこなわれるとして不満を表明していたものの、一一月二〇日の第一七回総会で議決された。しかし、この案は、議決直前の一一月一四日に起きた浜口首相狙撃事件による政局流動化のため立ち消えとなった。

続く第二次若槻礼次郎民政党内閣では、一九三一年五月、財政緊縮策の一つとしての官吏減俸の代償として浜口内閣時の身分保障案が再浮上したが、前回同様枢密院の反対論だけでなく、政府内部で人事の自由度を拘束するとして慎重論があらわれ、それでも九月中旬に閣議決定寸前までいったものの(58)、安達謙蔵内相らの協力内閣運動による政局混乱に巻き込まれて再び立ち消えとなった。

次の犬養毅政友会内閣も組閣直後に空前の地方官大異動（免官九、休職二七、復活二四）を行なった上で総選挙を行なって絶対多数を確保したあと、身分保障制の検討を開始した(59)。おそらく選挙法改正の一環としてと考えられるが、実際にはほとんど進まないうちに五・一五事件に遭遇したことは、後述のような内務官僚出身者たちの動きから明らかである。

ここまでの経過をみて気付くことは、この問題をめぐる政治過程に登場する政治勢力は、民政党と政友会、そして枢密院の三者であって、内務官僚勢力（それも現職層）の主体的な関与がほとんどないことである。むしろ、ここで注目すべきは枢密院の登場である。この時期の枢密院は、伊東巳代治、平沼騏一郎など非政党内閣の首班候補と目されたり自認する人々が中心的存在となっていることからいって(60)、政党政治の拡大には批判的であった。従って、政党内閣の設定する身分保障制に批判的となるのは当然といえよう。そして、官吏制度改編には枢密院の諮詢が必要とされていたことを考えれば、内務官僚の「牧民官」意識に比較的近い立場で実力を行使できた唯一の政治勢力が枢密院だったのである。

ただし、論理的には、内閣側は、ロンドン海軍軍縮条約問題の場合のように、枢密院改革や顧問官増員（増員分には内閣が推薦した与党系の人物を入れるのである）といった揺さぶりをかけて政府案を通すこともできたはずである。特に浜口内閣期の案の場合には、野党政友会の合意も取り付けていたことから、その可能性はきわめて高かった。それができなかった原因は、浜口内閣期においては成案時に浜口狙撃事件で内閣の指導力が弱まったことであり、続く第二次若槻内閣の場合には内閣の政治的求心力が弱く、この問題について閣内でも足並みの乱れがあったためであると考える他はない。この経緯については、先に鈴木正幸氏が、政党内閣下では身分保障制度制定は原則的に不可能である旨の評価を下しているが(61)、右の考察からはそうは言えないことがわかる。つまり、官吏身分保障制度制定問題が立ち消えとなった原因は、政党内閣の性格に由来する原理的なものではなく、多分に状況的なものだったのである。

しかし、五・一五事件直前に至り、ようやく内務官僚はこの問題について独自の動きをはじめようとしていた。具体的には、中央報徳会が、地方官の身分保障問題について幹部会員（ほとんどが内務官僚あるいはその出身者）を集め、座談会を開いて意見を募り、それをもとに各方面にはたらきかけようとしていたのである(62)。

この座談会は一九三二年（昭和七）五月二日に行なわれ、出席者は伊沢多喜男、石原雅二郎、堀切善次郎、大森佳一、潮恵之輔、矢作栄蔵、山田準次郎、後藤文夫、水野練太郎、水町袈裟六という一〇名の内務官僚出身者および休職者（ただし文中では匿名）。内閣交替毎に地方官もかわるのでは「役人としての道が失はれるのみならず」「吾々地方の行政に関係し、殊に地方の発展を願つて居る者としては、黙つて傍観して居る訳に行かない」という「牧民官」意識の色濃い前置きで始まっている。出席者の意見は、司会役の一名を除き、①長官を官選とする道州制導入の上での知事公選でそれ以下は身分保障（一名）、②知事を政務官とし、それ以下は身分保障の代わりに定年制（史料では「停年」制）導入（二名）、③休職審査機関を設置して身分保障（三名）、③身分保障（一名）、④現行法令の運用改善（二名）となっている。

このうち、①や②の論者は政党内閣が政治のあり方として望ましい旨の発言もしているが、①の知事公選論に対しては「党弊」を助長する危機感を示す意見が多く、議論全体の傾向は審査機関設置とセットとなった身分保障制度制定論となっている。要するに、政党内閣の構想と同じであって、内務官僚としての独自性はうかがわれない。

それでも、こうして、一部とはいえ、内務官僚勢力がようやく積極的に独自の動きを行なおうとした時、五・一五事件が勃発、斎藤実首班の「挙国一致」内閣が成立して、事態は次の段階に入っていく。

おわりに

ここまでの検討で気付くことは、既成政党と内務官僚は、自己の政治的基盤として同じ対象、すなわち、地方名望家中心の地方社会（といっても実際には変化しつつあるにせよ）を考えていたことである。

明治以来の来歴を持つ既成政党は最初から地方名望家が重要な政治的基盤であり、普選実施によって一般大衆の支持も獲得することが必要となった時も、地方名望家を要として掌握する方向をとった。一方内務官僚は、彼らの心性としての「牧民官」意識の存在に示されるように、中央の他の政治勢力が地方政治社会に浸透することに対して原理的に消極的にならざるをえない。しかし、実際には政治的近代化イコール政党政治の拡大という大義名分におされ、目標は容易に達成されないまま、政党内閣の時代となり、人事権を政権与党に握られた内務官僚は、政治勢力としての自律性を失っていった。そして、「牧民官」意識に基づいた独自の立場を表明できるのは、田沢義鋪のような、既成政党と無関係な内務官僚出身者の一部にとどまるに至り、田中内閣期には「牧民官」意識の基礎となっていた官選知事制度さえ危機にさらされるに至ったのである。

しかし、その危機は政権与党内部の事情や「党弊」の拡大など外的条件によってなんとか切り抜け、官選知事制度は維持され、「牧民官」意識は再び正当性を獲得した。その結果、潜在的には、政治的基盤としての地方名望家を中心とする地方社会を既成政党と争奪しあう可能性はいまだ残された形となった。しかし、人事権は依然既成政党に握るところであり、五・一五事件という第三者による非合法手段によって、ようやくこうした従属的状況を脱するきっかけが転がり込んできたのである。

最後に、こうした内務官僚の当時の政界における位置について検討するが、その前提として、本論では扱えなかったものの、この時期新たな政治勢力として登場してきた陸軍の急進派（原初皇道派）の地方行政についての構想を見ておきたい。

陸軍では、若手エリート将校や隊付青年将校の中に反既成政党の風潮が生まれ、急進化した一部は一九三一年（昭和六）三月と一〇月にクーデター未遂事件を起こすが、彼ら急進派の政治構想は概ね国家社会主義的なものであったとされる(63)。彼らの政権構想が陸軍急進派が実権を握る超然内閣であったことを考えると、彼らは、あるべき政治社会像については無産政党と類似していたが、国家権力のありかたについては対立関係にあった。

こうした状況の中で彼らの地方行政に関する具体的な構想としては、隊付青年将校の急進派の一人であった大岸頼好中尉が一九三一年九月に作成したとされる「皇政維新法案大綱(64)」がある。この史料の基調は陸軍のクーデターによる国家社会主義体制の樹立にあるが、地方行政については、内務省は存続するが、クーデター段階では「天皇ハ地方長官ヲ一律ニ罷免シ国家改造知事ヲ任命シ内閣直属ノ機関トナス」とし、国家改造過程では、戸主を有権者とする選挙による市町村代表者や地方議会議員の選挙や、市町村の権限拡大によって「自治体ノ再建」をはかるとされ、地方長官も公選となっているが、「自治体ノ再建」は、あくまで「国家ノ管理訓導下」、つまりクーデター政権の指導下に行なわれるとされた。すなわち、地方行政に関する内務省の独自性を大幅に縮小する意図が示されている。

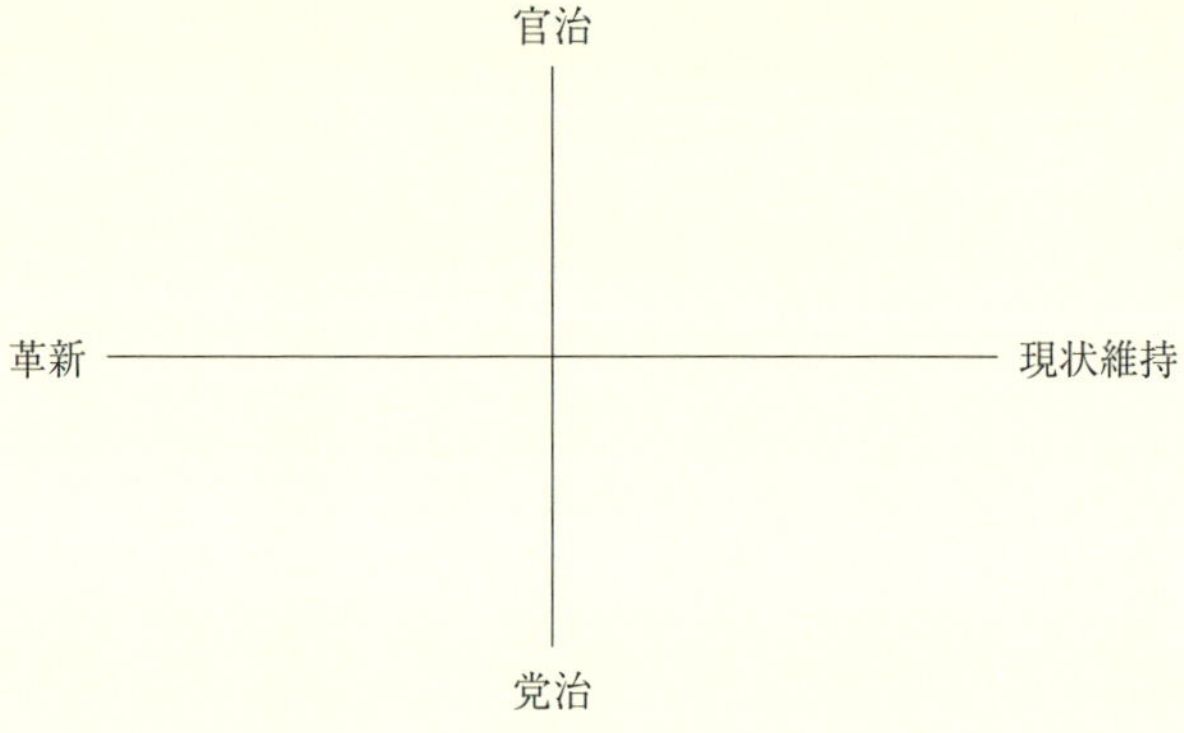

図　C

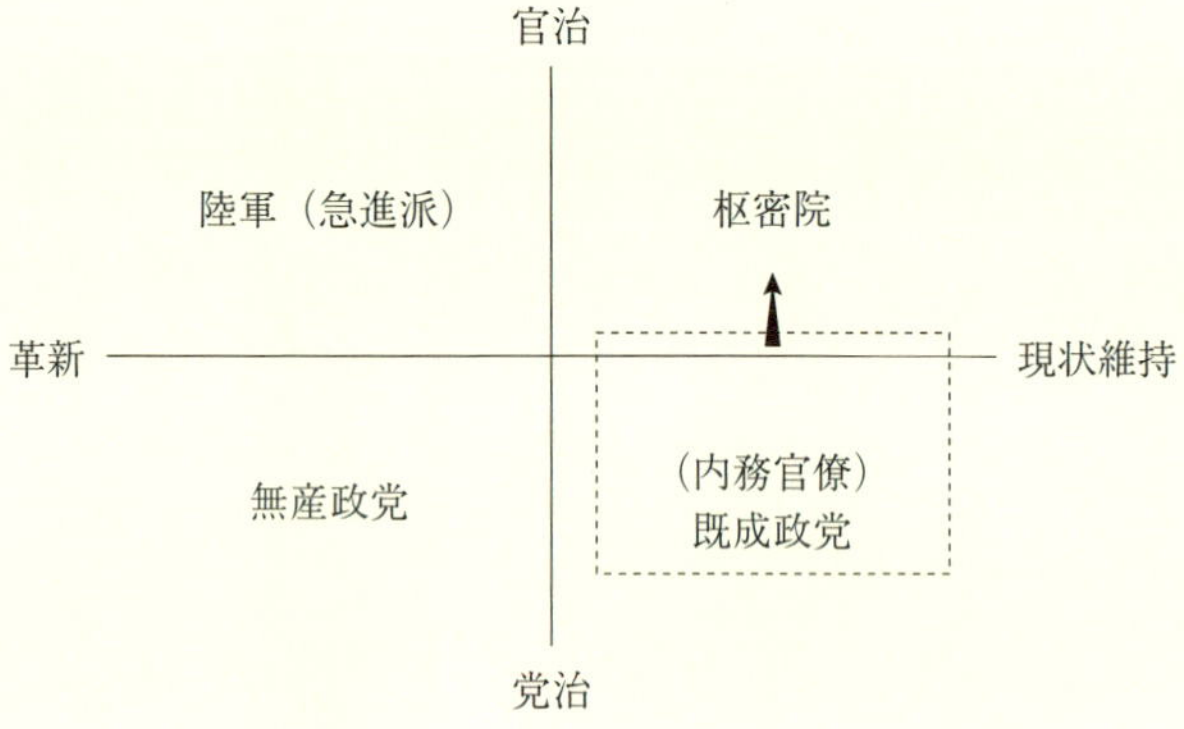

図　C″

しかし、政党内閣期において、彼らの地方行政に関する考え方がうかがえる史料は少なくとも管見の限りこれしかない。これは、逆にいえば、彼らの目的は、無産政党と同様、第一義的には権力奪取（クーデターによるか否かは別として）にあることによると考えられる。陸軍の急進派と結びついた民間右翼にも地方行政の制度や人事に関する具体的政策が見られないのは同様の理由によるのであろう。

以上の補足と本論の検討をふまえて、見取り図を整理しようとすると、二つの対立図式が浮かび上がる。すなわち、従来の地方秩序を原則的には維持するか、変化させるとしても漸進的に変化させたいとする傾向、すなわち、明治憲法が前提とした政治社会のあり方を維持しようとする「現状維持」と、そうした政治社会のあり方を変革すべきであるとする「革新」の対抗図式と、議会を前提とするにしろ、大衆運動を前提とするにしろ、政党が政治の中心となることを是とする「党治」と、

官僚、軍人など国家によって権威付けられている人々が権力を握ることを是とする「官治」の対抗図式である。(65)

この二つの図式を組み合わせた枠組が図C（再掲）であり、これに本論文で登場した各勢力を当てはめると図C″のようになる。

内務官僚の位置付けについて特に説明しておけば、現状認識としての「党弊」と「牧民官」意識に基づく既成政党批判の流れは確かに内務官僚内に存在したが、表面化する度合いは低く、かつそれによって内務官僚が全体として独自の政治的動きをとることは結局なかった。従って、田沢のような例外を除き、既成政党の下に従属しているので点線で示し、かつほとんど重なるような形で表現することになるのである。

以上の検討から、少なくとも政党内閣期の内務官僚は「官治」的傾向をもった「党治―現状維持」派と位置付けられる。

注
（1）「戦間期内務官僚の政党政治構想」（『日本史研究』三九二、一九九五年）。一九九四年度日本史研究会大会報告を論文化したもの。本章初出後、黒澤良「政党内閣期における内務省」（『都立大学法学会雑誌』三九―二、一九九九年）が出た。内容的には本章と補完的関係にある。
（2）同右『日本史研究』三九二、一一三頁（河島氏の大会報告時の質疑記録）。
（3）安田浩「河島報告批判」（同右三九三）六九頁。
（4）旧内務官僚の同窓会である大霞会の機関誌『大霞』や大霞会編『内務省外史』（地方財務協会、一九七七年）、同『続内務省外史』（同、一九八七年）所収の回顧談、内政史研究会発行の談話速記録など。
（5）以下、特に断らない限り、同書第一巻（地方財務協会、一九七一年）五九七～七一九頁。内務官僚の心性について吉田博司「内務官僚の政治意識」（『法学研究』〔慶応大〕六八―一、一九九五年）が本章初出とほぼ同時に公刊された。内容はほぼ同じである。
（6）前掲『内務省史』第一巻、六八四頁、小幡治和の回想。

(7) 同右八六～八七頁。
(8) 同右六五三頁。
(9) 伊藤隆『大正期「革新」派の成立』(塙書房、一九七八年)。
(10) 同『昭和初期政治史研究』(東京大学出版会、一九六九年) 四八～六一頁。
(11) 玉井清「戦前期日本における政党政治の盛衰」(『法学研究』六四―四、一九九一年) 四八頁の表一。この論文はのち、大麻唯男伝記研究会編『大麻唯男』論文編(桜田会、一九九六年)に収録、そこでは一一八頁の表一。
(12) 前掲『続内務省外史』四三八頁。
(13) 前掲玉井論文四七～五〇、五三～五五頁。
(14) その経緯については渡辺治「日本帝国主義の支配構造」(『歴史学研究』別冊『民衆の生活・文化と変革主体』青木書店、一九八二年)。
(15) たとえば、中村伝一郎「自治維新と知事公選」(『斯民』二一―一、一九二六年一月) 九五頁に、「従来我国官治的地方行政組織の弊害を一掃し、真に民衆的自治制度の基礎を確立すべく、知事公選の実行は今更議論の余地がない」とある。
(16) 『斯民』二二―一(一九二七年一月)。
(17) 前掲『昭和初期政治史研究』五〇、五五～五七頁。
(18) たとえば河島論文九八頁。
(19) ただし、安田氏が前出の文章の最後で、河島論文で田沢の考え方が「反ファッショ」であるとされている点について、「日本のファッショ化過程を、行政支配の強化による国民動員と強制的画一化の進行と考えるなら、田沢らによる選挙粛正運動に『反ファッショ』という評価を与えることはできない」という見解を述べている(七一頁)が、筆者はこの考え方は全く納得できない。「行政支配の強化による国民動員や強制的画一化」は、それがどのような論理や経緯やシステムによって実行されたかによって意味が大きく異なるはずであり、無前提に、それも特定の価値観が混入するため分析用語として明確な定義ができないという欠点を持つ「ファッショ」という用語を用いるのは生産的とはいえないからである。むしろ、最近邦訳された、J・リンス(高橋進監訳)『全体主義体制と権威主義体制』(法律文化社、一九九五年)の議論に即していえば、日本の場合は権威主義という概念を採用した方が比較史的にも説明しやすいと考えるが、詳しくは第二部第四章を参照されたい。

(20) 前掲『昭和初期政治史研究』四七頁。
(21) 『大阪朝日新聞』(以下『大朝』) 五月一八日付夕刊。
(22) 芳井研一「対中国政策の転換と議会」(内田健三・金原左門・古屋哲夫編『日本議会史録』三、第一法規出版、一九九〇年) 一一〜一二頁。
(23) 池田順「政党内閣下の二つの地方税制改革と官僚」(日本現代史研究会編『一九二〇年代の日本の政治』大月書店、一九八四年) 一三六頁。
(24) 金沢史男「田中義一政友会内閣期における『地方分権論』の歴史的性格」(『社会科学研究』三六—五、一九八六年)。小路田泰直『日本近代都市史研究序説』(柏書房、一九九一年) もこの問題を都市官僚制を検討する題材として地方分権問題と知事公選問題を取り上げている。
(25) 「知事公選問題の経過」(『都市問題』五—二、一九二七年八月) 一一五頁。
(26) 繁田武平「自治体より観たる地方長官公選論」(『斯民』一五—一一、一九二〇年一一月、掲載時の繁田の肩書は埼玉県豊岡町長)。阪本釤之助「地方分権は先づ地方庁の形体を改むるに在り」(『斯民』二二—一〇、一九二七年一〇月) 二八頁にも、「私は七八年前に知事公選、道庁設置の意見を雑誌『地方行政』に発表し、その後も同誌上で再び議論しているが、世間から一顧も与へられず」とある。
(27) 『大朝』一〇月五日付朝刊。
(28) 注(25)に同じ。
(29) 繁田前掲論文。
(30) 岡田忠彦「地方分権は昭和維新の第一歩」(『斯民』二二—九、一九二七年九月) 四頁。
(31) 「知事公選是非」一〜三 (五月二三日〜二五日付朝刊)。
(32) 前掲「知事公選問題の経過」一一六頁。
(33) 以下、幹事会については、国立公文書館蔵「行政制度審議会書類」所収「行政制度審議会幹事会議事録　其一　其二」(2A—36委531〜2)。
(34) ここまで本段落は、前掲「知事公選問題の経過」一一九頁。

(35)「自治制改善に関する意見数項」(『斯民』二三―四、一九二八年四月)。
(36)千葉了「市町村長の公選制度を論ず」(『斯民』二五―九、一九三〇年九月)三頁。
(37)高橋彦博「無産政党と自治体改革」(『社会労働研究』二四―三、一九七八年)。
(38)前掲「知事公選問題の経過」一一七～一一八頁。
(39)注(34)に同じ。
(40)七月六日の第三回幹事会における潮恵之輔幹事(内務省地方局長)の発言。
(41)『大朝』七月二六日付朝刊。
(42)以下本会議にあたる会議については、前掲「行政制度審議会書類」所収「行政制度審議会委員会議事録」(2A―36―委530)。
(43)『大朝』六月二一日付朝刊。
(44)『朝日新聞記事総覧』昭和編一(日本図書センター、一九八六年)所収「昭和三年四月重要記事」。
(45)『大朝』八月二四日付朝刊。
(46)前掲金沢論文一一六頁。
(47)前掲池田論文一三七頁。
(48)前掲「対中国政策の転換と議会」一五頁。
(49)前掲『昭和初期政治史研究』五九～六〇頁。
(50)前掲「対中国政策の転換と議会」二六頁。
(51)前掲「座談会、地方自治と政党」三八～四〇頁。
(52)その一端は、鈴木正幸「帝国主義の体制的危機における国家支配と民衆」(『歴史学研究』五三四、一九八四年)一四七～一四八頁を参照。
(53)『市町村雑誌』四四四(一九三〇年一一月)。
(54)東京市の動きについては、源川真希「『選挙粛正』に関する一考察」(『日本歴史』五一九、一九九一年)六七頁を参照(のち同『近現代日本の地域政治構造』日本経済評論社、二〇〇一年に所収)。

(55) 前掲鈴木論文や、前掲「文官制度改正ニ関スル書類」所収の「文官身分保障制度成立ノ経過」、入江俊郎「成立を見た文官身分保障制」(『自治研究』八―一二、一九三二年一二月)など。田中内閣期の二度目の問題化の経緯が無視されている他、浜口内閣期と第二次若槻内閣期の経緯について混同、誤認が見られる。
(56) 『大朝』七月六日付朝刊。
(57) 以下、同審議会の議事については、国立公文書館蔵「衆議院議員選挙革正審議会書類」(2A―36―委663~9)。
(58) 以上、『東京朝日新聞』(以下『東朝』)一〇月八日、一一月二一日付朝刊、『大朝』一九三一年五月一四日、六月四日付朝刊、『東朝』七月三〇日、九月一三日付朝刊、『大朝』一二月一九日付夕刊。
(59) 国立公文書館蔵「昭和十三年以降　文官制度改正ニ関スル書類」(2A―36―資272)所収「文官身分保障制度成立ノ経過」。
(60) 前掲『昭和初期政治史研究』三二九頁。
(61) 前掲鈴木論文一四九頁。
(62) 「地方官吏身分保障問題座談会」(『斯民』二七―八、一九三二年八月)二九頁。該当部分の原文は「本会に於ては地方官吏身分保障に関して各方面の意見を聴くべく、去る五月二日夕、学士会館に於て最初の座談会を開いた。当夜は先づ本会理事、評議員その他二十名に対して出席を乞ふたところが、左記十名の方々の来会を得た。而して其の際開陳された意見を纏めることが出来たならば、さらに各政党政派および各官庁の代表者を網羅して、之が審議を進める予定であつた」となっている。
(63) 詳しくは刈田徹『昭和初期政治・外交史研究』(普及版、人間の科学社、一九八一年)。
(64) 秦郁彦『軍ファシズム運動史』(河出書房新社、一九六二年)二一六~二三二頁。
(65) これらの定義は、前章の定義を、本章の検討結果をふまえて修正したものである。

第三章　斎藤内閣期の内務官僚

はじめに

従来の知見に従えば、昭和期の内務官僚の政治史的意味を考察する上で、斎藤実内閣期（一九三二年〔昭和七〕五月二六日～三四年七月八日）は最大の画期の一つといえる。すなわち、①同内閣に後藤文夫農相、柴田善三郎書記官長、堀切善次郎法制局長官など内務官僚系の「新官僚」が入閣して「政界進出の拠点を築」いたり、②三二年九月二四日の文官分限令第一一条の改正による官吏身分保障制度の強化（文官分限審査委員会の設置）により、内務官僚の脱政党化が始まったとされているからである。(1) しかし、それらの通説にはなお検討すべき点がある。

まず①については、斎藤内閣には、政友会系として高橋是清蔵相、鳩山一郎文相、南弘逓相、三土忠造鉄相、民政党系として山本達雄内相、永井柳太郎拓相ら六人の既成政党、あるいはその系列とみなされる人々が入閣し、財界からも中島久万吉商相が入閣し、後藤農相も民政系とみられていたなど、既成政党に近いとされる人々が、閣議決定に参加できない書記官長と法制局長官を除く一三名の閣僚の過半数を占めていた。当然、このような内閣でなぜ一見官僚の非政党化をはかるような制度改正が実現したのかという疑問がわいてくる。これに関しては、増田知子氏が、昭和天皇が斎藤への大命降下時に西園寺に指示した七項目の中に「事務官と政務官の区別を明らかにし、振粛を実行すべし」[2]とあったことを指摘しているが[3]、示唆的な記述にとどまっている。

次に②については、「政友会が解散総選挙によって現有議席を確保することは、新任の政党色のない地方官吏による選挙管理の下では絶望的となったからである」と、官吏身分保障制度強化イコール政友会への打撃を指摘する増田知子氏の見解[4]がある一方で、その政治的影響の発現には時間がかかったとする河島真氏の見解[5]もあり、官吏身分保障制度強化が当時の内務官僚を取り巻く政治状況にどのように影響を及ぼしたかの具体像はいまひとつ不明確である。

しかも、内務官僚の処遇をめぐる政治動向が、彼らが地方行政に関し広範な裁量権を持つ内務省および地方庁の幹部職員たるがゆえに、当該期の政治構造の変化に密接な関係を持つ政治問題であることは言うまでもない。

本章は、右の諸前提をふまえ、斎藤内閣期において、内務官僚の脱政党化が実際どの程度進行したのかを検討する。一では文官分限令改正までを扱い、二ではそれ以後を扱う。

一　文官分限令改正まで

五・一五事件後、既成政党が政治統合力を失ったという元老西園寺の判断により首相となった斎藤実は、組閣参謀として丸山鶴吉、有吉忠一ら内務官僚出身の朝鮮総督府時代の下僚達を使ったが[6]、その一人であった丸山は、「政党革新」のため、政党出身者を入れない「超然内閣」組閣を斎藤に進言したという[7]。しかし、斎藤は丸山の進言を容れず、西園寺の意向に沿って政党関係者を多数（全閣僚の約半数）入閣させ、重要閣僚の一つとされた内相にも民政党有力者の一人山本達雄を据えた。組閣参謀は伊沢多喜男ら民政党系官僚OBが中心となったことや、政友会が議会で絶対多数を取りながら党内対立が激しいことから内閣側に強い態度に出ることができず、民政党が内相の椅子を得たのである。

一方で、前章でふれた、五・一五事件直前に内務官僚OBを中心に地方官の政党化を抑制しようとする動きが始まっていたし[8]、前述のようにこの内閣に内務官僚出身者が三人（他の非政党閣僚で一つの出身母体から複数入閣はない）入閣したことは注目されるが、これは組閣参謀がたまたま内務官僚出身者であったことや、山本が内相未経験者として有力な補佐役の確保を入閣条件とした結果に過ぎない。要するに、斎藤内閣の出発点にあたって、いまだ内務官僚は主体的に政治状況に関与することはできなかったのである。

山本の最初の仕事は、内務省首脳人事（内務三役、五月二七日付で任命）であったが、次官こそ無党派の潮恵之輔[9]（田中～浜口～第二次若槻三内閣の内務次官）を起用したものの、警視総監に政友会の圧力で政友系の藤沼庄平[10]（前東京府知事）を起用し、警保局長に民政系とされた松本学[11]（元福岡県知事）を起用した。これは、「挙国一致内閣では如何に公平といつても必ずや政民両党出身の閣僚が党を代表して自党の勢力維持または勢力拡大を期せんとし〔引用者略〕現にその関係の一端が藤沼庄平氏の警視総監起用についても現はれており」という新聞の解説に表れているように[12]、内相ポストを民政党にとられた政友会の反発に配慮しつつ、出身母体の民政党にも配慮した結果といえる。また、政権交替時の慣例となっていた地方長官異動に関して、「人物本位で進みたい」としながらも、「党臭の余りに甚しいものの罷免、異動はやむを得まい」と「党弊打破」の方針を明らかにすると共に、「行政官の身分保障」、すなわち文官分限令改正や、選挙法改正にも取り組む意向を明らかにしたが[13]、これらは従来の政党内閣でも唱えられていた[14]。さらに、内相就任直後から始まった地方長官異動案の作成も、潮次官の他は、後藤農相と伊沢という民政党系と目される内務官僚出身者が中心となった[15]。

異動原案は、六月二七日ごろから明らかになりはじめたが、政友会復活組の整理人数を民政系復活組より多くすることと、民政系復活組も「党色希薄」の者に限ることを原則として、罷免一六名、復活（当然全員民政系）八名となっていた。犬養内閣で復活あるいは昇進（本省課長、あるいは地方庁部長からの昇進と、地方長官内での官等、俸給が上がった場合）した政友系と目される地方長官は三六名で、罷免者はほぼすべてこの中から出ているので、政友会系地方長官の四割強が罷免となり、空席は民政党系の復活と本省課長、地方庁部長らからの昇進（「新進抜擢」）によって埋められるという案となっていた。[16] この規模は、前回犬養内閣時の大異動と比べると半分程度であるが、それ以前の政党内閣時の大異動と比べるとやや小さい程度である。

これに対し、民政党は「民政党は今回の地方長官更迭に関して理想通りの実現とは期し難いが山本内相の至高なる方針に信頼してこれを是認し[17]」と、満足ではないが是認するという方針をとったが、政友会は高橋を除く党出身閣僚と党首脳の協議の結果、罷免知事が全員政友会系であることから、「単なる民政系を復活せしむるための更迭で、何ら党弊刷新とはならない」として反対の意向を固めた。[18]

二八日の閣議[19]では、鳩山文相が、内相の「官吏身分保障案」について考えを糺し、内相が「具体案は持つてゐないが、趣旨にはもとより賛成であるからこれを断行したい」旨を答えると、同案の「趣旨」は地方官人事に対する内相の「専断」を許さないことであるから、今回の異動もその趣旨に沿って閣僚で小委員会を作って人事案を検討すべきではないかと追及し、三土鉄相もこれを支持し、高橋蔵相も地方官の頻繁な異動は好ましくないと今回の大異動に消極的な意見を述べた。彼らは、前回の大異動を表向きは「至公至平[20]」な人事として承認した立場にあり、超然的な態度が目立つ高橋蔵相はともかく、他の政友会出身閣僚は本音としても選挙対策として政友系知事の温存をはかりたいと考えていたはずである以上、罷免知事数をできるだけ減らしたいわけであるが、その大義名分として、すでに山本が主張していた官吏身分保障強化という政策を持ち出したのである。

これに対し、山本内相は、「今回の異動に際しては民政党においても府県にわたつて運動があつたが自分は全部これを一蹴した程で至公至平誠意をもつて一党一派に偏せざる選考方針をとつたのであるから是非とも内務省原案をそのまゝ承認してもらひたい」と述べた。しかし政友会出身閣僚はなおも抵抗し、結局五時間近くの協議の末、民政系の復活知事一名を取り止め、その分は「新進抜擢」として本省課長級一名を知事に昇進させ、異動予定一人を留任とし、数人の任地を変更した。さらに第二次、第三次の大異動は行なわないこと、部長級の異動は小規模とすることで決着がつくと共に、内閣として官吏身分保障制度の確立に乗り出すことを決めた。

なお、具体的な人事の内容であるが、罷免知事はいずれも「党色濃厚」、「無能老朽」として罷免され、復活組の復活事情については、比較的党色が少ないためであった。実際、復活予定から外れた窪田治輔の場合、その原因は浜口内閣時の総選挙で山形県知事として政友会に対する選挙干渉が余りに激しかったためであった。また、和歌山県知事としての実績を買われて農村対策のため土木局長に抜擢された唐沢俊樹のようなケースもあった。しかし、宮脇梅吉（滋賀県知事から埼玉県知事に転任）は三土鉄相の圧力で、斎藤宗宜（大阪府知事から京都府知事へ）は政友会有力者の一人である松野鶴平の圧力で罷免を免れた。また、阿部嘉七（休職から茨城県知事へ）は民政党の熊本閥（おそらく大麻唯男系のことか）の関係で、一戸二郎社会局労政課長の香川県知事への抜擢は、一戸が山本内相や後藤農相の秘書官を経験しているためとされた。(21)

結局、今回の異動は確かに特定の政党に著しく偏った形での党色は大幅に減少したものの、政民両党の影響力は依然色濃く残る結果となった。(22) なお、六月三〇日には異動八二名、休職一二名、新進抜擢一〇名という道府県部長級の大異動が実施され、休職一二名はいずれも「党色濃厚」として休職となったものの、「政友系知事に配するに民政系といへる部長をもつてして、相牽制せしめたあたり、相当政治的苦心の跡を示している」と評されたように、知事の大異動と同じ性格を持っていた(23)。

以上のように、斎藤内閣は内務行政に関してはまず「党弊打破」と人事の公平をかかげて地方官人事異動を行なったが、その際の基本方針の設定や地方長官の異動決定に政党が深く関与していたこと、付随して起きた人事制度改革問題の提起といった状況は政党内閣時と全く同じであった。ただし、人事の内容を見ると「党色濃厚」とされる人物は確実に減少した。これは民政党にとっては少なくとも地方官に関して非政友化を進めることができるという点で相対的には有利な事態であった。これに対し、政友会は、人事異動自体を阻止することはできなかった。それは、犬養内閣時代の人事異動が建前はともかく、実態としては世論の批判を全く封じることができない性格のものであった上、党内対立激化のため総選挙回避を至上命題としていたので、どうしても内閣に対し強い態度に出ることができなかったためである。そこで次善の策として政友会が採用したのが官吏身分保障制度の制定であった。「党弊打破」のための一手段として身分保障制度の実現に原則的に反対できる勢力はありえなかったし、これが実現すればこれ以上政友系地方官の更迭を阻止できるからである。一方、民政党としても、建前として反対できないというだけでなく、身分保障によって今回登用した人々を確保できるので、反対する必要はなかった。つまり、文官分限令改正問題が斎藤内閣で具体的検討が開始された原因は、地方官人事をめぐる政友会と民政党双方の影響力保持の思惑であった。

そこで、その官吏身分保障制度の制定であるが、山本は七月一九日、斎藤内閣下初の地方長官会議で地方行政や人事における「党弊」除去を指示し、その中で官吏身分保障制度の制定を公約した(24)。その結果、内閣法制局を経て、六月三〇日に原案が閣議に提出された(25)。その内容は、従来地方官の「党色人事」の法的根拠となっていた文官分限令第一一条第四項(「官庁事務ノ都合」)によって休職を命ずる場合、および休職者の復活や退官者の再任用の場合の諮問機関として文官分限委員会を設置し、高等官を扱う文官高等分限委員会は、会長は大臣の中から勅命による(内相を予定）、内閣書記官長、次官二名（内務、司法を予定）、会計検査院長、行政裁判所長官、枢密顧問官、勅任技術官外の勅任文官という計八名で構成するとされ、七月一日の閣議で要綱が承認された[26]。この構想自体は、会長が首相か内相かという点を除けば、浜口内閣期に政友会との合意の上で政府が作成した案とほぼ同じである[27]。では、この案に対する各勢力の反応はどのようであったか。

官僚制度に関する勅令審査権を持つ枢密院は、諮問する側の内相が会長となったり、休職条項発動責任者である書記官長が委員に入っていること、決議機関でないこと（つまり内閣に対して拘束力のないこと）を不満として、諮問時には大幅修正の意向であった[28]。

また、この案は七月五日の次官会議でも議論されたが[29]、その席で、潮内務次官は、「内務事務官ノ総意」として、第四項を五〇歳または五五歳以上にのみ適用すべしという「一種ノ停年制[30]」を主張し、司法次官も司法官で既に定年制を実施していることからこれを支持した。潮の発言の背景を明示する史料は管見の限りないが、後出のように、翌年二月に再び定年制が問題となった事情から類推すると、身分保障強化実施による人事の停滞を恐れる声が内務官僚内部に現われていたと考えられる。

これに対し、鉄道次官、農林次官はそれでは人事行政が沈滞するとして反対し、結局多少の修正を経て法制局原案が承認されたが、その際内閣書記官長を委員から除外し、かわって枢密院書記官長を入れることとされ、会長は首相が望ましいという意見も有力であった。この政策の最大の利害関係者である内務官僚の独自の動きが注目されるが、彼らの意図は結局達成されなかったわけである。

政党関係では、民政党は、政務調査会の政治部委員会で七月四日に承認された行政刷新案の中で、「官吏の身分を保障すること[31]」と、身分保障制支持を明示し、山本内相を支持する姿勢を示したが、政友会は次官会議での修正案には反発した。すなわち、鳩山文相が、「書記官長は内閣の人事に関する原案者であり、この書記官長を委員から除くことになればたとひ委員長が総理大臣であるにせよ人事を取扱ふための二つの内閣が存在することになる」という理由で修正案に「絶対に反対」の意向を明らかにしたのである。(32)

しかも、民政党出身閣僚である永井柳太郎拓務大臣が、犬養内閣が任命した岸本正雄樺太庁長官（政友系内務官僚）を七月五日付で休職としたことが身分保障問題にさらに波紋を投げ掛けた。すなわち、岸本が、休職に値するような失策はやっていないとして政府に抗議したため（九日に拓相あての公開状を発表）、鳩山が八日の閣議で永井を非難し、官吏身分保障制度に「斎藤内閣で休職になつたものは復活の場合委員会に諮らずともよしといふ経過規定を作る要がある」と主張し、政友系閣僚のみならず、小山松吉法相、荒木貞夫陸相、後藤農相らも同調する姿勢を見せた。(33)

その結果、一五日の閣議で、高等分限委員会の構成員を、書記官長を復活させて、総理大臣（会長）、内閣書記官長、会計検査院長、行政裁判所長官、各省次官二名、枢密顧問官一名の七名とし、諮問要件から復職を削除するなどの修正を行なった上で一六日の閣議で勅令案を決定し、一八日に枢密院に送った。(34)

要するに政友会の修正案が政府案となったわけだが、なお「衆議院三百議席という絶対有利の条件を活して、政権の回復を図ろうと(35)」していた政友会としては、政権奪回成功時の総選挙実施に際して、党色人事実行の可能性を残したかったのではないだろうか。

枢密院での審議過程については、既に佐々木隆氏が明らかにしているように、枢密院側は文官高等分限委員会の性格を決議機関とすること、同委員会委員から内閣書記官長を除外すること、あわせて警保局長、警視総監、貴衆両院書記官長の事務官化を政府に要求したが、結局は枢密院、政府双方で歩み寄り、委員会委員から内閣書記官長を除外し、四ポストの事務官化は先送りとすることで妥協が成立し、九月二一日、文官分限令改正と文官分限委員会官制が枢密院本会議で可決された。枢密院側としては、政党内閣に復帰しても官僚人事の党色化が再び強まるのを防止するには、この際妥協してでも身分保障制度を作る方がよいとの判断があったのである。[36]

この結果は、政友会側からみれば、復職時の審査を不要とした点でなお政友会にとって一定の有利性を残した案となっており、政友系知事も一掃されたわけではないことを考えれば、この時点で直ちに身分保障強化が政友会に打撃となったとはいえない。つまり、文官分限令改正問題ひとつとっても、既成政党側も、「党弊打破」、「政党浄化」という大義名分に手をこまねいていたわけではなく、政権回復戦略の一環たりうるごとく処理することが目指され、一定の成果を挙げたのである。

このように、文官分限令改正に至る内務官僚をめぐる政治過程をみると、相対的には既成政党の影響力は低下しつつあるもののなお強力であり、内務官僚独自の政治的影響力が発揮されることはなかった。

二　文官分限令改正後

文官分限令改正後、内務官僚勢力主導による最初の目立った動きは、同年一〇月からの中間地方行政機関（以下中間機関）設置運動である。すなわち、内務省の外廓団体の一つであった中央報徳会が、一〇月下旬に中間機関設置を求める建議を政府に提出し、[37]翌三三年（昭和八）四月下旬の地方長官会議の際に「郡役所類似の中間機関設置に関する意見書」と題し、地方長官全員の「申合せ」として再び同じ要求が出された。

中央報徳会の建議では、設置理由について、一九二三年（大正一二）の郡役所廃止が町村自治の進展をかえって阻害したという前提のもとに、「時局匡救の根本対策として国民の自力更生を即す」手段の一つとして、「地方産業の開発、勤倹の奨励、経済の革新等の如き団体的運動を必須とし、而かも不断の努力を必要とするものに在りては、之が督励上町村に直接する機関の存在」が必要であるとなっており、「党弊」の類の言葉は一切ないが、地方長官会議の際の意見書では、設置理由の一つとして、「町村長が上司に陳情せんとする場合にも知事を憚伝容易に直接知事に面会を求めず、或は府県会議員或は各種公共団体長または代議士等の手引を求め」るため「府県会議員その他の者が権勢を振ふに至り下の意志上に達せざるの憾み僅少なりとせず」と、かなり露骨に地方政治における「党弊」排除をあげている。

地方長官の動きに対しては、潮次官は個人的には「賛成」としていたが、実際には従来の経緯や予算の関係から実現は不可能と見られており(38)、また全国町村長会も「斯の如き繁じよくなる監督機関は町村自治政の発達上寧ろその障害になる」として福沢泰江会長が内相に陳情するに至ったこともあり(39)、この時は沙汰止みとなり、全国町村長会は翌年一月の第一四回定期総会で「中央集権強化の傾向を排し地方自治権限の拡充を期す」という決議を行なうに至るが(40)、ここで留意すべきは、内務官僚勢力が地方政治からの既成政党の影響力排除の手段としての地方制度改正をはじめて公式に打ち出したことである。

こうした動きに連動する形で、三三年に入ると、中堅、若手内務官僚の間から、地方行政について長期的視野から内務官僚独自の方向性を探る試みがあらわれた。すなわち、松村光磨(内務省土木局河川課長)は、「政党政治の地方行政侵入を已むを得ざるの勢いとするならば、如何にして、其の弊害を除き、自治行政の信用を恢復すべき」かという問題の対策として「国民の政治的訓練を行つて、政党政治の健全なる発達を図」るか、「我国地方制度に改革を加へて、党争の弊害が行政の実際に及ばさざるやうにする」必要があるとし、後者に関しては、アメリカの例を引いて、「市会をして成るべく市長の権限に立入らしめず適任の市長をして最も能率的方法に依り市政を執行せしむる」方法による「執行機関たる市長の権限の強力化能率化」を主張し、「適任の市長」選出のためには市長の直接選挙が望ましい（当時の日本では市会で選出）と論じ[41]、中島賢蔵（内務事務官）も、「社会の進展」は「衆民政の理念」である「素人政治」や「権力分立」を「無能力」にしているので地方制度も「修正」の必要があるとして、当時のアメリカの一部自治体やファシストイタリアの地方制度における「執行権の強化」の動向を紹介した上で[42]、地方自治制度改革の「核心」は、「議会の組織を職能代表制に依らしめ其の権限を限定する反面に於て自治行政の専門家に依る独裁制を確立することに在る」と論じている[43]。要するに、地方行政における「党弊」排除の手段として、当面実現の見込みのない中間機関設置構想に代わって、自治体の執行権強化と地方議会権限の制限という方向性が模索されはじめていたことがわかる。

なお、ここで事例としてアメリカとファシストイタリアという、現在から見れば全く異質の国家の事例が出てくることは留意に値する。本論文の観点からいえば、内務官僚の権限強化の動きが少なくとも全体としては特定のイデオロギーの実現をめざしたものではないことが示されていると共に、地方統治体制をめぐる模索が日本のみならず広く同時代的課題となっていたことがうかがわれるのである。

一方、内務省、地方官人事に関して中堅、若手層の不満が高まった。すなわち、三三年六月に地方官の小規模異動の際、知事抜擢者候補者とされていた警視庁官房主事の村地信夫が北海道庁土木部長への転任を拒否したため、村地を留任とし、人事案を変更する事態が起き[44]、翌三四年（昭和九）三月には、内務省内で再び定年制導入の声が高まった。その理由は、内務省では従来年間約百人程度高等官に昇進できたが、身分保障制度実施により地方官異動が減少したため高等官昇進が年間二〇人程度となり、文官高等試験合格者が入省後三年たっても高等官になれず、他省ではさらにひどい状況で「官界を沈鬱にする」というもので、対策としては、①勅任官は五五歳、高等官三等一級は五〇歳、②恩給年限に達した場合、③勅任官任官七〜八年後、の三つの案が提唱されていた(45)。要するに、身分保障強化によってかえって人事が停滞したことに関し不満が高まってきていたのであるが、この定年制導入論は、身分保障制度の弊害を矯正しつつ、人事における自立化を継続する方向の議論であったことは間違いない。ただし、これらの案が実現することはなかった。

もう一つは、既に林博史氏が明らかにした(46)、警保局や道府県の警察部長等を中心とする反既成政党の動きである。これは、松本警保局長主唱による、警察官人事の党色排除と、新しい警察官の指導精神としての警察精神運動にはじまり、これでは穏健すぎるとして、官僚組織内での「下剋上」の容認、一般社会における治安対策方針としての革新運動の容認といった「革新」派的動きであるが、斎藤内閣期においては、同局の若手事務官であった菅太郎や嘱託の緋田工の著述に「革新」派的な面が現われていた。こうした動きが表面化した背景は、一つは政党内閣期、警察官は末端に至るまで党略人事が行なわれ、「党弊」の象徴となっていたことへの反動と、社会悪の矯正が治安維持の抜本的対策であるとする考え方が生まれていたことである。そして、社会局でも若手事務官の栗原美能留が既成政党批判の見地から言論活動をはじめ、警保局関係者とも連携していた(47)。

こうした状況の中で、自勢力の政治目標達成に必要な政治力拡大のため、提携相手の一つとして内務官僚に接近してきたのが陸軍の「革新」派であった。すなわち、一九二六年（昭和元）の木曜会結成に参加して以来、陸軍エリート将校の「革新」派の一人となっていた鈴木貞一（陸軍省軍務局勤務）(48)は、反既成政党であるところから内務官僚勢力も「革新」的と判断して、陸軍の提唱する体制「革新」案（社会安定のため農村復興を最優先する構想）実現のために必要な提携先（農村復興策の実現には地方行政を管掌する内務官僚の協力が不可欠である）の一つとして、一九三三年九月頃から後藤農相に目をつけて提携を進め、さらに安井英二地方局長、唐沢土木局長、大島辰次郎衛生局長、丹羽七郎社会局長、松本警保局長など内務省幹部や、「警保局事務官十数名」、安井の影響下にあった若手内務官僚の安部源基（警視庁特高部長）、富田健治（拓務省管理局警務課長）ら新官僚グループにしばしば接触して「現状打開」や「既成政党打破」を説き、かなりの程度同意を得ていたのである。(49)管見の限りではこの間の事情について内務官僚側の当時の一時史料はないが、内務官僚にとって、こうした陸軍との接近が、既成政党の影響下から脱するための模索の一つであったことは間違いない。

ただし、周知のようにこの時の農村対策予算は高橋蔵相によって拒絶され、進退極まった荒木陸相は病気を理由に退陣し、当然後藤農相も窮地に立たされた。そして、一九三四年七月の斎藤内閣総辞職、岡田啓介内閣の成立となる。また、この間決して内務官僚勢力が既成政党に対等あるいはそれを凌駕するほどの政治力を持つに至っていたとはいえない。確かに、三四年初頭の第六五議会で既成政党勢力から地方官や身分保障制への批判が出はじめており、(50)これが、大達茂雄福井県知事が警察官異動にあたって部下に「政党政派などには一切顧慮することは要らない」と指示したとされることや、(51)相川勝六神奈川県警察部長がやはり警察官の異動に際して政党色を排除したとされることなど(52)の動向の反映であることは間違いない。しかし、中央においては、選挙法改正案の立案（斎藤内閣下で設置の法制審議会における）、制定（三三年の第六四議会で不成立、三四年の第六五議会で成立）の両過程において既成政党の影響力は大きく、特に後者において決定的であったし、(53)地方においても、県会とは対立があったものの、知事は県選出の政民両党代議士と十分協議の上で県政運営にあたっていたという斎藤～岡田内閣期の山梨県の事例があるし、(54)次の岡田内閣期においても、警察官異動に際し、党色排除を主張する警察部長に知事が反対するという大分県の事例がある。(55)

ただし、既成政党の内務官僚に対する影響力が低下しつつあったことは確かである。たとえば、三四年春の選挙法改正の実現に合わせ、政府の選挙干渉防止策の一環として、同年四月に懸案の四ポストの事務官化のうち、警保局長、警視総監の事務官化が実現するが[56]、政友会は、「従来の制度を一層拡張して人材を登用すべきであるとの信念を持つてゐるから今更門戸を閉鎖するやうな官制改正には絶対賛成出来ない」という若宮貞夫幹事長談話の形で反対の意志表示をしただけで[57]、今回は改正を容認せざるを得なくなっていた。前年春に「政権円満授受交渉」に失敗して求心力が弱まった結果、三月に五月雨演説事件により鳩山が文相を辞任していたことから[58]、この事態が政友会の内閣に対する影響力の低下を示していることは明らかである。しかし、この事態が内務官僚の力の及ばないところで起こったことも明らかであろう。

おわりに

以上、斎藤内閣期においては、文官分限令改正という与えられた機会を用いた脱政党化の動きが内務官僚の中で始まったが、なお政友会、民政党、高橋是清など既成勢力の壁は厚く、成果はほとんどなかった。少なくとも当該期に関する限り、既成政党の政治的影響力の低下の要因は、内務官僚の脱政党化より、他の要因が圧倒的に大きかったのである。一方、内務官僚との提携を望む新たな勢力として陸軍が登場してきた。こうした内務官僚の脱政党化が一定の段階に達するのは一九三六年の二・二六事件後のことと想定されるが、その点は次章で検討する。

注

（1）田中時彦「斎藤内閣」（辻清明・林茂編『日本内閣史録』三、第一法規出版、一九八一年）二九九、三一〇頁。
（2）原田熊雄述『西園寺公と政局』第二巻（岩波書店、一九五〇年）二八八頁。
（3）増田知子「斎藤実挙国一致内閣論」（『シリーズ日本近現代史』三（岩波書店、一九九三年）二三八頁。ついでに述べれば、政党内閣期に官吏身分保障強化が各内閣で問題化した背景に、天皇が何度か地方官や内務省の党色人事への懸念を時の首相に洩らしたことをあげる見解もあるが（黒澤良「政党政治転換過程における内務省」〔『東京都立大学法学会雑誌』三五―一、一九九四年〕三七六頁）、前掲拙稿で明らかにした事実経過を見る限りそうはいえない。それは、天皇の意向に即応する形で身分保障強化を問題化すれば、「公平」と称して行なった人事異動が実は党色人事であると認めることになるため、天皇に対して政治責任が生じるからである。

同様に、田中首相が牧野内大臣から天皇の意向をきいて「納得」したという事例をふまえ、昭和天皇や「宮中側近」の動向が「政党本位の人事政策を掣肘していく」という中園裕氏の見解（「政党内閣期に於ける昭和天皇および側近の政治的行動と役割」〔『日本史研究』三八二、一九九四年〕四二頁。）も、田中が実際には以後も党色人事をやめなかったことからいって説得力を欠く。天皇は、内閣が意志決定不能になったり、政局に対して統御不能にならない限り、政治的影響力を明示的に行使することはなかったのである。

(4)　前掲増田論文二五三頁。
(5)　河島真「国維会論」（『日本史研究』三六〇、一九九二年）三〇頁。
(6)　以下、次段落までの組閣経過は、特に断らない限り、前掲「斎藤内閣」による。
(7)　丸山鶴吉『七十年ところどころ』（同刊行会、一九五五年）二四六頁。
(8)　前章二一七頁。
(9)　『土屋正三氏談話速記録』（内政史研究会、一九六七年）八一頁。
(10)　『大阪朝日新聞』（以下『大朝』）五月二七日付朝刊。
(11)　民政系とされていたことについては、伊藤隆・広瀬順晧編『松本学日記』（山川出版社、一九九五年）解題六～八頁。
(12)　『大朝』一九三二年五月二七日付朝刊。
(13)　同右掲載の山本内相の談話。
(14)　前章。
(15)　山本達雄先生伝記編纂会編刊『山本達雄』（一九五一年）四八〇頁。
(16)　各紙六月二七日付朝刊。

(17)『大朝』六月二八日付朝刊。
(18)同右六月二八日付夕刊(夕刊は前日発行、以下同じ)。
(19)この閣議については、特に断らない限り、『東京朝日新聞』(以下『東朝』)六月二九日付朝刊。
(20)たとえば、『大朝』一九三一年一二月一九日付夕刊。
(21)『東朝』一九三一年六月二九日付朝刊「地方長官の異動評」。前掲『西園寺公と政局』第二巻三四一~二頁。唐沢については前掲『山本達雄』四八〇~二頁。
(22)『東朝』、『大朝』、『中外商業新報』、『報知』、『都』、『東京日日』(以下『東日』)、『時事新報』、『国民』の各紙の六月二九日付朝刊には地方官異動評が掲載されているが(時事は社説で言及)、いずれも、今回の地方官異動における政民両党の影響力の存在を認めている。
(23)『大朝』七月一日付夕刊。
(24)大霞会編『内務省史』第四巻(原書房、一九八〇年、初版一九七一年)四八六~四五〇頁。
(25)国立公文書館所蔵「内閣官房総務課史料」所収「文官制度改正ニ関スル書類」の「文官身分保障制度成立ノ経過」(2A—40—資272)。
(26)『大朝』七月一日、二日付朝刊。
(27)前章二一五頁。
(28)『大朝』七月二日付朝刊。
(29)前掲「文官身分保障制度成立ノ経過」。『大朝』七月六日付朝刊。
(30)地方官の定年制は、一八七六年に一度制定されたが、一八八四年に廃止された(前掲『内務省史』第一巻、一〇九~一一〇頁。)。
(31)『大朝』七月五日付朝刊。
(32)同右七月八日付夕刊。
(33)同右七月九日付夕刊、朝刊、一〇日付朝刊。引用は九日付朝刊。
(34)同右七月一五日付朝刊、一六日付夕刊、一七日付夕刊。財団法人斎藤子爵記念会編刊『子爵斎藤実伝』第三巻(一九四一年)二三五~二三八頁、および前掲「文官身分保障制度成立ノ経過」の身分保障案の閣議決定、枢密院提出の日付は誤り。

(35) 佐々木隆「挙国一致内閣期の政党」(『史学雑誌』八六―九、一九七七年）五三頁。
(36) 同右「挙国一致内閣期の枢密院」(『日本歴史』三五二、一九七七年）六三～六五頁。
(37) 『斯民』(一九三二年一一月号）一〇～一三頁。
(38) 以上、地方長官会議の意見書に関しては、『東朝』一九三三年四月二四日付朝刊。
(39) 『東朝』同年四月二九日付朝刊。
(40) 同右一九三四年一月二五日付朝刊。
(41) 「市町村行政改革の必要と其の基調」(『自治研究』一九三三年一月号)。
(42) 「自治の修正」(『斯民』同年六月号)。
(43) 「地方自治制度改革の動向」(『自治研究』同年一一月号)。
(44) 『大朝』一九三三年六月二三日付朝刊。
(45) 以上、『大朝』一九三四年三月三〇日付夕刊。
(46) 林博史「日本ファシズム形成期の警保局官僚」(『歴史学研究』五四一、一九八六年)。
(47) この点については、『栗原美能留氏談話速記録』(内政史研究会、一九七七年）二五～二六、三〇頁、「日本労働連合記録」(栗屋憲太郎・小田部雄次編『資料　日本現代史』九〔大月書店、一九八四年〕所収）参照。
(48) 鈴木の経歴については、伊藤隆・佐々木隆「昭和八～九年の軍部と『鈴木貞一日記』」(『史学雑誌』八六―一〇、一九七七年)。
(49) 同右九五頁。前掲林論文一二～三頁。
(50) 杣正夫『日本選挙制度史』(九州大学出版会、一九八六年）一七一頁。
(51) 大達茂雄伝記刊行会編刊『大達茂雄』(一九五六年）八二頁。
(52) 相川勝六『思い出ずるまま』(講談社サービスセンター、一九七二年）七七～七八頁。
(53) 事実経過については、前掲『日本選挙制度史』一三〇～一七八頁、田崎宣義「『救農議会』と非常時」(内田健三・金原左門・古屋哲夫編『日本議会史録』三、第一法規出版、一九九〇年）一九二頁。
(54) 前掲『土屋正三氏談話速記録』一〇一頁。なお、この史料の存在から、山梨県を例に斎藤内閣期の農村更生運動が地方政界における既成政党の影響力減退をもたらしたという有泉貞夫氏の見解（「昭和恐慌前後の地方政治状況」〔『年報・近代日本研究六　政党内閣の成立と崩壊』一九八四年）二五三〜二五四頁）は再検討の余地があるといえよう。

(55)『村田五郎氏談話速記録』一（内政史研究会、一九七三年）二二四頁。

(56) 国立公文書館蔵「枢密院会議筆記」の「大正二年勅令第二百六十二号任用分限又ハ官等ノ初叙陞叙ノ規定ヲ適用セサル文官ニ関スル件中改正ノ件」の議事録（2A—15—10—枢—D725）。

(57)『大朝』一九三四年三月三〇日付朝刊。

(58) 前掲「挙国一致内閣期の政党」。

第四章　二・二六事件前後の内務官僚

はじめに

一九三二年（昭和七）五月の五・一五事件による政党内閣の中断後の日本の政治体制を普遍的な概念でどう定義するかは、いまだに決着がついていない問題である。すなわち、国家レベルにおいては全体主義体制とはいえないことはもはや明らかであるが、それにかわって比較的よく使われる戦時体制という定義も、日中戦争勃発以後（戦中期）にしか適用できない上、どのような戦時体制なのかについては議論が熟していない。(1)一方、戦中期に強権的な住民支配体制が成立したことを論拠とする「ファシズム（先験的価値判断によって全体主義を再解釈した用語）体制」論者もいまだに少なくない。

そこで問題となるのは、中央の政治構造と国民統治の実態との関係であるが、その際欠かせないのが内務官僚（文官高等試験に合格し、内務省および地方庁に勤務する奏任官以上の官吏。植民地や他省庁に出向中の者や退職後も内務官僚としてのアイデンティティーを維持している者を含む）の研究である。その理由は、言うまでもなく、内務官僚は、内務省および道府県（一九四三年以後は都道府県）の幹部職員として、その程度には議論の余地があるとしても、ある程度の裁量権を持ちつつ、広く国民生活に直接関わる地方行政全般に携わっていたからである。しかも、従来の研究から浮かび上がる内務官僚像は、既得権（地方行政に関する裁量権）の維持回復のため政党内閣期から既成政党に批判的であり、一九四〇年（昭和一五）の新体制運動においても既得権の維持回復のため全体主義的政治組織の創出に反対したことが明らかである一方、少なくとも戦中期には「ファッショ」的な地方支配を推進したという見解もあるという矛盾したものである。(2)(3)

そこで内務官僚の一層の研究が必要となるが、その際注意すべきことは、一般的に政治史研究において、一つの政治勢力を設定あるいは認識する際の指標は、人的なまとまりの自律性と独自の主張の存在であることを考えると、一つは人事の問題である。政党内閣期は政権与党に掌握されていた内務官僚の人事権は、一九三二年九月の官吏身分保障制度改訂（文官分限令第一一条の改正と文官分限委員会の設置）後、内務官僚が獲得したのか、他の政治勢力が獲得したのか。もう一つは政策の問題である。政党内閣期には個々の内務官僚の政策構想は政治的影響力を持たなかったが、五・一五事件後はどうか。(4)

この二点を考える上で最も注目すべきは、一九三六年（昭和一一）二月の二・二六事件前後の内務官僚をめぐる動向である。なぜなら、一九三四年（昭和九）七月八日成立の岡田啓介内閣において、一四年ぶりに内相に政党員ではない内務官僚（後藤文夫）が就任し、それが「革新」派あるいは「ファッショ」勢力の一部たる「新官僚」の台頭を示すともいわれていることや、内務省の「ファッショ」化が二・二六事件後に開始されたといわれていることなどから、当該期の内務官僚の政治史的位置づけを考える上で画期となりうる時期といえるからである。以下、右の問題意識に基づいて、二・二六事件前後の内務官僚の動向を検討したい。(5)

まず問題となるのは、後藤文夫が内相に就任した意味である。従来の「現状維持」的方針を継続することを目的として作られた内閣の内相に、なぜ内務官僚出身で、しかも「新官僚の中心人物」とも評された後藤が就任したのであろうか。(6)(7)

一　岡田内閣期

管見の限り内相就任に関する最も具体的な説明は、馬場恒吾の、「岡田は国内情勢の統制が付けば、政党政治は復活する。だが其前に一度総選挙を行ふことが必要だ。それには政党に属せざる内務大臣をして公平な選挙を行しめるといふことが内閣の使命の一つだと信じた」という説明である。この説は、西園寺が岡田に、既成政党から入閣させなくてもよいとか、二度でも三度でも解散してよいと述べた事実と一致しており、信頼し得る。要するに、元老、重臣たちは、政党内閣復活の前提として総選挙による「政党浄化」を考えており、岡田内閣に総選挙の公平な選挙管理のための超然主義的内閣としての性格を期待したため、非政党員で警保局長経験者たる後藤の内相就任が求められたのである。

しかし、ここで選挙管理のための内相に徹することは、事実上重臣等に「使い捨て」にされることであり、後藤や新官僚にとって到底承認できないことであった。そこで、この時後藤が床次竹二郎を内相に推したのは、床次を内相という重要ポストに据えることで政友会の分裂を起こし、三党鼎立を実現させることによって、持論である地方政治への既成政党の政治的影響力排除を進め、内務官僚の既得権の維持回復をはかるためと考えられる。(8)

しかし、岡田が依然後藤に内相就任を強く求めたため、結局後藤は「挙国一致内閣といふ実を挙げるにはやはり政党も含んだ方がい丶」という論理によって、自身の内相就任と引き換えに床次の副総理格入閣を岡田に認めさせたが、そのため政友会からの入閣者とポストを首相側が指定したことは、床次を含む政友会側の強い反発を引き起こした。それでも後藤は、床次や床次派の入閣を強行したものの、政友会の大分裂は起きなかった。結果的に後藤は床次を過大評価していたのである。(9) 後藤は「使い捨て」にされないために、そして政友会内閣復活阻止のためにも、民政党を与党化しつつ、総選挙によって政友会の過半数割れをはかる必要に迫られた。つまり、結局後藤は反既成政党勢力の期待を担いつつ、既成政党の一部とも協調しなければならないという苦しい立場に追い込まれた。組閣の最終段階で後藤が側近に「これで僕の政治生命はもう終りだ」と「悲壮な顔で話」したという彼の伝記の一見奇妙な記述は、(10)こうした状況を反映しているのである。

それでも、後藤はこうした岡田内閣の成立事情を利用して、内務三役のうち、次官に丹羽七郎前社会局長、警保局長に唐沢俊樹前土木局長を、唐沢の補佐役としての警保局保安課長には、神奈川県警察部長として「党弊」排除に辣腕をふるっていた相川勝六を就任させた。(11) すなわち、内務省首脳部には内務官僚内でも特に「革新」色の強い人々、いわゆる新官僚が多く入ったのである。そして、この時期、内務官僚内の新官僚の横断的結束や警保局と陸軍エリート将校の「革新」派の結合が進んだこと、警保局を中心に新官僚若手の間で自らを「国家革新」の「推進力」と位置づけたり、「下剋上」的行動を是認する傾向が生まれ、地方官にも広まっていったことは既に知られている。(12) しかし、こうした傾向を直ちに内務官僚全体に投影することはできない。その点を人事問題を例に見ていこう。

後藤内相は、地方官人事について、慣例となっていた内閣更迭時の大異動を行わず、必要の都度、最小限の異動を行なうこととした。その理由は、政友系知事の処遇にあった。すなわち、政権安定のためには、きたる総選挙の準備として、与党民政党や床次派(のち昭和会)に配慮して政友系地方官を優先的に淘汰の対象とすべきであるという議論が当然閣内で起こってくるはずであるが、その際政友系知事が身分保障制度を盾に抵抗する恐れがあり、ただでさえ内相になったことを政治的野心の発露ととられて「革新」派内を含む政界で不評を買っているとされた後藤は、慎重な姿勢をとったのである。(13)

しかし、これに対しては与党民政党から不満の声があがった。党の機関誌『民政』八月号、九月号に連載された「官吏身分保障令の是非」という党代議士へのアンケートで、官界の沈滞を招いているとして回答者全員が身分保障制度反対の意向を示し、ほとんどが廃止、一部が改正を望んでいた。民政党としては、与党となった以上、地方官大異動によって民政系地方官を優遇し、きたる総選挙での過半数獲得をめざすのは当然であるが、それができない理由に身分保障制度令があることから、それへの不満の声があがったのである。

政友会では、おそらく政府・与党牽制のため、「各府県を完全なる自治体とし、自治体としての知事を公選とするが故に一定の年限〔例之四年〕内は相当に落着いて其の土地に即した行政を為し、〔中略〕所謂新時代の経済産業を基礎とする地方行政の大方針を打ち樹てることができる」として、田中義一政友会内閣時代に政府・与党で検討されたことがある、道制導入の上での知事公選構想が再び主張されるようになった。(14)

そして、内務官僚内の新官僚からも不満の声があがった。すなわち、九月五日、唐沢警保局長が原田熊雄〔西園寺秘書〕に対して、後藤は「理想をもつてゐるが、実行の伴はない人」なため「各方面から非常に馬鹿にされる」と「中央の命令も徹底しない」ので「思ひきつてこの際なるべく早い時機に人事の刷新」と「地方長官会議を召集して、中央の命令の徹底するやうに都合のいい陣立に変へる必要がある」と「自分達も数度大臣に話してゐるけれども、未だにその様子が見えない」、つまり、「理想」の実現のために早期に新官僚グループの抜擢人事を行なうべきであるという主張を述べているのである。(15)

ここで留意すべきは、同じ新官僚グループの中でも、後藤と唐沢以下警保局の「中堅少壮」との間にギャップが生じていることである。後藤の世代の新官僚がかつては政党色を持っていたのに対して、唐沢以下の世代の「中堅少壮」層はその度合が少ないとして、こうした事態が起きる可能性は既に指摘されていたが[16]、それが現実に起きたのである。

さて、唐沢のこの発言に対して、原田は同意を与え、後藤にはたらきかけた。重臣グループの岡田内閣に対する選挙管理的超然内閣という位置付けから、原田としては、新官僚の抜擢人事は地方官の党色を減少させることになるので好ましいと考えたのであろう。しかし、これに対して依然後藤は「なか〳〵難しいので、非常に慎重な態度をとつてゐる。自分の苦心を察してくれ」と述べるにとどまった。しかもこの直後の九月下旬、室戸台風が西日本各地に大きな被害をもたらし、関係府県の地方官は善後策に忙殺されたため、大異動の機会は失われた[17]。そのため地方官異動は小刻みとなったが、政友系の優遇はなく、警視総監も一〇月下旬になって、藤沼にかわって吉田茂内閣書記官長(内務官僚OBで後藤とともに新官僚のリーダー格とされた)の推挽で小栗一雄(すなわち彼も新官僚といえる)が就任したり、道府県の部長級異動の際、唐沢、相川の出身校である旧制二高出身者のグループ(二高会)の抜擢を認めるなど、民政党と新官僚への配慮は行なっていた[18]。

それでも結局、後藤は翌一九三五年一月に地方官大異動を実施する。その表向きの契機は、「行政刷新」と、地方官官制改正による各府県への経済部新設(一月一五日付けで実施。地方経済の「根本更正」のためとされた)であった。しかし実際の理由は、内閣としては、三四年一一月の臨時議会における「爆弾動議」に代表される政友会の倒閣の動きの牽制のため、解散総選挙の構えを見せる必要が出てきたことと[19]、内務官僚の人事停滞の打開であった[20]。

後藤は、「後藤内相が窮余の挙句身分保障除けの名案[21]」、すなわち政友系の反抗を抑制するため、異動の原則として古参の知事、内務部長(府県部長の最上席)の勇退を求め、かつ経済部新設に伴い新設される経済部長を加えて大幅に増員された部長ポストに多数のキャリア組を昇進させることとした。まず知事については、現役最古参の一九〇八年（明治四一）入省組の知事を一律に勇退させることとし、該当者に後藤自ら説得した結果、全員が応じたため、本格的な作業に着手し、一五日の閣議で決定した。その内訳は、異動範囲が三府二一県、勇退八名、府県部長、本省課長などからの知事昇進八名、休職なしとなった(22)。

この知事大異動について、ほとんどの新聞は「妥当」「無難」といった評価をしているが、『東京朝日新聞』、雑誌『地方行政』の異動評(23)は、政友系の新任知事がいないことを指摘しており、『大阪朝日新聞』の異動評は、後藤内相の原案は東京、大阪、兵庫への栄転組がいずれも政友系であったため民政党が反発し、大阪の人選を安井英二地方局長に変更し、それに伴って数人の任地が変更されたと指摘している。すなわち、知事の異動に関しては、いまだ既成政党の動向が大きく影響していたのである。

一方、部長級の大異動は一八日に決定した。異動は全道府県におよび、異動総数一八三名、勇退二四名となったが、知事異動の場合とは異なる様相を呈した。異動評は四紙に掲載されたが、そのうち『大阪朝日新聞』は「二高会の進出」と題し、大異動以前と同様二高会員が抜擢されているとして、「新官僚も自派に近いもの〔中略〕は重用するが、〔中略〕人物の能不能は第二段の考慮事項にしてゐることは政党者流のよく用いる手」であり、「ナチスの突撃隊のやうに特別範囲の特殊団体をつくつ〔中略〕たところに今回の部長級異動の特色がある」とし、『報知新聞』も、「内務当局」の「適材適所」という「声明を裏切つてゐる」として、「唐沢警保局長は人事を自由にしたい陰謀から出発した人事であるとか、丹羽次官と唐沢警保局長との間に意見の衝突があつた等々の世評がある」とか、「警視庁の人事は小栗警視総監の希望がほとんど容れられず、内務当局の押しつけ」とか、「唐沢警保局長が抱懐して居つた異動が行はれずある部下の意思に左右された」などと指摘し、「甚だ遺憾」と評している。この部下とは、相川警保局保安課長のこととわかる。すなわち、松本学が知事大異動決定の前日、宮野省三（警保局警務課長）と中里喜一（同図書課長）から聞いた話として、「現状をこぼすこと、唐沢と相川とが後藤の一の子分を争っておると云ふ。相川勝六が保安課長たることがよくないと云ふ」[24]と日記に記しているのである。なお、宮野と中里はここにみるように明らかに唐沢、相川に批判的であり、この時の部長級大異動で左遷された。[25]しかも、おそらく政友系古参内務部長[26]として勇退の対象となった、九鬼三郎滋賀県内務部長の勇退拒否事件が起こった。

すなわち、九鬼は、勇退を説得する丹羽次官に対し、「自分は何等不都合なくその職務に精励してゐるに拘らず辞表の提出を求められたことは不可解」[27]と述べて勇退を拒否したのである。結局彼は地方官異動関係ではじめて（そして結局は最後）文官分限高等委員会の審査にかけられ、二月九日付けで休職となった。[28]

要するに、部長級異動については、もはや既成政党の影響力は見られず、むしろ新官僚グループの抜擢人事が行なわれたが、異動の内容や経緯について、内務官僚内部のみならず内務官僚内の新官僚グループからも不満や不評があらわれたことがわかる。そして、このように、知事級と部長級の人事の傾向には、既成政党の影響力が見られるか否かという点で明らかに違いが生じていたことは、内務官僚の脱既成政党化の進行を示している。

さて、この時期の内務官僚を検討する上で避けて通れないのが選挙粛正運動である。同運動は、まず一九三五年（昭和一〇）秋の府県会議員選挙に際して行なわれ（第一次）、次いで翌年二月の総選挙に際して行なわれた（第二次）。同運動については多数の研究があり、金権選挙防止に名を借りた、官僚勢力による既成政党および反政府勢力の撲滅運動という評価が一般的である。[29]その実態についてここで詳しく触れることは紙数が許さないので先行研究に譲るが、内務官僚のうち、実際に熱心に運動に関わったのは、唐沢以下新官僚運動に共鳴する人々であり、[30]かつ公然たる選挙干渉になっては憲法違反となるため教化運動にとどまっており、しかも反既成政党運動として速効性のある方法とは内務官僚自身も考えていないことは確認しておかなければならない。[31]

その意味で、この時期の動向としてもう一つ見ておかなければならないのは地方制度改革の動向である。この時期の地方制度改革問題については、同年五月一一日に設置され、新官僚や陸軍「革新」派の牙城であった内閣調査局でも調査研究が始まっていたが、[32]管見の限り内務省関係では、若手事務官の発言が目立つ。すなわち、中島賢蔵（地方局事務官）は、ドイツ、イタリアに生まれた、地方議会の諮問機関化と官選首長を柱とする「独裁者制度」について、「直ちに之を模倣することはきわめて困難」としながらも、「此の制度の根底に横はる基本概念として」の「統一的共同主義」は「将来の地方制度の行くべき道を暗示するもの」と、国家の地方監督権強化と地方議会権限縮小の方策としての面からこの方法に注目している。[33]次に、永安百治（地方局事務官）は、地方団体の「財政の運用」について、「極端なる利己主義の発動を制する」ために、「各種公益団体」を市町村の統制下に入れるとともに、各団体の代表を市町村会に入れる（つまり職能議員を設定する）こと、すなわち自治体の執行権強化を主張している。[34]また、小林千秋（社会局事務官）も、農村対策の面から地方中間機関（以前の郡役所に相当）設置を主張すると共に、「選挙制度を全然撤廃し、常に村民一致でなければ公議は決せぬと云ふ建前でも、我が国の町村行政は立派にやつて行けた」「現在の町村制をも少し融通性のある詳細のことは適宜地方長官に於て規定し命令し得る様に弾力性を持たしむることが、真に町村行政の進展に貢献し得る所以」などと、中島と同趣旨の意見を明らかにしている。[35]

こうした動向を反映して、後藤内相は、一九三五年五月開催の後藤内相就任後初の地方長官会議で「今や時運の進展は地方団体の行政の刷新を促すこと切なり」と述べて地方制度改革に積極的意志を表明すると共に、八月、選挙粛正運動が軌道にのったことをうけて同問題の調査研究を地方局に命じたが、内務省の意向と伝えられた項目の中には「真に日本的なる自治制度の樹立」「地方自治機構の根本的改革」など内務官僚内部の議論を反映した内容が見られ、しかも地方局の全道府県の総務部長への意見聴取でも、地方中間機関設置要求が依然強かった(36)。

これに対応して、全国町村長会も同年一〇月に「地方自治制度刷新要綱(37)」をまとめた。これはやはり町村長の権限拡大を主眼としており、各種公益団体の統制、町村議会の権限縮小など内務省側と軌を一にする面もあるが、町村長の選任方法に言及がないことと、財政に関して町村の裁量権拡大をめざしている点が、町村長に対する国家の監督権の縮小を意味していることから、内務官僚の主張を牽制する意図が読み取れる。

要するに、当該期の内務官僚は、脱既成政党化を進めつつあったが、推進役となった新官僚が陸軍の「革新」派の接近をうけ、今度は陸軍の影響下に置かれる可能性が生じていた。こうした中で、一九三六年二月、二・二六事件が勃発する。

二　二・二六事件の影響

二・二六事件の結果、二八日に岡田内閣は総辞職し、二九日の事件鎮圧後、後継内閣組閣の動きが本格化した。これに対する陸軍の干渉の事実はよく知られているところであるが、内務官僚を中心とする少壮官僚による干渉の動きも存在した。その詳細については既に林博史氏が明らかにしている(38)。それに多少の補足をしつつ概要を確認すると(39)、首相選定にあたって警保局を中心とする内務省の少壮官僚が「昭和維新の大改革を断行できる新内閣を組織」するよう西園寺に嘆願書を出し、かつ広田弘毅内閣組閣にあたって内相に川崎卓吉（元内務官僚の民政党代議士）が擬せられると反対の動きをおこしたが、内務省幹部に阻止され、さらに川崎内相案が陸軍に拒否されたことから、組閣参謀で内閣書記官長となった藤沼庄平の推挙で潮恵之輔が擬せられると、再び警保局少壮事務官らは「この非常時局に内務大臣としての重役を担う資格なしとして潮排斥」を申し合わせ（潮は結局就任し三月九日広田内閣成立）[40]、相川保安課長を経て首脳部に申し入れたほか、警視庁、愛知県、新潟県でも警察関係の少壮キャリア組が同様の動きを示した。林氏はこれらの動きを「下剋上」的動きの「表面化」ととらえ、潮内相が三月二六日の地方長官会議で内務省として「時運の進化に適合」すると述べたことは、こうした動きの結果、内務省が全体として「革新」の方向に進みはじめたことを表していると評価している。

しかし筆者はこの評価には賛同できない。第一に、周知の組閣事情からいって、潮内相は川崎同様、「革新」的人物ではないから起用されたことが明らかである[41]。

第二に、潮内相は新官僚の左遷、排斥を行なった。その概要は既知に属するが、念のため詳細を確認すると、三月一三日の内務首脳部の更迭にあたって、治安責任者として、赤木朝治次官（丹羽が病気のため前年六月に交替）の免官、唐沢警保局長、小栗警視総監の休職[42]は当然としても、後任の次官湯沢三千男、警保局長萱場軍蔵、警視総監石田馨のうち、湯沢と石田は新官僚系ではなく[43]、萱場も、相川と同期の二高出身の新官僚といわれていたが、唐沢らのグループではなく、安井英二のグループに属しているといわれていた[44]。

しかも、萱場は、局内で「下剋上」的動きの中心と見られる人々を左遷した。すなわち、緋田工嘱託をやめさせ[45]、相川保安課長を朝鮮総督府外事課長に、菅太郎（警保局事務官）を満州国政府へ[46]、吉垣寿一郎（同）を上海駐在とする[47]などである。それでも、内部事情調査の必要から、陸軍と連絡可能な人物を局内に残したものの[48]、相川の後任には、かつて唐沢、相川を批判して左遷された宮野を起用し、中里も同局平事務官の筆頭となり、秋吉威郎（同局事務官）は、同局にとどまったものの、警保局内の「下剋上」的動きの中心人物とされて糾弾の対象となった[49]。さらに地方官についても、この時「下剋上」の動きに関わった安倍源基警視庁特高部長や、選挙粛正運動の行き過ぎが県会で問題となっていた小林光政青森県知事、やはり新潟県で選挙粛正運動の行き過ぎが県会で問題となり、かつ「下剋上」の動きにも関わっていた土肥米之同県警察部長などが翌年初頭にかけて左遷された。(50)

第三に、陸軍をはじめとする「革新」派への内務省の姿勢が内務首脳部交替前後で変化した。すなわち、事件終結直後、唐沢は各知事あてに、今回の事件に関連して、「軍民離間又ハ陸海軍部間ニ疎隔ヲ生セシムルカ如キ言動ヲ為ス者ヲ保シ難」いとして、三月一日と六日の二度にわたって言論取締りを指示しており、かつ三月四日に行なわれた警察、司法関係者と戒厳司令部の連絡会議において、相川は「軍部ハヤリカケタ以上何処迄モヤル考ナルヤ」(51)と、陸軍の動きを肯定するニュアンスの発言をしている。すなわち、治安当局としては武力クーデターは当然容認できないが、「新官僚」としては陸軍内「革新」派の合法改革路線は容認していたのである。

ところが、首脳部交替後になると、秋吉の場合、三月下旬には陸軍側から「反軍的ノ考ヲ持チアルカ如シ」とみなされたように、省内生き残りのために意見を変える状態になっており、(52)三月二三日付警保局長名の「叛乱事件後ニ於ケル前後措置並取締ニ関スル件」には、治安対策の筆頭に依然「反軍思想ノ是正」が掲げられているが、二・二六事件の意義について、「現下ノ社会情勢ニ於テハ不可避的、必然的現象ナリト為スガ如キハ国体ノ根本義ヲ忘却シタル見解」(53)と、中堅少壮新官僚の政治認識とは全く逆の認識が示されていた。しかも、戒厳令解除直前の七月六日付で警保局長名で知事や警視総監に出された「戒厳解止後ノ治安維持ニ関スル件」では、治安対策の筆頭に「右翼団体及ヒ右翼要注意人物ノ視察内偵」と、「革新」派の抑圧方針が掲げられる一方、「反軍策動ノ取締」は一三項目中一一番目と大幅に順位を下げた。(54)

すなわち、内務官僚は、二・二六事件を契機に、「革新」派ないし陸軍とは大きく距離を取るに至ったのであり、内務官僚内の新官僚が内務官僚勢力内の指導的立場に立ち、陸軍主導の合法改革路線の実現を支援するという構図は崩壊した。その背景に、三月初旬に閣僚が天皇から極秘に「財政および内政について急激な変化は宜しくない」などと指示されていたことがあったことは間違いない。[55]こうして見てくれば、前出の潮内相の訓示も、積極的「革新」ではなく、時勢に遅れないという程度の意味であることは明らかである。

ただし、潮は元来省内外に大臣としての人望がある人物ではなかったため、[56]すべての面で「革新」的風潮を抑制することはできなかった。潮体制発足直後の三月一五日、「潮新内相は如何なる勢力にも捉はれず、勇敢に社会政策立法に邁進するやう、広瀬〔久忠〕新社会局長官を督励している」[57]と伝えられたことは、「下剋上」への安全弁を作った動きと考えるべきなのである。それでも潮が内相の座を占め続け得たのは、単に天皇・重臣の意向によるのみではなく、内務官僚内部の大勢も依然、「下剋上」による内部「革新」ではなく、既得権の維持回復を指向していたためと考えられる。以下それを検証する。

まず、潮体制確立の仕上げとなる四月の地方官大異動をみると、知事の大異動は四月二一日の閣議で決定したもので、異動人数二八名（相川の左遷もこの時）、うち勇退八名、新任八名で、管見の限り、既成政党の影響力を示す史料はなく、各紙とも穏当な人事と評する状況であり、続く部長級異動も同様である。つまり、人的にも、「下剋上」を避けつつ、完全に既成政党の影響力から脱したのである。

このように、内務官僚は二・二六事件を機に政治的自立を遂げた。しかしそれは同時に陸軍や既成政党という後ろ盾を失い、逆にそれらとの対立の発生や拡大を意味した。

そこで次に既成政党との関係をみれば、広田内閣には政民両党から入閣はしたものの、内務官僚に関しては、前出の川崎卓吉の内相就任拒否の動きや、陸海軍省以外では唯一内務省が政務官に既成政党代議士を採用しなかった（政務次官鍋島直縄、参与官肝付兼英、いずれも貴族院議員）ことへの反感から、五月下旬に開かれた第六九臨時議会において、内務省提出の不穏文書取締法案と退職積立金法案、職業紹介法改正案などが衆議院で軒並み審議が難航し、結局いずれも修正可決となった(58)。つまり、少なくとも、内務省に関する限り、事実上政民両党とも野党化した。そして、両党とも「官僚独善」への対策として引き続き官吏身分保障制度の撤廃または改正を主張していく(59)。

陸軍も、内務官僚の既得権に公然と挑戦する姿勢を示した。すなわち、軍備拡大の急速な実現のための国政改革の一環として九月下旬に陸軍が広田首相に提出した行政機構改革案の中に、「中央、地方人事の脈絡を規正す」るために、「人事行政の統制、刷新に関する事項を掌る機関を創設し内閣総理大臣の管理に属」させると共に、内務省を改組し神社局を文部省に、「道路港湾に関する土木行政の一部を」新設の省に移管し、「衛生に関する機関を統合強化す」、すなわち内務省から地方官人事権と、土木局、神社局、衛生局、社会局を分離するという、内務省および内務官僚の既得権をほぼ喪失させる構想があった(60)。しかし、軍部大臣以外は中央の行革に消極的であったため、陸軍の催促によって一〇月末に中央の行革を検討する四相会議が設置(内相は含まれず)され、内閣人事局も検討に入ったものの(61)、その権限は「各省大臣の権限に抵触せざる範囲」という消極的な内容であり、翌年一月中旬、四相会議でこの案が決定した直後(62)に広田内閣の退陣となった。そのため、内務省または内務官僚勢力が表立って反発するような場面はなかった。こうした中で内務省および内務官僚がいかに状況に対応しつつ既得権の維持回復に腐心していたかを示すのが、広田内閣期の地方制度改革問題の経緯である。

広田内閣期において、まずこの問題の口火を切ったのは他ならぬ内務省であった。潮内相は就任直後、内務省の「庶政刷新」策の中で地方制度改革を最重要課題として地方局に調査を命じたが、その理由は、「内務省の有力意見」が、「地方自治の画一制度はもはや我国の実情に即せず、却て地方の進展を妨げつゝある傾向があるから政府は〔中略〕今少し弾力性に富める地方自治制度を創始して国がこれを統制強化すべし」となっていた。そして、その具体的項目は、府県制、市町村制の「根本的改革」、東京都制実現、産業組合の活用、「東北の特殊行政ブロックの結成」「郡役所にかわる中間機関の設置」など、「官治」的な地方制度改革構想となっていたが[63]、中でも地方中間機関設置については、前述の地方長官会議でも新潟県知事を除く知事全員が希望していた[64]。すなわち、地方自治体に対する内務省、道府県の統制強化の方向が、省の方針の中に岡田内閣期よりも一層強く掲げられたのである。そして、こうした状況は、未だ地方官の地方掌握が、全体としては地方官自身にとって満足すべき程度までには進んでいなかったこともうかがえる。

この問題に関し、前述の陸軍の行政機構改革案には「中央行政機構の整備改善および国運の進展に伴ひ地方行政制度を刷新す」とあり、具体的には「経済的活動を旺盛ならしむるため」「府県の廃合、町村合併に再吟味を加へ」[65]ると、一見内務省に類似の構想となっているが、前述のように陸軍はそもそも陸軍主導の政治体制創出のために内務行政全体の変革を主張しているのであるから、基本的な方向性が内務省とは全く異なっている。

一方、この時期の既成政党の地方制度改革問題に関する基本方針は地方分権となっていた。すなわち、同年六月二九日に民政党政務調査会が決定した「内政革新策」では、地方制度に関して、「一大調査機関」の設置を主張されていたが、その方向性が地方分権であることは、調査機関設置理由の中の「町村に対する過当なる国家事務の委任集中、地方財政の困窮、自治経営の画一化、地方選挙制度の実情等は社会の実情に悖り国民自治の本義を破るもの少なからず」という記述から明らかである[66]。政友会でも、一〇月に政務調査会行政機構改革特別委員会の議論のたき台として作られた案には、州庁設置と知事公選、自治体の経済化など、かつて田中義一総裁時に提唱され、岡田内閣期に復活してきた地方分権的主張が示されている[67]。当然、両党とも地方中間機関設置には反対であった。特に、党としては従来地方分権に消極的であった民政党の動向は留意に値する。

なお、この時期の「革新」派政党（社会大衆党、東方会、国民同盟など）は、地方制度にはあまり関心を向けていない。すなわち、二月の総選挙でもこれらの勢力では地方制度についてほとんど言及していない。しかし、公選制拡大は動かないところと見られる[68]。たとえば、社会大衆党は一九三六年一一月の「政治機構改革案」で、最上級地方団体として郡を新設した上で、職能団体の候補者推薦による地方団体の首長の直接公選を主張していた[69]。要するに、政党勢力に関しては、公選制拡大という方向性は共通している。内務官僚の方向性を「官治」とすれば、これは「党治」的方向性といえる。

また、中央地方の関係で見ると、全国町村長会は、地方財政調整交付金制度恒久化促進のため六月末に開催した臨時大会の決議の中で、「中間行政機関はこれを設置せざること」とやはり内務省の構想に反対していた[70]。その理由を繰り返す必要はないであろう。

こうした状況に対応して、内務省は、中間機関設置案はもちろん、陸軍案の府県廃合についても、潮内相が「長い伝統を持つ府県の廃合などは簡単に出来るものではない[71]」と述べたように消極的となった[72]。それでも、陸軍の慫慂によって議会制度と地方制度改革検討のために四相会議と同時に設置された五相会議（潮内相、林頼三郎法相、小川郷太郎商相、島田俊雄農相、永田秀次郎拓相）は、議会制度改革問題が紛糾したため地方制度改革を先に検討することとなった[73]が、一ヵ月ほど経って、五相会議がようやく議題として東京都制案を採用することを報じた新聞が、「五相会議としては地方行政機構改革問題を単なる机上討議に終わしめず早急に何らかの成果を得て一部の責を免れようとの方針から主管閣僚の潮内相が尻込みしてゐるのを漸く鞭撻して日程に上させること、なつた」と報じているように[74]、五相会議としても内務省としても消極的であり、しかも東京都制案についても、都長の選任方法について、内相があくまで官選を主張したのに対して、法相以外の三大臣は公選を主張したため、合意を得られないまま年を越し[75]、広田内閣退陣に至る。

以上見てきた地方制度改革問題の政治過程における内相や内務省の一連の動きが、内務官僚の既得権を縮小喪失させる性格を持つ陸軍や政党勢力、地方勢力の地方制度改革案を忌避するためであったことはもはや明らかである。

次の林銑十郎内閣期について詳述する紙数はないが、少なくとも内務行政に関して広田内閣期と同様の方針がとられたことは、河原田稼吉内相が、近衛文麿側近の一人ではあったものの政党内閣期の内務次官経験者であり、しかも内相交替に伴う内務人事異動が「慥かに新官僚以前の政党時代の内務人事異動を連想させる」と評され(76)、地方制度改革も、地方財政調整交付金の恒久制度化を含め概ね先送り方針となったこと(77)、治安維持への憲兵の介入を嫌っていたことなどから明らかである(78)。

おわりに

以上の検討から、二・二六事件を契機に人的にも政策的にも他勢力と一線を画すに至ったことによって内務官僚が政治勢力として確立したことと、若手内務官僚および内務省による地方制度改革構想の試みも、中途における新官僚の台頭も、全体の流れの中で見ると、内務官僚の既得権の維持回復のための模索の一環として位置づけられることが明らかとなった。要するに、内務官僚は、基本的には「現状維持」的性格が強かったのである。

この知見をもとに内務官僚の政治史的位置づけを試みる場合に留意すべきことは、広田内閣期の内務省の「庶政刷新」や民政党の「革新政策案」などに見られるように、明らかに「現状維持」的な勢力も「革新」を標榜するという現象が起こっていることである。前後の状況から考えると、いずれの場合も、既得権の維持回復の手段として、「革新」を標榜したことは明らかである。すなわち、「革新対現状維持」という図式は、政治勢力の建前（理念）と本音（権力闘争の実態）のうち、後者を十分に表現できないことが明らかとなった。当然、内務官僚の政治的位置づけの道具として筆者が提示した枠組み[79]（図C・再掲）も修正しなければならない。一般に権力闘争は、既成勢力と新興勢力という対抗関係で表現できることから、図Cを図Dのように修正する。図Dによれば、政治勢力として確立した内務

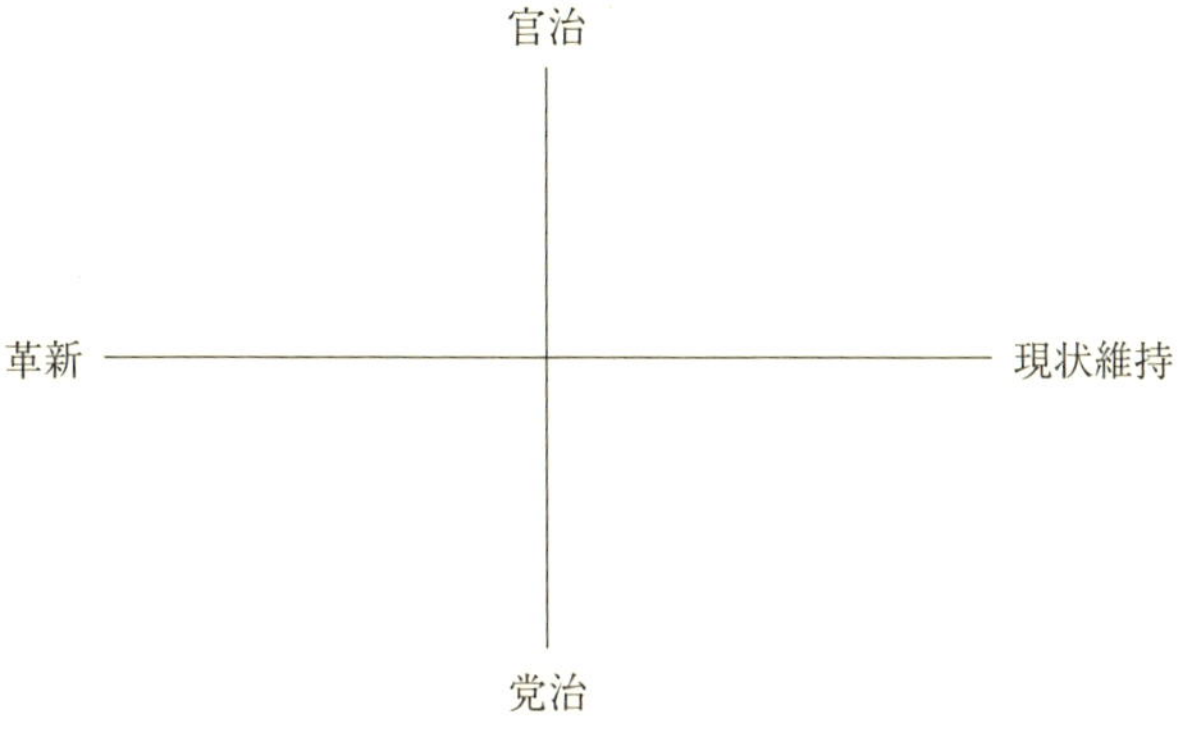

図　C

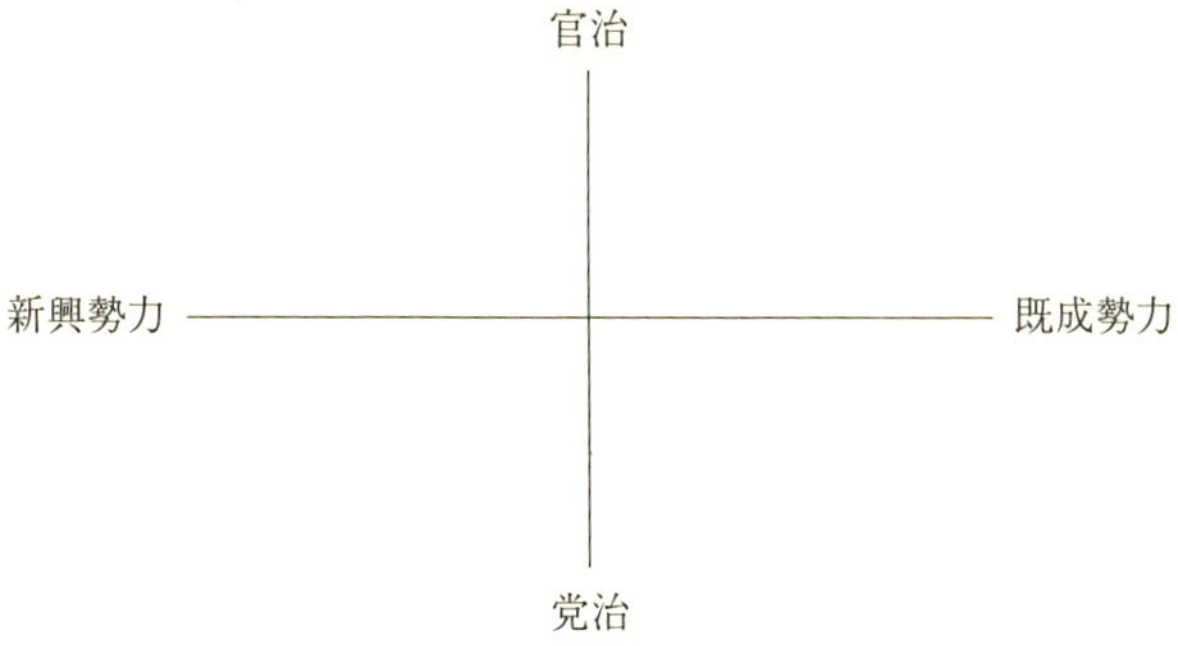

図　D

図　D′

官僚は、「官治―既成勢力」と位置づけられる。しかし、一九三七年（昭和一二）六月の第一次近衛内閣成立以後については、内相に非内務官僚が就任したことから、稿を改めて検討しなければならない。

なお、満州事変前後から始まった政治権力の多極化は、五・一五事件後、政党内閣が途切れたことによって、なお流動的ながら政治構造化し[80]、陸軍や様々な「革新」派の台頭（それは内務官僚や既成政党が既得権維持回復のため「革新」を標榜せざるを得なかったことに示されている）、既成政党の影響力減少を招いたことと、陸軍が二・二六事件を機に政治的主導権を掌握することに失敗したという知見に[81]、本論文の知見を加えると明らかになることは、二・二六事件の歴史的意義が、政治権力の多極化の促進であったことである（図D′）。そして、内務官僚が同事件を機に政治勢力としては確立したものの、内務省案による地方制度改革を実現できなかったことに示されているように、地方掌握が不完全であったことは、政治権力の多極化を一層促進する結果をもたらしたといえる。

そして、以上の知見と、斎藤内閣から林内閣に至る時期の内閣成立の根拠が天皇の権威であったことを考え合わせれば、この時期の政治体制は、「国家を統治する洗練されたイデオロギーは持たず、しかし独特のメンタリティーは持ち、その発展のある時期を除いて政治動員は広範でも集中的でもなく、また指導者あるいは時に小グループが公式的には不明確ながら実際にはまったく予測可能な範囲の中で権力を行使するような政治体制」というJ・リンスの古典的な権威主義体制の定義に[82]驚くほど合致しているといえる。

注

（1）　その他、一九四〇年の大政翼賛会成立の段階を「四〇年体制」と名づけ、それを権威主義体制の一種とみなすという注目すべき見解も現われた（宮崎隆次「日本政治史におけるいくつかの概念」『千葉大学法学論集』五―一、一九九〇年）が、その後実証的検討が行われていないためか、広く採用されるには至っていない。

(2) 本章第二部第一章、第二章。

(3) 最近の研究では、池田順「ファシズム期の地方支配」一～四（『政治経済史学』三三七～三四〇〔一九九四年〕、のち同『日本ファシズム史論』校倉書房、一九九七年に所収）、新里孝一「内務省地方局の『農村自治』構想」（『春龍胆』（栃木県立那須高等学校研究紀要）七、一九九二年）、同「『部落会』法制化（一九四三年）の政策過程」（『大東文化大学紀要』三四、一九九六年）などがある。なお、本章初出後、同じ時期の内務官僚を扱った黒澤良「内務官僚と二・二六事件後の政官関係」（『年報政治学　内戦をめぐる政治学的考察』岩波書店、二〇〇〇年）が出た。内務官僚と海軍との関係を扱った点に新味がある。

(4) 前掲「内務省地方局の『農村自治』構想」八八頁。

(5) 林博史「日本ファシズム形成期の警保局官僚」（『歴史学研究』五四一、一九八五年）。

(6) 大久保利謙他編『日本歴史大系』近代Ⅱ（山川出版社、一九八九年）四八八頁（伊藤隆執筆）。

(7) 『国民新聞』（以下『国民』）一九三四年七月二九日付朝刊「踊る新官僚群（二）」。

(8) この点は、本書第二部第二章。

(9) 以上、本書第二部第二章のほか、馬場恒吾「後藤内相論」（『中央公論』一九三四年一一月号）、田中時彦「斎藤内閣」（辻清明・林茂編『日本内閣史録』三、第一法規出版、一九八一年）三三六頁、同「岡田内閣」（同）三四八～三四九頁、原田熊雄述『西園寺公と政局』第四巻（岩波書店、一九五一年）五～七頁、城南隠士『政界夜話』（新日本社、一九三七年）九一頁。

(10) 森有義『青年と共に歩む後藤文夫』（日本青年館、一九七九年）一九四頁。

(11) 以上、相川勝六『思い出ずるまま』（講談社サービスセンター、一九七二年）七七～七八、八五頁、「踊る新官僚群（四）」（『国民』一九三四年八月一日付朝刊）。

(12) 前掲林論文六、一二～四頁。

(13) 『東京朝日新聞』（以下『東朝』）一九三四年七月一一日付朝刊、『国民』一九三五年一月一一日、一五日付朝刊、「踊る新官僚群（八）」（『国民』一九三四年八月五日付朝刊）。

(14) 加藤久米四郎「地方制度改革の一考察」（『政友』一九三四年一〇月号）。田中内閣期の構想については、本書第一部第二章参照。

(15) 前掲『西園寺公と政局』第四巻、六四頁。

(16) 前掲「踊る新官僚群（一〇）」（『国民』一九三四年八月七日付朝刊）。

(17)　前掲『西園寺公と政局』第四巻、六六、一〇二頁。
(18)　『大阪朝日新聞』(以下『大朝』)一九三四年八月一一日、一〇月二七日、三一日、一一月一日、九日付各夕刊、『国民』一九三五年一月一一日付朝刊。
(19)　『国民』一九三五年一月一五日付朝刊。
(20)　『大朝』同年一月一三日付朝刊、『挟間茂氏談話速記録』(内政史研究会、一九六七年)七七〜七八頁。挟間は、当時内務省大臣官房人事課長兼内相秘書官として経済部設置に関与した。
(21)　柘植祝夫「非常時局の地方官(二)」(『地方行政』四三―二、一九三五年)九四頁。
(22)　『大朝』一月九日付朝刊、『国民』一月一一日付朝刊、一五、一六日付各紙夕刊、朝刊。
(23)　前掲「非常時局の地方官(二)」九五頁。
(24)　伊藤隆・広瀬順晧編『松本学日記』(山川出版社、一九九五年)一月一二日条。
(25)　本来なら知事に栄転してもよいはずなのに、宮野は東京府総務部長、中里は警視庁保安部長となったためである。
(26)　政友会内閣時に復職、昇進したことから政友系と判定。
(27)　『京都日出新聞』一九三五年一月一八日付夕刊。
(28)　『大朝』二月九日付夕刊。
(29)　従来の研究動向や通説については、源川真希「『選挙粛正』に関する一考察」(『日本歴史』五一九、一九九一年、のち同『近現代日本の地域政治構造』日本経済評論社、二〇〇一年に所収)六六、七九〜八〇頁を参照。
(30)　本間恂一「選挙粛正運動をめぐる政党と官僚」(『地方史研究』三六―一、一九八六年)二〇頁。
(31)　運動に関係した内務官僚らによる「粛正選挙の第一線に立つ人々の座談会」(『斯民』一九三六年二月号)に「真の正しい選挙はやはり国民自身の自覚に依り、『国民』全体の政治的進歩の結果として実現されなければならない」(四九頁)とある。
(32)　石川準吉『総合国策と教育改革案』(清水書院、一九六二年)五〇〜五一頁他。
(33)　「地方団体の政治組織の刷新に就て」(『都市問題』一九三四年一〇月号)。
(34)　「地方自治機構の改革」(『自治研究』一九三四年一二月号)。
(35)　「町村行政の行詰り打開に就て」(『斯民』一九三五年一月号)。

(36) 大霞会編『内務省史』第四巻(地方財務協会、一九七一年)四九八頁、『東朝』一九三五年八月六日付朝刊、「内務省の地方制度改革案」(『地方行政』一九三五年九月号)。
(37) 国立公文書館蔵「自治省公文書」所収「全国町村長会政務調査会資料」(自治省48―3A―13―9―234)にある。
(38) 前掲林論文一四頁。
(39) 四方田義茂「潮内相と林法相」(『中央公論』一九三六年四月号)四五三頁。
(40) 『東京日日新聞』一九三六年三月九日付朝刊、前掲本間論文一三頁。
(41) 前掲「潮内相と林法相」。組閣事情については、とりあえず前掲『西園寺公と政局』第五巻(一九五一年)二〇~二一頁。
(42) のち二人とも四月二一日付免官(『大朝』四月二二日付夕刊)。
(43) 三月一三日付各紙朝刊。
(44) 山浦貫一『近衛時代の人物』(高山書院、一九四〇年)二〇三頁。
(45) 『萱場軍蔵氏談話速記録』(内政史研究会、一九六七年)五五頁。
(46) 中村隆英・伊藤隆・原朗編『現代史を創る人びと』一(毎日新聞社、一九七一年)二三四頁に、「わたしが満州国に赴任したのは」「別の理由による」が、「内務省の幹部、主流派からはもてあまされ、にらまれ」ていたという菅の回想談がある。
(47) X・Y・Z「内務畑人物布陣図」(『社会往来』一九三六年七月号)一〇一頁。史料では左遷とは書かれていないが、菅の事例や時期を考えると左遷と判断できる。
(48) たとえば加藤祐三郎(警保局事務官)は、菅太郎らと同様の考えを持っていた(『加藤祐三郎氏談話速記録』〔内政史研究会、一九六九年〕四六頁)ため、「〔潮内相が〕萱場さんに命じて、当時の内務事務官―われわれクラスですね―まで馘首しろという命令が出ていた」(同右一二九頁)が、「憲兵隊」「〔陸軍省〕軍務局、兵務局との接触という」(四三頁)仕事のため、一九三九年まで警保局に残留した。
(49) 『永野若松氏談話速記録』(内政史研究会、一九七〇年)四六頁。永野は、二・二六事件当時の警保局筆頭事務官(同書四五頁)。中里、秋吉の人事については、『内務省人事総覧』第三巻(日本図書センター、一九九〇年)による。
(50) 安倍については、前掲『思い出づるまま』一〇四頁、小林については前掲本間論文一五頁、土肥についても同論文二〇頁。
(51) 粟屋憲太郎・小田部雄次編『資料日本現代史』九(大月書店、一九八四年)二一九、二四四頁、「備忘録」(安井藤治戒厳司令部参謀長執筆）（松本清張編『二・二六事件　研究資料Ⅰ』文芸春秋、一九七六年）三五頁。
(52) 前掲「備忘録」六一頁。
(53) 前掲『資料日本現代史』九、二四七～二五一頁。
(54) 同右、二五八～二五九頁。
(55) 前掲『西園寺公と政局』第五巻、二〇～二一頁。
(56) 前掲「備忘録」一一四頁に「潮ハ研究会ナルモ〔引用者注、潮はこの時貴族院勅選議員で研究会に所属〕大臣トナル人物ニアラスト研究会ニテモ評判悪シ」とある。
(57) 『東京日日新聞』一九三六年三月一五日付朝刊。
(58) 『東朝』五月三〇日付朝刊（「官僚と政党の相剋（上）」）。
(59) 同右六月三〇日、一〇月六日付朝刊。
(60) 同右一一月一〇日付朝刊。
(61) 同右一〇月二四日付夕刊。
(62) 同右一九三七年一月一三日付夕刊。
(63) 同右一九三六年三月一四日付朝刊。
(64) 同右七月一八日付朝刊（「庶政一新の彼方」⑤）。
(65) 同右一〇月三〇日付朝刊。
(66) 同右六月三〇日付朝刊。
(67) 同右一〇月六日付朝刊。
(68) 前掲『資料日本現代史』九、一五七頁。
(69) 土井章監修『昭和社会経済史料集成』第二巻（御茶の水書房、一九八〇年）五六七～五七八頁。
(70) 『東朝』一九三六年六月三〇日付朝刊。
(71) 同右一〇月二九日付夕刊。
(72) 前掲「庶政一新の彼方」⑤。

(73)『東朝』一九三六年一一月一八日付朝刊。
(74)同右一二月一二日付朝刊。
(75)同右一九三七年一月二〇日付夕刊
(76)同右同年二月六日付夕刊。
(77)『大朝』同年二月一一日付朝刊社説。
(78)同年二月二七日付、内務省警保局保安課長より警視庁特高部長・各府県警察部長あて「反軍的言辞ノ取締ニ関スル件通牒」に「反軍的言辞ノ取締指導ニ関シテハ憲兵当局ト密接ナル連絡協調ヲ要スル」が「事案ノ性質上実際取締ハ主トシテ警察ニ於テ之ヲ担当スル様致度」とある(前掲『資料日本現代史』九、一七七頁)。
(79)本書第二部第二章「おわりに」の注(65)を参照。
(80)五・一五事件後については、佐々木隆「挙国一致内閣期の政党」(『史学雑誌』八六―九、一九七七年)の知見を念頭に置いている。
(81)加藤陽子『模索する一九三〇年代』(山川出版社、一九九三年)二五一頁。
(82)J・リンス(高橋進監訳)『全体主義体制と権威主義体制』(法律文化社、一九九五年、原著は一九七五年刊)一四一頁。

第五章　昭和戦時下の内務官僚

はじめに

前章まででみてきたように、昭和期の内務官僚は、政党政治批判への対応として一九三二年（昭和七）に斎藤実内閣が文官分限令を改正して官吏身分保障を確立したことから次第に政党の影響下から脱しはじめ、三六年（昭和一一）の二・二六事件後にほぼ離脱を完了した。その過程で一時は一部が陸軍と接近したが、二・二六事件以後はこれとも袂をわかち、「官治—現状維持」的立場に立つに至った。しかし、内務官僚は別の困難を抱えることとなった。

まず、内務官僚集団がこの過程を進める大義名分として行政の中立性を掲げたがゆえに、従来実質的に内務官僚が地方行政、警察行政などで保持していた裁量権が失われる、あるいは狭められるという可能性が生じた。それは、三六年の総選挙において、従来のように政府与党に有利な選挙干渉が困難となったことにあらわれている。

次に、閣内での内務大臣の政治的影響力が低下したことがあげられる。岡田内閣の後藤文夫、広田内閣の潮恵之輔、林内閣の河原田稼吉など、内相に従来のような大物政治家ではなく内務官僚出身者が就任するようになったことはそれをよく示している。その原因として、百瀬孝氏が指摘した(1)ように、身分保障によって内相の人事裁量権が狭まったことがあげられるが、なによりも政党内閣慣行が中断され、警察行政や地方行政一般の職務内容が政治的争点とならなくなって行ったためと考えられる。

しかし、その後、つまり、日中戦争から太平洋戦争にかけての戦時下において、内務官僚が政治過程に全く姿を現さなくなるわけではない。官吏制度改革問題や新体制運動など、官吏制度や地方行政にかかわる政治問題では一定の影響力を行使しようとしたことはすでに知られている。最も多くの高級官僚が属する官僚集団として、地方行政の専門家集団であることを考えれば、旧憲法下では不思議ではない。

こうした昭和戦時下の内務官僚の政治的動向全体の政治史的意義付けについては、日本のファッショ化の促進をもたらしたという説が有力であった(2)。しかし、国制史的にみて昭和戦時下の日本がファシズム体制であったとは言いがたいという見解が支配的となってきた現在(3)では再検討の必要がある。

本章では以上の前提をふまえて昭和戦時下の内務官僚の政治史的意義を考察する。前章との関係から、日中戦争勃発前の三七年(昭和一二)六月の第一次近衛内閣成立から話を始め、便宜上、四五年(昭和二〇)八月の敗戦から四七年(昭和二二)末の内務省解体までの時期も一括して扱う。そのため、日中戦争期、新体制運動期、太平洋戦争期、敗戦後の四節に分けて考察を進める。この時期の内務官僚については、陸軍との関係を考察した黒澤良氏の研究があり(4)、本章でも参考とするが、陸軍以外の政治勢力との関係について内務官僚の側から考察した研究はまだない。

なお、本章で扱う個々の事象に関してはすでに事実関係が明らかにされている場合が多いので、事実関係の詳細は原則として本章の考察に必要な範囲でふれるにとどめ、先行研究には乏しい、個々の事象がなぜある時点でそのようになったのかという政局史的観点からの検証を通して課題の解明を目指したい。

一　日中戦争期――新体制運動以前

三七年六月四日、第一次近衛文麿内閣が成立した。政党、官僚、軍部の相克摩擦を解決するため、元老西園寺が近衛を首相に奏薦したためであった。内相には、広田弘毅内閣蔵相の馬場鍈一が起用された。近衛は、陸軍の受けがよい馬場を蔵相に起用する予定であったが、財界の反対が強いことを知って内相に起用したのである(5)。岡田内閣以来続いた内務官僚出身内相ではなく、副総理格の大物内相となった。

馬場は翌日に三役人事を行ない、次官に社会局長広瀬久忠、警視総監に静岡県知事斉藤樹、警保局長に同局保安課長安倍源基を起用した。さらに七月六日、知事級の小異動を行ない、二・二六事件時の警保局保安課長で、事件の責任を取る形で朝鮮総督府外事課長となっていた相川勝六を宮崎県知事に起用した(6)。陸軍に近い相川を内地に戻したことは、陸軍寄りの「革新」派である馬場ならではの人事であった。

七月七日の日中戦争勃発後、内政も急速に戦時体制化がはじまったが、馬場は病を得て、内相としてさしたる治績をあげないうちに一二月一四日、内相は海軍出身の内閣参議末次信正にかわった。末次も過激な言動で知られ、自ら革新右翼的な団体を率いる「党治―革新」派であるが、初入閣で、もちろん内務行政には全くの素人であった。

この人事が近衛の自主的な判断に基づいて電撃的に行なわれ、湯浅倉平内大臣や昭和天皇が近衛に懸念を示したことは知られている通りである。近衛は末次に三役人事を安井英二に相談して行なうことをすすめた。安井は内務省地方局長から大阪府知事をへてこの内閣で文相に起用されたが一〇月二二日に辞任した。安井をはじめ官僚出身の初入閣組が多すぎるという世評を配慮したためと、二・二六事件関係者への大赦を企て、近衛の同意を得たものの、元老や宮中の反対で実現しなかったためといわれる(7)。安井は、東京帝国大学文学部の日本中世史の教授平泉澄に私淑しており(8)、やや精神主義的で独断的な性格の持ち主であった。皇道派に親近感を持つ近衛はその点を気に入って安井を重用したのであろう。その安井への相談にもとづき、末次は二四日、三重県知事羽生雅則を次官に、安倍源基を警視総監に、警保局保安課長富田健治を警保局長に起用した。特に羽生は本省勤務を未経験のままでの就任という異例の人事であった。

安井は文相就任時の文部省人事で、すでにこの種の異例の抜擢人事を行っていた。就任まもない田中重之内務省警保局警務課長を社会教育局長に据えたのである。この人事は文部省内の強い反感を買ったが、「い丶と思ったら、少々無理でもやつてのける。此処いらが自信たつぷりで、他人の批評を案外気にしない」安井の「典型的な事例」とされた(9)。

末次の三役人事は省内のみならず広く驚きと懸念を持って迎えられた。富田も羽生も安井が大阪府知事就任時に警察部長、経済部長に起用した人物で、安井の信頼厚い人物であったことは確かだが、羽生の次官就任は省内に強い反発を引き起こした。羽生は元来台湾総督府で採用された、つまり内務省生え抜きの人物ではない上、本省の勤務経験は皆無であり、こうした経歴の人物の次官起用は前例がなかった(10)。内務官僚出身で当時は関東局総長という植民地高官を勤めていた武部六蔵が、日記に「羽生君は親友だからその栄達はうれしいが、内務省の人事、殊に末次人事としてはとんでもない貧弱人事だと思ふ。末次氏は人事行政の大事なことを解しないのか、或ひは何処からか魔が差したのではないか。スタートを誤つて居る(11)」と書いているし、当時の評論類も同様の評価であった(12)。

また、当時警視庁官房主事の村田五郎は、末次内相就任に伴う異動の際、羽生次官と相談の上、福岡県内務部長への昇進が内定したが、新設の厚生次官に転出した広瀬久忠からの要望で厚生省体力局体力課長へと急に変更され、不満を抱いたと回想している。(13)羽生の指導力不足、内務官僚内部での羽生次官への信頼度のなさを示す事例といえる。その後末次内相は、三八年二月の防共護国団の政党本部占拠事件や、同じころの政民両党の国会総動員法案への反対を批判する右翼の動きへの取締が不十分であるとして衆議院で厳しい批判を受け、さらに近衛首相が就任当初から掲げていた主要政策の一つである官吏制度改革(14)でも内相としての鼎の軽重を問われることになった。

近衛は具体的には民間人の官僚登用、官吏身分保障制度の撤廃、試験制度の改正などを主張した。その背景には、岡田内閣期以来衆議院において官僚独善批判が高まっていたことがあった。(15)三八年一月末に法制局が案をまとめたが、自由任用、銓衡任用の拡大、勅任官への身分保障撤廃、各省の勅任官以上を統括する内閣人事部の設置などであった。ところが、さっそく内閣人事部設置には内務省から強い反対の声が上がった。「全国地方長官の人事を内務大臣が統括してこそその能率が上るのに、これを内閣に取り上げられては内務省存在の意義を喪失する」という縄張り意識丸出しの理由で、「内務官僚挙つての反対に末次内相もこれを押切るには相当苦しい立場」となったのである。(16)末次は近衛に引き立てられた「党治―革新」派である以上、本人は改革案に賛成であったことは疑いないが、部下の反対を抑えることができなかったのである。いうまでもなく次官人事の失敗のためである。結局近衛は六月初旬に問題の先送りを決断した。

それからまもない六月二四日、末次は、次官を東京府知事館哲二に更迭し、羽生は依願免本官、富田も同時に辞職した。富田の後任には秋田県知事本間精が起用された。以上の事情について『東京朝日新聞』は次のように伝えている。(17)

所謂安井人事が意想外の不評を蒙り、以来懸案であつた内務省人事が漸く穏健な軌道に復帰した。内相が最近決断するに到つたのは内相と友人関係にある建川美次、小林省三郎氏等迄も人事更迭を進言するに及んだからであるといはれてゐる。前回の経験により慎重を期した内相は、一面内相独自の見解に即すると共に他方極力不当不自然な人事を回避する意味で去る二十日潮元内相と密かに会見〔中略〕愈々最後の決心を固めたらしい。〔中略〕富田前警保局長は羽生氏に殉じたものであり〔後略〕

つまり、人事の予想外の不評で、右翼運動の仲間からも更迭を進言され、さらに後任については慎重を期して潮恵之輔に相談したというのである。潮は広田内閣の内相として親軍的内務官僚を左遷させた実績を持つ人物である。戦時下のしかも報道統制の総本山である内務省の内部問題についてここまで報道が許されたこと自体、末次の執務ぶりに対する内部の不満がいかに強かったかがうかがわれる。また、末次の失敗の原因が、武部が感じたように、大事な人事の決定に慎重さを欠いたことが原因であることがわかる。

また、館は「新鮮味は乏しいとしても万人の納得する統領的人物」（同右）であり、潮の進言が生かされたものとみることができる。本間は安倍の警視庁時代の上司であった。

一方、今回の人事に関しては、「期待に反して脆くも既成勢力の攻撃に屈服してしまつた」として「革新」派的立場からは「我々は末次を見損つてゐた」と強い批判の声が上がった[18]。

そのためか、末次は同年夏から秋にかけて、近衛新党問題に積極的にかかわり、総動員法第一一条の発動により企業の利潤や株式配当の制限を政府がもくろんで財界から強い反対が出たいわゆる十一条問題でも発動を強硬に主張した。新党案の作成に警保局のエリート官僚もかかわっていた。しかし、近衛新党問題は近衛が乗り気にならずに一〇月初旬に頓挫し、十一条問題も財界出身の池田成彬蔵相兼商相の反対に総動員審議会（総動員法発動の諮問機関、貴衆両院議員が中心）も池田に同調し、十二月下旬に部分的な発動にとどまることが決まった[19]。

新党運動は一〇月以後、不評が拡大していた国民精神総動員運動の再編問題（国民再組織問題）に変化し、荒木貞夫文相、木戸厚相とともに三相会議で案の作成にあたった末次はやはり警保局に案を作らせた。従来は各種の団体を糾合した形で国民精神総動員連盟を作り、内務省との共同で運動を進める形となっていたが、最終的な再編案は内務官僚が責任者となる団体に再編する案にとどまっていた。(20) ただし、この時期末次、木戸、塩野季彦法相の三人で再び官吏身分保障撤廃案が検討されていたが、これは同時期に富田が東京帝国大学助教授橋爪明男と作成した新党案に同様の項目があることから、なお末次は新党構想を捨てていなかったことがうかがわれる、この新団体は、その常務理事に擬せられた武部六蔵が、事情を調べた上で、

該運動は新党計画の失敗の後始末の為、内務省系統にて国動中央連盟の改組を為す程度なるが如く、近衛氏の熱意もあてにならず。各省の協力も望みうすなるが如く、民間も一向追従しそうもなし、第一に該運動の目的、要綱組織等を草案に付て見るも一向正体が分らぬ次第なり。

などとして拒否した程度のものであった。(21) そして三九年（昭和一四）一月四日、近衛は退陣する。かわって成立した平沼騏一郎内閣は第一次近衛内閣の閣僚を半数引き継いだが末次は残ることができなかった。そもそも失政の続いた末次をこのまま内相の椅子に据えたままでは議会を乗り切ることは難しいという観測まであった。(22) 結局、二・二六事件後の潮人事により、内務官僚には穏健で保守的な傾向が確立していたのである。

なお、末次内相期の内務官僚関係の問題でもう一つ大きいのは地方制度改革問題である。これについては研究が積み重ねられているので(23)詳細は省き、本章に関連する範囲でふれておく。第一次近衛内閣に設置された地方制度調査会に内務省地方局の「東京都制案要綱」「農村自治制度改正要綱」が提出されたのは三八年（昭和一三）六月末のことであった。

東京都制案は官選知事案をとっている点が特徴であった。農村自治制改革案は、農村自治の責務の遂行のため行政

を効率化することを目的とし、町村議会に、篤農家や小学校長など選挙によらない特殊議員を入れるとともに権限を弱化し、町村を行政の補助機関化し、業務を効率的に遂行するため、町村長は町村内の各種団体への指導権を持つなど権限が強化される代わり、府県知事が町村長の任免を持つという案であった。いずれもきわめて「官治」的色彩が強い構想であった。

こうした案が出てきた最大の要因は、政党内閣中断後、内務省の地盤沈下が続いているという認識から内務官僚の失地回復をねらったことにあった。しかし、都知事と町村長の官選化や町村議会の改革には代議士など民間側から自治の破壊として反対が強く、町村長の権限強化には、農会や産業組合を管轄する農林省の反対が強く、結局太平洋戦争期まで棚上げとなった。官僚勢力内部の権限争いとともに、「党治」的観点からの反対も棚上げの重要な要因となったのである。

平沼内閣の内相は木戸幸一前厚相が横滑りした。木戸は農商務省から宮廷官僚となっていた人物で、引き続き非内務官僚系からの起用となった。厚相には前厚生次官の広瀬が昇格の形となり、内務次官には館が留任、本省内の人事異動を行なって末次色を一掃した。(24)

木戸内相は、通常議会終了後の四月一七日、地方長官の大異動を実施したが、その理由は、「現行制度の運用によって十分人事の刷新を行ひ得るといふ平沼首相の意向を汲ん」だもので、目玉は内務、厚生、農林、文部四省の交流人事というところにあった。内務、厚生は内部報も一緒(『内務厚生時報』)で、逓信省も簡易保険局以外は内務省衛生局、社会局を母体としており、文部省も、従来から内務官僚が社会教育畑に入っていたので、交流人事は珍しくないが、群馬県知事に農林省農務局長小浜八弥、宮城県知事に同省経済更生部長石黒武重が就任したのは極めて異例のことであった。しかし、農林次官候補といわれた小浜は転出に難色を示したと言われ、この二人と交換の形で農林省農務局長となった群馬県知事土屋正三、経済更生部長となった大分県知事粟屋仙吉は不満であろうと推測されているなど、当事者には歓迎されなかった。(25)農林省と内務畑の交流人事が継続せず、このあとは東条内閣期の四四年（昭和一九）二月のみであったのはそのためであろう。

防共協定強化問題の紛糾のため退陣した平沼内閣にかわって八月三〇日に成立した阿部信行内閣では内務官僚出身者が首相側近や大臣となった。組閣参謀に唐沢俊樹元警保局長、県知事を歴任のあと「満洲国」総務庁長をへて貴族院議員となっていた遠藤柳作があたり、唐沢は法制局長官に、遠藤は内閣書記官長に就任した。さらに河原田稼吉が文相に就任した。彼らはいずれも、第一次近衛内閣期に高級官僚引退者の一部が結成した時事懇談会の会員で、河原田は近衛の家令の子供であるため個人的に近衛と親しいとされ、唐沢や遠藤は陸軍に気に入られているため、陸軍側の要望で陸軍首脳出身の阿部の組閣参謀となった。内相には同会の会員であるが司法官僚出身で岡田内閣法相の小原直が治安維持に適役とされ、厚相と兼任で就任した。この内閣は行政機構改革を政綱に掲げて少数閣僚制をとったためである。(26)ただし、小原の就任にはおそらく陸軍の別の意図が秘められていたことは三役人事問題で明らかとなる。

九月五日、小原内相は三役人事とそれに伴う内務人事異動を行なった。次官には、唐沢と遠藤の推薦で、陸軍の要請で中国占領地の傀儡政権（中華民国臨時政府）の法制顧問をしていた大達茂雄が起用された。大達は福井県知事時代に安井地方局長と対立して辞職し、「満洲国」国務院総務長官に起用されたが板垣征四郎関東軍参謀副長との確執から三六年一二月に抗議の辞職をした経歴の持ち主であるが、占領政策に関わっていたことからして、当時の陸軍首脳には評価されていたとみられる。

大達は、警視総監は大阪府知事池田清を起用、警保局長に宮崎県知事相川勝六を起用しようとしたが「部内の反対強く」、本間精の再任となった。(27)相川も陸軍から好意を持たれていたと考えられるので、陸軍は唐沢や遠藤を通じて陸軍に近い人物で内務省を固めようとし、そのため次官の館の昇格をきらって小原を据えたが、内務省内部の強い反対で人事構想は一部の実現にとどまったのである。

阿部内閣は物価政策や貿易省設置問題の失敗などで失政が続き、国民の官僚統制への不満は激しさを増し、政党政治復活待望論が強まった(28)。そのため孤立無援となった阿部内閣は退陣、四〇年(昭和一五)一月一六日、米内光政内閣が成立した。

この内閣は久しぶりに政民両党から二名ずつ、計四名を入閣させ、特に民政党の桜内幸雄を蔵相という重要閣僚に起用した。日中戦争勃発以後ではもっとも現状維持色が濃く、政党への依存度が高い内閣となった。内相には児玉秀雄が就任した。児玉は日露戦争の英雄児玉源太郎参謀総長の息子で大蔵官僚出身、寺内正毅内閣の内閣書記官長をつとめ、以後は植民地高官を歴任、岡田内閣拓相、林内閣逓相をつとめた大物官僚政治家である。なお、厚相には吉田茂が就任した。吉田は内務官僚出身の新官僚の一人で、社会政策畑を中心に経歴を重ね、岡田内閣で内閣調査局長官となり、以後は貴族院議員をつとめていた。

児玉は、弟で内務官僚の児玉九一の助言を得て三役人事を進めた。部内の評判がよい大達次官を留任させる一方、警保局長には土木局長山崎巌を、警視総監には再び安倍を起用した。山崎は警察行政はほとんど経験がなく、極めて珍しい人事であったが(29)、政友会中島派の有力者で林内閣で農相をつとめた山崎達之輔の弟という点は、この内閣の性格を考えると留意に値する。この内閣の穏健度と関係が深い人事と言えるからである。

そして、通常議会終了後の五月上旬、児玉内相、吉田茂厚相、木村尚達法相、民政党から入閣した勝正憲逓相の四相が、首相の指示で官吏制度改革案の立案を開始した(30)。民政党は三九年一〇月に発表した革新政策案の中で官吏制度改革、中でも身分保障制度の撤廃を掲げていること(31)、従来逓相がこの種の検討会に参加した例がないこと、米内首相は特に民政党に肩入れしていたわけではないことから、勝の参加は議会主流の意向、つまり「党治」的観点を案に反映させるためであったことが明らかである。

成案は六月初旬から七月初旬にかけて次々に枢密院に送られた。[32] 主な内容は官吏身分保障撤廃、勅任官の銓衡任用範囲の拡大、蔵、農、商、逓各省に政務次官につぐ位置づけの輔政官を新設することなどで、内務官僚に関係するのは身分保障撤廃のみであった。ただし、枢密院での審査は結局中止された。[33] 六月中旬から新体制運動がはじまり、米内内閣の継続が難しくなったためと考えられる。

二　新体制運動期

新体制運動を推進しようという陸軍の陰謀によって米内内閣が退陣し、七月二二日、第二次近衛内閣が成立した。ただし、近衛自身は運動が軌道に乗るまでは在野で活動することを望んでいた。[34]

組閣にあたり、近衛は内閣書記官長に長野県知事富田健治を、内相には安井英二を起用した。内務省内部ではこのことを予期して近衛に対し湯沢三千男を内相に推す動きがあったが、近衛は人物を知らないからとして拒否した。[35] 湯沢は社会政策畑を歩み、潮内相時の内務次官をつとめ、その後中国占領地の親日政権の顧問をつとめていた。いずれにしろ、林内閣の河原田内相以来三年ぶりに内務官僚出身者が内相の座に就いたのである。

近衛は当初は大達を内相に考えたが「不充分」と感じ、「少しは摩擦があるかも知れないが」安井を起用し、大達の書記官長起用も考えたが、安井と不仲なのでやめたと、内大臣に転じていた木戸に報告している。[36] 富田の書記官長起用は、第一次内閣以後個人的にも関係を深めていたためとされるが、[37] 安井との関係も考慮されたであろう。安井の内相起用については、木戸内大臣に対し昭和天皇が、「安井の内務は部内統制上大丈夫か(38)」と疑問を呈していた。末次内相時代の人事に関する安井の助言の不評振りを考えれば当然のことで、内務省内でも「煙ったがられ」た(39)。生え抜きなのに内部の支持は皆無に等しかった。当時の内務省の権限を守ろうとする「現状維持」的傾向とは相容れなかったのである。それを振り切っての起用には、近衛の安井への信頼がいかに高いかがうかがわれる。

安井は早速三役人事にとりかかった。次官には安倍警視総監、次に山崎巌前警視総監を擬したが二人とも拒絶し、内務省地方局長挟間茂が就任した(40)。年次、経歴ともに問題なく、「当然」と新聞で評されたほどの穏当な人事であった(41)。厚生省労働局長藤原孝夫の警保局長、安倍の警視総監留任は安井に意向に沿った人事であったらしいが、二人は安井直系ではないので末次人事ほどの異例さはなく、以後安井は独自の人事を行なうことはできなかった(42)。

「役人は仕事はよくやっているが有史以来の重大時局だという認識は深くない」とみた安井は、「人心一新」のため、大臣官房の三課長（灘尾弘吉、古井喜美、町村金吾）の知事転出という抜擢人事を行なおうとしたが、年次を無視しているとして省内の反対が強く、実現できなかったという(43)。この回想からは、安井は現役の内務官僚に対し批判的であったが、省内に誰も子分がいないため、十分に独自の行動が取れなかったことがうかがえる。そして安井は一二月二一日、風見法相とともに更迭され、後任内相には安井と全く方針を異にする平沼騏一郎元首相が就任したのである。以下、更迭の背景を確認しておこう。

内閣は、あらかじめ陸軍や企画院が用意していた案をもとに七月二六日の閣議で「基本国策要綱」を決定した（八月一日公表(44)）。これは、日本を中心とする「大東亜の新秩序」建設のため「不抜の国家態勢を確立」することを国是とするという方針に基づき、「国内体制の刷新」については、「強力なる新政治体制」の確立のため、官民協力の新国民組織の確立、「議会翼賛体制の確立」とともに、「官界新態勢の確立」がうたわれていた。安井は、富田、風見章法相、後藤隆之助（昭和研究会事務局長）らとともに新国民組織案作成に、風見、河田烈蔵相、石黒忠篤農相とともに官界新体制案の作成に、さらに選挙制度改革案の作成にも携わった。(45)

国民組織に関しては、風見、富田、安井ら首相側近が作成した案をもとに八月二八日から開催された新体制準備会で議論され、九月一七日の第六回の会議で概略が決定、一〇月一二日に近衛首相を総裁とする大政翼賛会として発足した。(46)準備会には閣僚として安井が参加したが、会の運営に当たる幹事会には内務省は無関係であった。しかし、挟間次官は、国民組織の性格上、「地方組織を持ち、また地方政治にもつとも密接な関係を持つ内務省が、この問題を傍観してよいということはおかしい」と安井に訴え、挟間の幹事会参加を実現したという。(47)

内務官僚との関係で最も問題となったのは、よく知られているように、府県支部長を知事兼任とするか否かの問題、つまり「官治」か「党治」かという問題である。幹事会では挟間が「地方官庁と翼賛組織との間に相対抗するようなことにでもなると、それは大変なことになる」として兼任を主張した。(48)しかし、八月五日の常任幹事会では総裁の決定にまつが、基本的には民間人からとなった。(49)また、準備委員中、民間出身委員は兼任に反対するものが多かったが、内務官僚出身の貴族院議員で国民精神総動員本部理事長として委員に加わっていた堀切善次郎は、第二回準備会で「道府県支部は道府県庁以外に設けるのか。左右すると二元的となる」(50)として兼任を主張した。結局、挟間の根強い主張や堀切の発言により、翼賛会発足時には道府県支部長は暫定的に知事の兼任となったが、最終的な解決は先送りとなった。

この過程で重要なことは、安井が挟間の動きを積極的に支援した兆候が見られないことである。先に見たように安井は現役内務官僚の「現状維持」的動向には飽き足らないものがあったため、支部長人事について、挟間ほど固執していなかったと考えられる。

なお、国民組織問題と関連して、町内会・部落会整備問題がよくとりあげられる。これは四〇年九月一一日付の内務省訓令第一七号により全国的に町内会・部落会、隣保班（隣組）の整備が進められたという事象である。一般には国民組織への指導権を内務省が得るためとされてきたが、新里孝一氏の研究[51]によれば、町内会・部落会の整備は四〇年四月ごろから省内で検討されていたが部局間対立のため棚上げされていたものが、新体制準備会の動向をみた内務省は急遽、勅令などの形ではなく、より手軽に出せる訓令という形で内務省主導の整備を始めたのである。

官吏制度改革については、七月三〇日に安井ら四相の立案による「官界新体制確立に関する件」が閣議決定され、文官任用制度の改革、身分保障制度の改革などの懸案が含まれ、八月上旬に安井らが作成した案では、文官任用令改正により銓衡任用を勅任官全部に拡大し、文官分限令を改正して身分保障を撤廃することとなっていた。この案は一〇月上旬から枢密院の審議に付された。枢密院では恣意的な人事が起こりやすいとして反対の声が多かったが、近衛が、可決されない場合に退陣の意思を示したため枢密院が妥協し、一二月三一日に本会議で可決され、一月六日に公布・施行された[52]。近衛は審査の過程で銓衡任用範囲を産業経済関係とし、地方長官には適用しないと言明した[53]が、この言明はほどなく破られることになる。

選挙法改正案は、近衛が組閣当初から掲げていた問題で、一一月に内務省は安井の意向に沿った案を作成した[54]が、議員定数を三〇〇に減らし、道府県ごとの大選挙区制とし、かつ候補者推薦制度を取り入れるというものであった。推薦制度は、まず町内会・部落会での推薦会で推薦候補者を決め、町村、郡市、最後に道府県ごとに地方長官の管理下で二〇名程度からなる候補者推薦会を組織し、各選挙区の定数分の推薦候補者を決定するという案であった[55]。安井は戦後の回想で政党政治復活のための案と証言している[56]が、当時そのような評価はだれからもなされておらず、むしろ新人の当選を容易とする内容であった。当時翼賛会ができたばかりであることを考えると、到底政党政治復活の方策ということはできず、むしろ翼賛会が議会においても勢力を確立することをねらった案と言わざるをえない。

従来の政党政治に批判的な人物が多い翼賛会総務会でも推薦制には否定的な見解が強く、旧既成政党主流派が主導権を握る翼賛会議会局の案は、議員定数維持、推薦制度は推薦人一〇〇名以上、選挙権は二五歳以上の男子戸主に限るとなっており、青少年層を有権者から除き、推薦要件を厳しくしたことなどから、「革新」派系より、「現状維持」派たる旧既成政党系候補者に有利な案となっていた。(57)

安井は当然内務省案を強く主張したが、結局は議会局案に押し切られ、一二月初旬の閣議決定はどちらかというと議会局案寄りの内容となっていた。

ここまでの安井の活動をまとめると、内務省を掌握できずに挟間次官に振り回され、近衛の側近としては各種の新体制案の作成と実現に携わったが、翼賛会道府県支部長人事問題が紛糾し、官吏制度改革問題も枢密院の強い反対にあい、近衛の辞意表明という奥の手でようやく可決を見た。さらに選挙制度改正も事実上の安井案である内務省案は孤立無援の状態となった。一一月末に安井が近衛に辞意を漏らし、近衛も安井の更迭を考え始めていたが、(58)その背景にはこのように安井の不手際の連続があったことは間違いない。

近衛は後任内相に当初平沼を考えたが、おそらくは平沼を翼賛会副総裁にする可能性も考えて一二月六日に無任所相とした。ついで木戸を擬したが拒絶され、次に逓信官僚出身で平沼内閣の内閣書記官長田辺治通を考えたが病気中のため、寺内正毅内閣と清浦奎吾内閣の蔵相、田中義一内閣の文相をつとめた勝田主計を候補に擬した。しかし、天皇が満足しなかったため、結局一二月二〇日、平沼の起用となった。(59)

平沼は、翼賛会の主導権を握った「党治—革新」派を国家社会主義的色彩の強い「アカ」として批判する日本主義者たちの主張に同調しており、この人事は近衛も翼賛会「アカ」批判を座視できなくなったことを示しており、「革

新」派を失望させる人事であった。(60)

平沼は当然内務省三役を更迭、次官には平沼内閣の木戸内相の下で警視総監をつとめた萱場軍蔵、警保局長には、萱場の警視総監時代の部下（警視庁保安課長）であった橋本清吉、警視総監には米内内閣の児玉内相時の警保局長山崎巌が起用された。安井時代とは方針を全面的に変更することを示す人事であった。

実際、平沼は新体制運動の幕引き役として、政府側では最も重要な役割を果たしていく。まず、官吏身分保障撤廃の翌日の四一年一月七日、内相就任に伴う地方官の小異動を行ない、積極的に新体制運動を推進して新聞では賞賛されていたが地元の保守系有力政治家から不評を買っていた富山県知事矢野兼三に引退を求め、矢野が拒否すると休職処分とした。(61)近衛の枢密院での言明はわずか十日あまりで破られた。普通なら枢密院と政府の関係が悪化するところだがそうした事態は起きなかった。当面に事態打開にあたって平沼を頼みとする近衛も平沼の要求を拒絶できず、枢密院も、枢密院に一三年在籍し、副議長と議長を歴任した平沼を批判することはできなかったのである。

さらに選挙制度改革も一月一九日に一応政府案ができあがったが、議会主流の翼賛会や経済新体制案への批判に配慮して緊急性の高い法案以外は提出を取りやめる措置に合わせて中止となった。そしてよく知られているように、翼賛会自体、一月からの議会での議論を通じて政治性を否定され、四月の改組で「党治―革新」派は会内から排除され、道府県支部長は知事兼任が確定し、翼賛会中央本部の要職に内務官僚が進出した。

すなわち、当初の翼賛会では五人の局長には内務官僚は一人もいなかったが、改組後は四人の局長中二人を占めた。前次官の挾間が組織局長に、社会局畑の内務官僚で、米内内閣の内閣情報部長で厚生省社会局長の熊谷憲一が総務局長に入ったのである。(62)「革新」派がこの改組によって翼賛会が精動化した、行政補助機関化したとみなしたのは当然であった。翼賛会の局長級にはこのあとも内務官僚が必ず一人は入るが、そのあと内務省や地方官に戻ることもあり、内務官僚の天下り先というより、厚生省や文部省、あるいは植民地のような出向先の一つとみなされていたことが明らかである。内務官僚の「官治―現状維持」的指向が色濃く現れた結果となった。

松岡外相の失策により緊迫化した日米関係打開のため、近衛は松岡を更迭するため内閣退陣と再組織を実施、四一年七月一八日、第三次近衛内閣が成立、内相は田辺に変わったが、内務三役は留任となった。近衛は日米関係打開の最終手段としてルーズベルトアメリカ大統領との頂上会談を計画、成功時の治安維持体制の準備のため企画院に、内務省を廃止して関係行政を内閣の直轄とする大規模な行政機構改革案を立案させたが、案ができあがった一〇月上旬にはアメリカ側の事実上の最後通告であるハル・ノートが発せられており、頂上会談構想はアメリカ側の気乗り薄と東条陸相の反対でもはや実現の可能性はつぶれ、一〇月二〇日に成立した東条英機内閣では当初東条が内相を兼任したが、東条は内務省側にこの案を実現する意思のないことを示し、この案は構想のみに終わった(63)。東条は開戦か否かの最終判断を迫られており、開戦となれば当面の戦争遂行で手一杯のため、内務省廃止というような関係者の抵抗が予想されるような極端な改革は避けたのである(64)。

東条の内相兼任は、東条は天皇から開戦の再検討を命じられていたため、万一開戦しない場合国内の治安が混乱する可能性を考えてのことであった。しかし状況が安定したあとは専任を置く方針のため、次官に大臣に昇格可能な大物の起用を目指したのである(65)。そこで、潮内相時に内務次官をつとめた産業報国会理事長湯沢三千男が起用された。湯沢は、武藤章陸軍省軍務局長と親しく(66)、斎藤実内閣の警保局長をつとめ、その後貴族院議員となっていた松本学が日誌でこの人事について「従来軍部に余りにも因縁を結びすぎた応報として内務省を擁せんとする彼等の意図の先棒をかつがされることとなつた」と評された通り(67)、親軍派として知られていた。

警保局長には和歌山県知事今松治郎、警視総監には地方局長留岡幸男が起用された。今松と留岡は今松の方が年次が下であるが、二人とも警察畑を主に歩み、潮内相時代にはともに警視庁に勤務していた。二人とも警察畑からの起用という点に治安維持がいかに重視されたかがうかがわれる。

三　太平洋戦争期

四一年（昭和一六）一二月八日に太平洋戦争が始まったが、緒戦は成功が続いたため、東条は、とりあえず一年延期となっていた総選挙を行なうことを決意し、二月一七日、湯沢を内相に格上げした。湯沢は次官に山崎巌を起用した。先に述べたように山崎の兄は旧政友会中島派の有力者山崎達之輔であり、達之輔は、当時は衆院内の最大勢力翼賛議員同盟の新政治体制確立委員会委員長としてこの問題について政府との折衝にあたっていた(68)。巌の次官起用の背景として、総選挙実施に当たっており、しかも、第二次近衛内閣以後政務官を置いていなかったことを考えれば、議会との連絡を考慮する必要があったためであることは確実である。

内務省は陸軍や議会側と折衝を重ねた上、候補者推薦制度を採用した。そのため四二年（昭和一七）四月三〇日に行なわれた第二一回総選挙は俗に翼賛選挙と呼ばれる。その経過はすでによく知られているので省略するが(69)、推薦制度が導入された第一の要因は交戦各国に日本の挙国一致を示すためであったものの、現職優先方針をとる議会側と、新人優遇方針をとる軍の一部や地方政界との対立が推薦候補者決定過程や選挙戦をめぐって起きた。そのため地方官の対応もまちまちとなり、激しい選挙干渉を行なった地域もあれば、知事が日和見を決め込む地域もあった。しかし、激しい干渉の事例が発生したことは四三年の八一議会での推薦制度の違憲疑惑論争を引き起こし(70)、内務省幹部の更迭の二大要因の一つとなる。

選挙後には戦勝のための挙国一致政治を目指すとして政府のお膳立てで事実上唯一の政事結社として翼賛政治会（翼政）が五月に結成されたが、内務省との関係で組織上の問題となったのが支部設置問題であった。翼政側は各府県への支部設置を希望したが、内務省は代議士たちが再び地方行政への影響力を増大する手段となることを恐れて拒否した。(71) しかしなお地方への足がかりを求める代議士たちは翼政と翼賛会の一体化によって目的を達しようと運動を続けることになる。(72)

なお、今松警保局長は上司（おそらく湯沢次官）から不明朗な機密費使用（おそらくは翼賛選挙関係）を求められたことを不満として、六月一五日に辞職、留岡も連抉辞職した。(73) 後任警保局長には地方局畑の三好重夫、警視総監には警察畑の吉永時次が起用された。

七月一日には地方事務所制度が発足し、各郡に一つずつ設置された。戦時統制の拡大で行政事務が増大したための措置で、事実上かつての郡役所の復活であった。郡役所に相当する府県中間機関の設置は町村側も希望していたが、戦時統制強化策としての設置には自治を阻害するとして反対した。しかし、戦時措置ということで設置となった。政党内閣期の大量採用と身分保障のため停滞していた内務官僚の昇進対策という見方もあるが、実際には、この時期は内務官僚は南方占領地行政要員としての需要もあり、各府県につき一人程度は村長など民間から所長に特別任用されており、所長の諮問機関として各種団体長や学識経験者からなる地方事務所参与委員も設置されるなど、官僚統制の拡大ととられないよう配慮がされた。(74)

四二年末から開かれた第八一議会では、内務省からは市制町村制改正案と東京都制案が提出された。市長、町村長、都長官のいずれも官選あるいは事実上の官選という案であり、第一次近衛内閣時に問題となった農村自治制度改正問題が戦時統制強化の文脈で再び問題となったことになる。つまり、再び「官治」と「党治」という二つの指向の激しい対立となったのである。

当然議会側の激しい抵抗が予想され、首相側近（内閣書記官長、法制局長官、企画院総裁、情報局総裁）も、議会側の首脳（前田米蔵翼政総務）も湯沢に提出見合わせを要望した。しかし湯沢は提出を強行し、予想通り議会審議は紛糾、政府側の工作で市制町村制はなんとか原案可決となったが、都制案は衆院で区長の区議会議長兼任案を分離する修正を施され、今議会唯一の修正可決となった。先述のようにこの議会では翼賛選挙の選挙干渉問題も議論になり、さらにこれらの問題の反対運動やその報道への警察の干渉も問題となり、また各県の経済部長の汚職寸前の綱紀紊乱も議会で追及された。(75) こうした一連の紛糾の責任を取る形(76)で議会終了直後の四月二〇日の内閣改造の際に湯沢は更迭され、三役も辞職した。

後任内相には安藤紀三郎翼賛会副総裁が就任した。安藤は陸軍出身でもちろん内務行政の経験はなく、一九三四年（昭和九）に陸軍を退役して以後、日中戦争初期に一度現役復帰した以外は官途につかず(77)、同年七月の初代東京都長官人事に関して、軍人からの起用に反対したことを考えても、民間からの起用という色彩が強い人事であった。その背景には、八一議会で内務省関係法案の他、戦時刑事特別法改正案の紛糾もあり、官僚統制、官僚独善への批判がますます強まっていたことがあった。このとき翼政の衆議院の方からも二人入閣したことも官僚批判への対応策といえる。なお、内務行政の経験がないという大臣の経歴を考慮して次官には大物次官として唐沢俊樹が起用された。警保局長の町村金五、警視総監の薄田美朝はともに警察畑の出身で、治安重視の人事方針がうかがえる。

内務行政への民間人起用は地方事務所長、内相についで地方長官にも及んだ。七月一日、東条内閣は、地方行政協議会と東京都の設置に伴う地方官大異動を実施した。地方行政協議会は北海、東北、関東、東海、北陸、近畿、中国、四国、九州の九つが設置され、それぞれ北海道庁長官、宮城県知事、東京都長官、愛知県知事、新潟県知事、大阪府知事、広島県知事、愛媛県知事、福岡県知事が兼任となった。協議会長を兼ねる道府県知事には、留任した坂千秋北海道庁長官と翼賛会実践局長に出向していた相川勝六愛媛県知事を除き、大臣や政府関係機関の要職を経験したいわゆる大物が起用された。

宮城県知事内田信也は旧政友会系の衆議院議員で、岡田啓介内閣の鉄相をつとめた。衆議院議員選挙法の規定により就任と同時に議員は辞職した。東京都長官大達茂雄はすでに紹介したが、陸軍司政長官として南方にあった。愛知県知事吉野信次は第一次近衛内閣の商相、新潟県知事前田多門は内務官僚出身で朝日新聞論説委員を経て、太平洋戦争開戦時にはニューヨーク日本会館館長を勤めていた。大阪府知事河原田稼吉、福岡県知事吉田茂はすでに紹介した通り内務官僚出身の大臣経験者である。広島県知事横山助成も内務官僚出身で四一年一〇月から四二年六月にかけて翼賛会事務総長をつとめた。大達は親任官、内田、河原田、吉野、横山、吉田は親任待遇となった。

中でも注目すべきは内田の起用である。内田は経済人出身の代議士で純然たる民間出身者である。明治時代には代議士のまま地方長官に就任した例があったが、文官任用令制定以後は代議士をやめてまで地方長官に就任した例はない。特に内田が担当した東北地域は米作地として食糧問題処理の焦点となるという意味で重要地域であった。内田はよく任を果たしたが、それゆえに四四年（昭和一九）二月一九日の内閣改造で農商相に起用されることになる（後任の宮城県知事は丸山鶴吉）。また前田も元内務官僚とはいえ、内務畑から離れて二〇年以上たっており、民間人としての色彩が強い人事といえる。ここに当時の世論の官僚批判の強さと、都道府県が戦時統制実施の中核的官庁として重要性を増していたことの表れといえよう。(78)

そしてこうした傾向は継続する。戦局悪化の責任を取る形で退陣した東条内閣にかわって四四年七月二二日に成立した小磯国昭内閣では内相に東京都長官の大達が起用されたが、大達は後任人事について「世間的に見て僕より大物」

という条件で、三土忠造または堀切善兵衛を擬した。三土は文部官僚出身で明治末から三七年まで政友会代議士をつとめ、田中義一内閣で文相と蔵相、犬養毅内閣の逓相、斎藤実内閣の鉄相を歴任、一九四〇年からは枢密顧問官となっていた。堀切は前出の堀切善次郎の兄で、大正初期から政友会代議士となり、犬養、斎藤両内閣の大蔵政務次官をつとめ、第二次近衛内閣時にイタリア大使をつとめた人物で、その際議員辞職し、当時は貴族院勅選議員であった。結果的には三土は拒絶し、堀切については三土が大達に不適当であると指摘したため、大達が満洲国総務長官時代に関東軍参謀長として親交があった西尾寿造が後任となった(79)が、議会出身者が再び重要な地方長官に擬せられたことは見逃せない事実である。なお、大達は八月一日の地方官異動で親東条と見られた人物を勇退させたという(80)。

さらに次の鈴木貫太郎内閣（四五年四月七日成立）の安倍源基内相のもとで四月二一日に行なわれた地方官異動は結果的に敗戦前最後のまとまった異動となったが、近畿地方行政協議会長兼大阪府知事安井英二、東海地方行政協議会長兼愛知県知事小畑忠良、東北地方行政協議会長兼宮城県知事丸山鶴吉、中国地方行政協議会長兼広島県知事大塚惟精、四国地方行政協議会長兼香川県知事木村正義、九州地方行政協議会長兼福岡県知事戸塚九一郎の七名は親任官となった。この中で小畑は住友財閥出身で第二次近衛内閣期の企画院次長をつとめたあと翼賛会や産業報国会の幹部をつとめていた民間人、木村は内務官僚出身ではあるが三二年から政友会代議士となり、米内内閣で大蔵政務次官をつとめ、当時も大日本政治会所属代議士であった（内田と同様就任と同時に議員は辞職した）。

制度的にも内務官僚の領域は縮小し始めた。大達内相時には、戦況悪化により地方分断となった場合に地方行政協議会長を兼ねる地方長官区域内の知事に命令する権限を与えるために、親任官とした上で人事権を内閣に移す工作が、小磯首相の意向に基づいて広瀬久忠内閣書記官長の手で試みられた。しかし大達は、「現情勢下において必要がない〔中略〕無用の人騒がせ」として反対し、紛糾の責任をとって四五年（昭和二〇）二月二一日に広瀬は辞職するという騒動が起きた。大達の行動は組織利害の防衛に走ったとみなすほかはない。

この問題は鈴木内閣に引き継がれ、本土空襲が激化する状況のもとで、同年六月一〇日、地方総監府設置で実現した。地方総監府は北海、東北、関東信越、東海北陸、近畿、中国、四国、九州の八ヵ所に設置され、地方総監（各地域の地方行政協議会長が横滑りした）は総理大臣の指揮下に置かれたのである。

さらに、小磯内閣末期の三月三〇日、議会内の徹底抗戦派を排除して早期終戦をめざして結成された大日本政治会は地方支部の設置を目指し、内務省は当初拒否したが結局認めた。本土決戦必死の状況での民心把握はもはや内務官僚では不可能と判断されたのである。

そして、六月中旬の臨時議会（八七議会）で成立した衆議院議員選挙法第十条の特例に関する法律案の審議も見逃せない。これは「現下ノ危局ヲ突破スル為ニハ、広ク人材ヲ官界ニ招致シマシテ、国政運営ニ其ノ能力ヲ十分ニ活用スルノ必要」から、太平洋戦争中に限り代議士を在任のまま勅令の指定する自由任用の官職以外の官職にも起用できるようにするという内容で、(81)議会審議では政府は具体的には中央官庁の政策立案部門への適用を考えていることが明らかにされたが、衆議院の委員会審議では、採決前の討論で、大日本政治会を代表して賛成の意を示した中村梅吉が「政務的性格ヲ持ツタ方面ニ付テハ、出来得ルダケ天下ノ人材ヲ活用スル意図ヲ以テ、勅令制定ニ際シテモ其ノ適用範囲ヲ拡大セラルベキ」と、将来さらに適用範囲を拡大することが期待されていた。(82)「政務的性格」という以上、当然そこには地方官も含まれていたはずである。ただし、この法律が公布されたのは終戦の詔勅が発せられた八月一五日当日であり、もはや目的を失っていたため勅令制定には至らなかった。

四五年八月一五日の敗戦後、幣原喜重郎内閣内相の堀切善次郎が議会側の要望に応じて一〇月末に早くも知事公選方針を表明したこと、(83)同時に行なわれた地方官異動でわずか二人ずつとはいえ経済界と他の官界出身者を知事に起用したこと、[84]敗戦後の議会で官僚批判が繰り広げられたこと[85]を考えると、たとえ占領軍が四七年末に内務省を廃止しなくても、[86]知事公選が実現して内務官僚という官僚勢力は事実上解体した可能性が高い。

おわりに

以上概観してきたように、昭和戦時下の内務官僚勢力は、時に陸軍や「革新」派の権力拡張の対象とはなったが、人事的にはこうした動きを概ねはねのけることができた。一方制度的に見ると、日中戦争期は地方行政への他勢力の流入を抑えることに成功した代わりに権限拡張はならなかったが、太平洋戦争期に入り、地方行政の重要度が高まり、地方行政機構の権限や規模が拡大した分、機構内の末端と要職に民間勢力や他官庁の官僚の流入を招いた。結果的には「官治」的な現状を維持することさえ難しかったのである。

原理的に考えれば、内務官僚はあくまで官僚機構の一員であり、独自の政治勢力として考えることはそもそも無理があった。「官治」によって行政の公平性が保たれるとしても、衆議院勢力や市町村長のように選挙で選ばれて職につくわけではない以上、また、天皇の権威に傷をつけることを防がなければならない以上、自らの立場だけでは行政を強力に推進、処理することはできなかったのである。そこに近代国家において「党治」的な勢力が必要となる根拠があったが、内務官僚は行政の公平性に力点を置きすぎたのである。

実態的にも、勢力を誇ったのは実は藩閥政府から政党内閣までの時期であり、以後内閣が寄り合い所帯状態となって指導力を失うと他の官庁や政治勢力から役職について侵食されることとなった。

しかし、内務官僚は、地方長官という、官僚でありながら裁量権が極めて広い、政治家的な側面があるように見える官職につくことが特徴となっていただけでなく、帝国議会開設前には絶大な権限を事実上有していた時代もあったため、他の官僚群と比べて自他共に政治勢力としてみなされやすい性質を持っていたことも確かである。そしてそのような存在であったために、文官では唯一、官僚群としては戦後壊滅させられたのである。政治家ではないが政治力を持っているかのように錯覚したところに近代日本の内務官僚の悲劇があったのである。

注

（1）百瀬孝『内務省』（PHP研究所、二〇〇一年）八三頁。
（2）最近の代表的な研究として、池田順『日本ファシズム体制史論』（校倉書房、一九九七年）第二編、山中永之祐『日本近代地方自治制と国家』（弘文堂、一九九九年）第五章をあげておく。いずれも地方制度を対象としているので直接内務官僚を論じたものではないが、両者で扱われている法令、制度の制定と実施の中心が内務官僚である。
（3）高岡裕之「『十五年戦争』・『総力戦』・『帝国』日本」（歴史学研究会編『歴史学における方法的転回』青木書店、二〇〇二年）三八、五〇頁。
（4）黒澤良「内務官僚と二・二六事件後の政官関係」（『年報政治学、二〇〇〇年度』二〇〇一年）。
（5）矢部貞治『近衛文麿』上（弘文堂、一九五二年）三七八～三八一頁。
（6）以後、内閣や内務官僚の人事は、特に断らない限り、秦郁彦著・戦前期官僚制研究会編『戦前期日本官僚制の制度・組織・人事』（東京大学出版会、一九八一年）、および当時の新聞記事による。
（7）前掲『近衛文麿』上、四三六頁。
（8）同右、四二〇頁。
（9）森川夢声「官僚の暗闘」（『日本評論』一九三八年三月号）一七八～一七九頁。
（10）本省局長の経験はあるが県知事の経験なしでの次官就任の例としては斎藤実内閣の潮恵之輔がいるが、彼は本省から出たことがないという内務官僚でもエリート中のエリートである。局長も知事も未経験で次官に就任した例としては犬養内閣の河原田稼吉がいるが、彼も本省での課長の経験はあった。

(11) 田浦雅徳・古川・武部健一編『武部六蔵日記』(芙蓉書房出版、一九九九年)二五八頁。
(12) 前掲森川評論一七九頁、中山国雄「内務人事異動の裏面」(『日本評論』同年八月号)二六六、二六九頁。
(13) 『村田五郎氏談話速記録』二(内政史研究会、一九七三年)四四~四七頁。
(14) 以下、第一次近衛内閣における官吏制度改革問題については、特に断らない限り、池田順『日本ファシズム体制史論』(校倉書房、一九九七年)七五~八五頁。
(15) これについては同右七七頁の他、前章参照。
(16) 『東京朝日新聞』(一九四〇年九月一日より『朝日新聞』、以下合わせて『朝日』)一月三一日付朝刊二面(「内閣人事部設置に/内務省は反対/閣議上議まで一波瀾」)。
(17) 六月二五日付夕刊(二四日発行)一面の「穏健なる人事/軌道に復帰す」。
(18) 前掲中山評論二七一頁。
(19) 近衛新党問題については伊藤隆『近衛新体制』(中央公論社、一九八三年)第一部、十一条問題については本書第一部第二章による。
(20) 前掲伊藤書九一頁、今井清一・伊藤隆編『現代史資料』四四(みすず書房、一九七四年)の五〇~六一頁に内務省案が多数収録されている。
(21) 前掲『武部六蔵日記』三五六頁(一二月一三日条)。
(22) 湘南隠士(木舎幾三郎)「政界秘帖録」(『政界往来』一九三九年二月号)三八頁、「都下有力新聞人の新春〝政変〟座談会」(同上)六一頁。
(23) 新里孝一「政党政治終焉期における内務省地方局の農村自治構想」(『清流』一、一九九四年)、前掲池田書第二編第二章、前掲山中書第五章第四節。
(24) 「興亜政治人と機構」一六(『朝日』一九三九年六月一二日付朝刊二面)。
(25) 『朝日』一九三九年四月一八日付朝刊二面(「交流人事好評」)。引用も同じ。
(26) 堀真清「阿部内閣」(辻清明・林茂編『日本内閣史録』四〔第一法規出版、一九八一年〕一一三~一一四頁。
(27) 以上、この三役人事については『朝日』一九三九年九月六日付夕刊一面(「厚生省と交流/内務新陣容」)。

(28) 拙著『戦時議会』八〇～八二頁、「地方に聴く」五（同右四〇年一月六日付朝刊二面）。
(29) 以上、この三役人事については『朝日』一九四〇年一月一九日付朝刊二面（「警視総監に安倍氏／警保局長は山崎氏」）。
(30) 同右同年五月一一日付朝刊三面（「官吏制度の改革案」）。
(31) 同右三九年一〇月一〇日付朝刊二面。
(32) 前掲『現代史資料』四四、七四頁。
(33) 由井正臣「文官任用令改正問題と枢密院」（同編『枢密院の研究』吉川弘文館、二〇〇三年、初出は『早稲田大学大学院文学研究科紀要』第四四輯、一九九九年）八九～九〇頁。
(34) 矢部貞治『近衛文麿』下（弘文堂、一九五二年）一〇七～一一二頁。
(35) 前掲『村田五郎談話速記録』二、一四六頁。
(36) 木戸幸一『木戸幸一日記』下（東京大学出版会、一九六六年）八〇八頁（一九四〇年七月二一日条）。
(37) 前掲『近衛文麿』下、一一三頁。
(38) 前掲『木戸幸一日記』下、八〇九頁（一九四〇年七月二二日条）。
(39) 「内務省異動」（『朝日』一九四〇年七月二五日付夕刊一面）。
(40) 前掲村田談話二、一四九～一五〇頁。
(41) 前掲「内務省異動」。
(42) 同右および前掲村田談話二、一五〇頁。
(43) 『安井英二氏談話速記録』第五回（内政史研究会、一九六四年）三五～三六頁。
(44) 決定に至る過程については、拙著『昭和戦中期の総合国策機関』（吉川弘文館、一九九二年）第四章第一節。
(45) 前掲『近衛新体制』一三四頁、『朝日』一九四〇年七月三一日付夕刊一面（「官界新体制確立方策／大綱けふ閣議で決定」）、前掲安井談話第五回三九～四〇頁。
(46) 準備会の経過については、下中弥三郎編『翼賛国民運動史』（翼賛運動史刊行会、一九五四年）第二章参照。議事録は国立公文書館蔵「内閣官房総務課記録」所収の「新体制準備に関する件」にある。
(47) 『挟間茂氏談話速記録』第三回（内政史研究会、一九六六年）一三三頁。

(48) 前掲挟間談話一三三〜一三四頁。
(49) 前掲『翼賛国民運動史』一一一〜一一二頁。
(50) 前掲「新体制準備に関する件」。
(51) 新里孝一「「内務省訓令第十七号」の政治的背景」(『大東文化大学紀要〈社会科学〉』三五、一九九六年)。
(52) 前掲由井論文九〇〜九五頁。
(53) 『朝日』一九四〇年一二月一九日付朝刊一面。国立公文書館蔵「枢密院会議筆記」同案第一四回審査委員会(一二月一八日)でも確認できる。
(54) 前掲安井談話四〇頁。
(55) 『朝日』。
(56) 前掲安井談話三九頁。
(57) 吉見義明・横関至編『資料日本現代史』五(大月書店、一九八一年)三四五〜三五一頁(吉見「解説」)。
(58) 前掲『木戸幸一日記』下、八三八頁(一一月一七日条)。
(59) 同右八三八(同右)、八四〇(一二月二日条)、八四四(同月一〇日条)頁。平沼の翼賛会副総裁説は、尚友倶楽部・伊藤隆編『有馬頼寧日記』四(山川出版社、二〇〇一年)四一五〜四一六頁(一二月四日、六日条)にある。なお、天皇がこの時点で勝田を忌避した理由は定かではない。
(60) 前掲『近衛文麿』下、二〇一頁、前掲『有馬頼寧日記』四、四二一〜四二二頁(一二月一一日条)。
(61) 拙著『戦時議会』一二八〜一三〇頁。
(62) 前掲『翼賛国民運動史』二一六頁。
(63) 拙著『昭和戦中期の総合国策機関』第五章第三節。前掲池田書一六九頁で、上記の部分について「この構想に秘められた意図を十分に剔抉しえているとはいいがたい」としているが、同書の検討(一五一〜一六一頁)は特に筆者の研究以上の知見や評価を示しえているとは言いがたい。なお、四一年春から秋にかけての行政機構改革問題や官吏制度改革問題については滝口剛「『官界新体制』の政治過程」(『近畿大学法学』四二―三・四、一九九五年)も詳しい。
(64) 拙著『昭和戦中期の総合国策機関』二五八頁。

(65) 伊藤隆・広橋真光・片島紀夫編『東条内閣総理大臣機密記録』(東京大学出版会、一九九〇年) 四七八頁 (太平洋戦争勃発後の東条の秘書官への言葉)。
(66) 湯沢三千男『天井を蹴る』(日本週報社、一九五六年) 一六九頁に、「私〔湯沢〕が支那事変の最中、北支軍と北支政権の行政顧問をしておった時、彼〔武藤〕は杉山司令官、山下参謀長の下に参謀副長であったから、最も親しくしていた軍人の一人であった」という回想がある。
(67) 国立国会図書館憲政資料室蔵「松本学文書」所収「日誌　昭和一六年」の一〇月一九日条。その他、湯沢と陸軍の関係については拙著『戦時議会』七四頁も参照。
(68) 拙著『戦時議会』一五七頁。
(69) 同右一五二〜一八三頁。先行研究については同上一五二頁参照。
(70) 同右一九六〜一九七頁。
(71) 同右一八五頁。
(72) 矢野信幸「翼賛政治体制下の議会勢力と新党運動」(伊藤隆編『日本近代史の再構築』山川出版社、一九九三年) 三五九〜三六三頁。
(73) 今松治郎伝記刊行会編刊『今松治郎』(一九七三年) 一九三〜一九四頁。
(74) 森邊成一「地方事務所の設置と再編」(『広島法学』二三―四、二〇〇〇年) 五二〜五九頁。
(75) 拙著『戦時議会』一九三〜二〇〇頁。各県経済部長の綱紀問題は二月六日の衆院予算総会で薩摩雄次議員の質問で取り上げられた。この問題を含む戦時下の高級官僚の汚職問題については別稿を準備中である。
(76) 報道統制が強化されていた当時の新聞にして「個々の更迭についてはそれぞれ相当の理由があらうが、いまそれに触れる必要を認めない」(『朝日』一九四三年四月二一日付二面社説) と伝えているところにその事情がうかがわれる。
(77) 中国占領地住民の宣撫機関として軍が中心となって創設された新民会の幹部をつとめたことはあるが、官職ではない。
(78) 一九四四年七月に大阪、福岡、愛知の三府県に次長が設置され、樺太を含む三七道府県で経済部が二部制 (食糧関係を扱う経済第一部、その他を扱う経済第二部) となったことはその典型的な例である。
(79) 大達茂雄伝記刊行会編刊『大達茂雄』(一九五六年) 二五二〜二五四頁。

(80) 同右二五五頁。

(81) 一九四五年六月八日の衆議院本会議における安倍内相の提案理由説明より。

(82) 同年同月一〇日の衆院同法案委員会第二回の議事録より。

(83) 小倉裕児「敗戦直後の地方制度改革の動向」(『一橋論叢』一〇八—二、一九九二年)。

(84) 『朝日』一〇月二八日付一面。経済界からは千葉三郎と小池卯一郎の二人である。同記事によれば、千葉は政友会代議士を経て南米拓殖、昭和塩業、石油連合などの重役、技術院次長を歴任、小池は大阪商船勤務後、田中義一内閣の中橋徳五郎商相秘書官を経て宇治電気取締役、日本発送電理事などを歴任した。他の官界からは、外交官出身の木村淳、東京市の幹部職員として市民局長、戦時生活局長などを歴任した谷川昇の二人である。

(85) 拙著『戦時議会』二三六〜二三七、二四一〜二四二頁。

(86) 内務省の解体過程については平野孝『内務省解体史論』(法律文化社、一九九〇年)参照。

あとがき

本書は、私にとって学術書の規格としては二冊目、論文集としては初めての本である。第一部は主に学部学生および大学院生（日本学術振興会特別研究員）時代、第二部は主に最初の就職先である広島大学（広大）総合科学部勤務時代、書き下ろしの二章は横浜市立大学国際文化学部時代に書いたものである。各論文の転載を許可してくださった、史学会、広島大学日本研究研究会をはじめとする関係各位、「南次郎日記」の利用をお許しくださった南重義氏には厚くお礼申し上げたい。また、第一部の第四章から第六章にかけての研究を進めるにあたっては、平成三年度の文部省科学研究費補助金（特別研究員奨励費）の交付を受けている。

もともと、なぜあのような戦争になったのかについて関心があったことから昭和史研究を志し（詳しくは『昭和戦中期の総合国策機関』の「あとがき」を参照）、恩師伊藤隆教授の学風に引かれて研究の世界に入ろうと思ったのだが、その際、なぜ戦時議会などという、研究テーマとしてはマイナーな問題に関心を持つようになったのだろうか。

私は日記をつけていないので詳しいことは覚えていないが、ゼミの先輩である加藤陽子氏に薦められた筒井清忠『昭和期の構造』（有斐閣、一九八四年、のち一九九六年講談社学術文庫）に、阿部信行内閣期に武藤章陸軍省軍務局長が議会領袖に振り回される話が載っていて、面白いと思ったことがきっかけだったと思う。

そして、戦時議会の中でも何を卒業論文の題材にするかということについては、研究室の先輩で日本近代経済史専攻の神山恒雄氏に、どうせやるなら有名な題材がよいと助言されて、高校の教科書にも載っているということで国家総動員法になった。さらに、史学会での報告のあと、議会研究において有権者の位置づけを考えることの重要性を指摘してくれたのは同学年の畏友鈴木淳氏である。

そのほか、院生時代には、やはり同学年の劉傑氏をはじめ、たくさんの良き師、研究仲間に恵まれた。さらに、就職後も、ゼミの先輩である佐々木隆氏や、広大時代は佐竹明教授、横浜市大の国際文化学部時代は今谷明教授（現在は国際日本文化研究センター教授）をはじめ、良き先輩、同僚に恵まれ、家族の支援もあって教育と研究に没頭することができた。

また、第一部第二章は、東大法学部に国家総動員審議会の議事録が所蔵されていることに気づいたことが、第二部の第一章から第四章にかけては、広大政治経済学部に内務官僚たちが執筆していた諸雑誌が所蔵されていたことが執筆する上で大きな助けとなった。さらに第二部第四章で使った『京都日出新聞』は、広大時代に津金澤聰廣先生のお誘いで参加していた「戦時日本のメディアイベント」研究会のために大阪に出向いた際、大津市にある滋賀県立図書館まで足を伸ばして閲覧したものである。

こうしたさまざまな出会いや幸運がなければそれぞれの論文は生まれなかった。改めて深く感謝したい。

私の議会研究と内務官僚研究はこれでとりあえず一区切りついたわけではあるが、これらの話題について書きつくしたわけではないので、これからも折を見て論文を書くことがあるであろう。それらも含め、なお単行本に収録されていないさまざまな題材の論文を集めて二冊目の論文集をいつか作ることができればと思っている。

二〇〇四年秋

古川隆久

初出一覧

序　章（書き下ろし）

第一部

第一章「国家総動員法をめぐる政治過程」（『日本歴史』第四六九号、一九八七年）

第二章「国家総動員審議会の設置とその実態」（原題「国家総動員審議会をめぐって」同右、第四八一号、一九八八年）

第三章「戦時議会の再検討」（一九八九年一一月一二日史学会大会日本史部会での報告原稿、未公刊）

第四章「日中戦争期の議会勢力と政策過程」（『日本歴史』第五三四号、一九九二年）

第五章「太平洋戦争期の議会勢力と政策過程」（『史学雑誌』第一〇二巻第四号、一九九三年）

第六章「大日本政治会と敗戦前後の政治状況」（原題「大日本政治会覚書」福地惇・三谷博・佐々木隆編『近代日本の政治集団』吉川弘文館、一九九三年）

第七章「昭和戦時期の衆議院における請願」（書き下ろし）

第二部

第一章「内務官僚研究の視角」（原題「昭和期内務官僚研究序説」『日本研究』第九号〈広島大学総合科学部日本研究研究会〉、一九九五年）

第二章「政党内閣期の内務官僚」（『地域文化研究』〈広島大学総合科学部紀要〉第二一号、一九九五年）

第三章「斎藤内閣期の内務官僚」（『国際文化研究紀要』〈横浜市立大学〉第三号、一九九七年）

第四章「二・二六事件前後の内務官僚」（『日本歴史』第五八九号、一九九七年）

第五章「昭和戦時下の内務官僚」（書き下ろし）

人名索引（歴史的人名に限った）

あ 行

か 行

さ　行

た　行

な　行

は　行

ま　行

や　行

ら　行

著者略歴
一九六二年　東京都に生まれる
一九九二年　東京大学大学院人文科学研究科博士課程修了〔博士（文学）〕
現在　横浜市立大学国際総合科学部準教授
〔主要著書〕
昭和戦中期の総合国策機関　皇紀・万博・オリンピック　戦時議会　戦時下の日本映画　政治家の生き方

昭和戦中期の議会と行政
二〇〇五年（平成十七年）四月十日　第一刷発行
著者　古《ふる》川《かわ》隆《たか》久《ひさ》
発行者　林　英男
発行所　株式会社　吉川弘文館
郵便番号一一三—〇〇三三
東京都文京区本郷七丁目二番八号
電話〇三—三八一三—九一五一〈代〉
振替口座〇〇一〇〇—五—二四四番
http://www.yoshikawa-k.co.jp/
印刷＝株式会社ディグ
製本＝石毛製本株式会社
装幀＝山崎　登

ISBN4-642-03771-3

古川隆久著

戦時議会（日本歴史叢書59）

四六判・上製・カバー装・二八四頁・口絵一丁
二九四〇円

昭和戦時期の議会は、政党政治の危機のなか既成政党が多数派を維持し、政府や軍部による全体主義化を挫折させ、時には内閣を退陣へ追い込むほどの大きな政治力を発揮した。にもかかわらず、なぜ政党内閣復活に失敗したのか。無能、無力な議会という従来の評価を見直し、戦時議会の歴史と限界を読み解く。混迷する現代政治を考える上でも最適の一冊。

戦時下の日本映画 人々は国策映画を観たか

四六判・上製・カバー装・二五六頁
二九四〇円

国益の優先か、娯楽性の追求か―日本初のすれ違い恋愛劇『愛染かつら』の公開とともに、〈映画〉の役割について評論家と映画会社の間で一大論争が巻き起こった。〝国策映画〟が推奨された時代に、人々はいかなる映画を求めていたのか。スクリーンに映し出された昭和戦時下の日本社会を探る。第16回尾崎秀樹記念・大衆文学研究賞 研究・考証部門受賞

吉川弘文館

（価格は5％税込）